SERGIO JABLON

Un tipo con cáncer entra a un bar...

BARKERBOOKS

BARKERBOOKS

UN TIPO CON CÁNCER ENTRA A UN BAR...
Derechos Reservados. © 2023, **SERGIO JABLON**

Edición: Armando Saint-Martin | BARKER BOOKS®
Diseño de Portada: Vanessa Martínez | BARKER BOOKS®
Diseño de Interiores: Vanessa Martínez | BARKER BOOKS®
Fotografía de Portada: César Muñoz

Primera edición. Publicado por BARKER BOOKS®

I.S.B.N. Paperback | 979-8-89204-394-6
I.S.B.N. Hardcover | 979-8-89204-395-3
I.S.B.N. eBook | 979-8-89204-393-9

Derechos de Autor - Número de control Library of Congress: 1-13230685241

Barker Publishing, LLC
500 Broadway 218, Santa Monica, CA 90401
https://barkerbooks.com
publishing@barkerbooks.com

COMENTARIOS

El libro es excelente. Es un libro importante, trascendente. Hace diferencia, y esto (creo) es lo más que se puede pretender cuando uno se pone a escribir y publicar. Es conmovedor, tremendamente gracioso y muy muy profundo. Todo. La visión personal (¿cuál otra?), la crítica al sistema sanitario y a la medicina tradicional, el llamado a escuchar a tu médico, aunque sea un ser imperfecto.

Santiago Levín, expresidente de APSA
(Asociación de Psiquiatras de Argentina) y presidente
electo de APAL (Asociación de Psiquiatras
de AméricaLatina) para el período 2024-2026.

Este es un libro lleno de vida, de lucha, de ganas. Pero, contrario a lo que muchos pudieran pensar, sonríes desde la primera página. Sergio Jablón se ha asegurado que, en la pelea más grande de su vida, no falte nunca el sentido del humor. Y en eso hay que acompañarlo siempre.

Jorge Ramos, periodista, escritor
y conductor del Noticiero Univision.

Sergio Jablon logra con este libro compartir un montón de información útil y precisa con la reflexión más personal y más franca, sin perder nunca el sentido del humor. Eso es no es nada fácil de conseguir, menos en un texto sobre la experiencia de la enfermedad. Un libro para leer subrayando y para compartir con gente que quieres.

Rafael Osío Cabrices, periodista,
autor, editor de Caracas Chronicles

Comienzas a leer este libro pensando que "Un tipo con cáncer entra a un bar..." y terminas riendo en cada esquina con Sergio y su maravilloso, negro y sanador humor, llorando en cada palabra que nos confronta con nuestra tan impredecible realidad. Este es un libro para querernos más, para vivir una vida sin desperdicio, para no dejar pasar un día sin que se haya reído y gozado intensamente, ese es, sin duda, el gran regalo que Sergio nos da a todos sus lectores.

Chiquinquirá Delgado,
actriz y conductora

Tome lápiz y papel y anote, por favor, lo que usted debe saber sobre este libro: Es el alegato de alguien que enfrentó la adversidad del cáncer y la resistió, entre otras cosas, escribiendo su testimonio. También es un texto de prosa brillante, lo que permite que sea muy grato de leer. Y, finalmente, es una obra que te puede hacer llorar en los momentos felices y sonreír ante las más duras noticias, lo que significa que es, por sobre todas las cosas, un libro de humor.

Emiliano Hernández,
escritor y humorista

Sergio Jablon nos presenta de una forma sumamente humana y divertida una vivencia que de hecho es dramática e intensa. Pacientes y médicos lo deben leer.

Dr. Jesús Enrique Coll Martínez,
Endocrinólogo

Este no es un libro para enfermos de cáncer, ni para enfermos. Ellos pueden leerlo también, claro está. Este es un libro sobre la vida, en cualquier de sus circunstancias. Sobre la pareja, el amor, y el diálogo interior de los seres humanos. Sobre la capacidad que tenemos para recrear los personajes y ambientes más inhóspitos o fríos, y convertirlos en parte de la aventura que la vida puede ser. Leer el libro es un punto y aparte en la vida. Nunca vuelves a ser el mismo después de leerlo.

Julio Cabello,
escritor.

En mi vida, la palabra profesor la define Sergio. Fue mi profesor de escritura humorística en el año 2003. Luego, mientras leía este libro, se convirtió en mi profesor para saber cómo tratar a alguien con cáncer. Pero al terminar de leerlo, Sergio pasó a ser uno de mis maestros de vida (y lo mejor es que sus lecciones siempre vinieron dadas con muy buen humor). Gracias a este libro, la universidad de la vida me hace ver que ya tengo un padrino para mi promoción. Su nombre: Sergio Jablon.

Reuben Morales, humorista
y profesor de comedia.

Sergio logra algo extraordinario, hace reír en medio de la adversidad sin minimizar la seriedad de su situación. Desde el momento en que se entera de su diagnóstico, nos embarcamos en un viaje lleno de giros, donde el humor es su escudo y la sinceridad su brújula. En "Un tipo con cáncer entra a un bar...", Sergio nos demuestra que el humor puede ser una poderosa herramienta de sanación y que, a pesar de los desafíos, la vida continúa siendo una aventura digna de ser vivida y celebrada.

Borja Voces, periodista, conductor del Noticiero
Univisión, Edición Digital.

ÍNDICE

Para Ilse, Eugenia y Aurora,
que cada día me regalan una nueva historia de amor.

Para los Cuidadores y Acompañantes
que nos enseñan que la paciencia y la tolerancia
son el máximo gesto de solidaridad.

Para los Pacientes,
que son agradecidos por convicción
y valientes por necesidad.

PRÓLOGO

¿POR QUIÉN SUENAN LAS CAMPANAS? ESPERO QUE LO HAGAN POR MÍ

E ra un día difícil precedido de semanas de angustia en medio de un período ingrato. Estaba junto a Ilse, mi esposa, esperando que me pasaran a una sala en la que me harían una resonancia magnética del cerebro. Pocas semanas atrás me habían diagnosticado cáncer de pulmón en estadio cuatro y según me explicaron con extrema amabilidad y como si se tratase de un tour terrorífico "el cáncer de pulmón suele 'viajar' a la columna y al cerebro". En este contexto, mi mejor escenario, era que el cáncer estuviese "nada más" que en los otros lugares en los que lo habían visto (pulmón, costillas y "alrededores del pulmón").

Llevábamos una media hora esperando cuando una enfermera salió a buscarme. Era tan amable, que pienso que seguramente me sonrió, pero como llevaba una máscara médica (al igual que todos los que estábamos allí) no podía estar del todo seguro. A pesar de su invisible gesto, mi estado de ánimo no era el mejor. Fue entonces cuando, por primera vez, escuché un sonido que lo cambió todo.

Me explico: llevaba ya casi tres semanas yendo prácticamente todos los días al Miami Cancer Institute y, hasta ese momento, jamás había escuchado ninguna campana. Ni siquiera las había visto o había preguntado si las tenían. Pero ese día y en ese momento, la escuché clara y gloriosa. Una vibración que era una sinfonía completa y que con una fuerza arrasadora iba repartiendo esperanza. Su sonido explicaba mientras se esparcía. Sentí que no podía ver bien y descubrí que era porque los ojos se me habían llenado de lágrimas por la emoción. Por puro instinto, aplaudí. La campana volvió a sonar dos veces más. Ya para ese momento éramos varios los que estábamos aplaudiendo. Desde ese entonces decidí que en algún momento iba a tocar esa campana que simbolizaba el final exitoso de un tratamiento. Es más, quería un mundo lleno de campanas: quería tocar una campana después de cada buena comida, al terminar una gran película, luego de hacer el amor, cada vez que alguna de mis hijas entre a la casa y me salude con un abrazo y un beso, al terminar un buen libro, al salir del baño sabiendo que se logró el cometido, cuando la selección argentina ganase cualquier partido de fútbol. Me imaginé un mundo diáfano y amable, rodeado de campanas que sonaban repartiendo buenas noticias.

Curiosamente las mismas campanas que se usan en los hospitales para indicar que un paciente se recuperó o que culminó un tratamiento, también se utilizan para indicar que alguna figura monárquica falleció o incluso simplemente para dar la hora. No hace mucho, en las guerras, también se usaban para identificar a quienes trasladaban a los muertos o heridos. Incluso hay gente que se dedica al estudio de las campanas[1] por el maravilloso hecho de que, a lo largo del planeta, diferentes culturas y religiones adoptaron su sonido para indicar comienzos y finales, así como llamados a reunirse.

En 1624 John Donne escribió un poema maravilloso que sirvió para inspirar un gran libro de Ernest Hemingway que a su vez dio paso a

---

[1] Se llama "campanología", y juro que tanto las personas como la disciplina existen.

una película que, siendo generosos, podríamos considerar "buena", que concluye diciendo:

Each man's death diminishes me,
For I am involved in mankind.
Therefore, send not to know
For whom the bell tolls,
It tolls for thee².

A efectos lingüísticos, si una campana "suena", lo hace por la vida, pero si "dobla" lo hace por la muerte. Claro que, a efectos acústicos, el sonido es el mismo. Es más, dudo que a un monaguillo alguna vez le hayan mandado a tocar una campana y este, antes de hacerlo, le preguntase al cura: "A ver, solo para estar seguro, ¿quiere que doblen o que suenen?". Incluso no descarto la posibilidad de que, así como hay campanólogos, haya un equivalente a un "Catador de Vinos" para campanas, a quien le bastaría escucharla a lo lejos para identificar claramente de qué se trata y así, si ve a alguien tratando de contar el número de sonidos para saber la hora, lo corrija diciéndole: "Lo siento, amigo, pero no están tocando; están doblando. Por cierto, por el sonido podría asegurar que esas campanas son hechas con bronce sacado de Suramérica hace unos... hummm... —nueva campanada— tres siglos, quizás cuatro, de allí que se le sientan notas metálicas y amaderadas en su sonido. Esas campanas combinan súper bien con pueblos bucólicos como este donde la gente no usa reloj".

En definitiva, así como a efectos de la existencia, la vida y la muerte son dos caras de un mismo ciclo, lo mismo sucede con estas campanas, en donde el mismo sonido puede indicar alegría o tristeza. Y cada día

---

² "La muerte de cualquiera me afecta / Porque me encuentro unido a toda la Humanidad / Por eso, nunca preguntes por quién doblan las campanas / Doblan por ti.

estoy más convencido de que sentir notas de esperanza y optimismo en su sonido depende absolutamente de quien la escucha, más allá de que, como bien advirtió Donne, las campanas suenen por todos. Ahora que las conozco, quiero escucharlas siempre y celebrar no solo la vida, sino la búsqueda y la esperanza que enriquecen la vida, y la alegría que despierta el saber que seguimos aquí. De eso se trata este libro.

Desde que me diagnosticaron cáncer me recomendaron varios libros para ayudarme a "comprender" mejor lo que me estaba pasando. La mayoría incluía un componente religioso importante, otros eran profunda y soporíferamente científicos, y gran parte incluía recetas milagrosas, comidas que no deberían faltar en ninguna dieta para enfermos crónicos y ataques feroces contra la "Industria del Cáncer", para cuyos autores era una máquina que simplemente se hacía millonaria a costa de no curar.

La realidad es que tomaba cosas de aquí y de allá, pero me daba cuenta de que ninguna de ellas se adaptaba a mi perspectiva. Más allá del tratamiento y de todo lo que venía, mi objetivo era y sigue siendo, que el cáncer no me defina. No quería convertirme en "la persona que tiene cáncer, previamente conocida como 'Sergio'". Cosa que puede parecer exagerada hasta que nos damos cuenta de que, invariablemente, una vez que la gente se entera de que tienes cáncer, no pueden evitar tratarte diferente. Y yo, más allá de mis pocos méritos y mis discutibles virtudes, quería seguir siendo yo. Quería que si alguien fuese a visitarme lo hiciera porque tenía ganas de verme y no porque estaba enfermo, pretendía que, si hacía algún comentario en una reunión de trabajo, despertase simpatía o fuese desechado por su valor y no porque lo estaba diciendo alguien con cáncer. Por supuesto que no sabía si esto iba a ser posible porque, incluso antes de perder el primer cabello, lo primero que aprende una persona con cáncer es que por un largo período no tiene ningún tipo de control sobre su agenda, sus sensaciones y gran parte de lo que hace su cuerpo. La lucha por la individualidad y la intención de mantener la esencia en medio del caos termina siendo algo mucho más complejo y exigente de lo que se esperaría. Precisamente sobre ese tema no encontré ninguna guía que me pudiese ayudar. Quizás este libro sea un primer paso en ese camino.

Con lo anterior no pretendo ni remotamente pensar que todas las experiencias con diferentes tipos de cáncer se parezcan. Incluso dentro de una misma enfermedad hay variaciones y reacciones que incluyen polos opuestos. Precisamente porque todo es válido y cualquier alteración luce posible, buscar el punto común de Humanidad me resultaba tan importante.

Claro que usted, querido lector, tiene la ventaja de tener en sus manos una versión completa de lo que, en este momento, es apenas un bosquejo de lo que pretendo hacer. Desde este lado del libro, yo aún desconozco si tuve éxito y si sigo vivo al final de estas páginas. Voy de a poco, anotando todo, tratando de recordar lo inmediato, de no mezclarlo más de lo debido con el pasado, y de ser lo menos aburrido posible en una etapa que suele caracterizarse por ser sombría y que estoy negado a que lo sea.

Por ahora, vaya simplemente esta invitación para que recorramos juntos mi primer cáncer. Y digo "primero" porque soy optimista y de esa manera puedo pensar que eventualmente habrá otro cáncer, lo que a su vez querrá decir que este será superado. Luego de varios meses, lo único que puedo adelantar es que he tenido más momentos buenos que malos, que he aprendido a pasarla bien en circunstancias poco prácticas y que, en general, los médicos tienen pésimo sentido del humor.

De antemano, gracias por acompañarme. Y ahora sí...

¡Bienvenidos a mi (*primer*) cáncer!

PRIMERA PARTE

CAPÍTULO 1

"C" DE CÁNCER

"Cancer is a word, not a sentence."

MENSAJE EN *IHADCANCER.COM*

E l que duda del poder de las palabras nunca ha vivido de cerca una enfermedad. La palabra "cáncer", por ejemplo, viene con su propio filtro, uno capaz de hacer que todo lo que te rodea, tanto lo físico como lo intangible se cubra de un manto diferente. Súbitamente, lo urgente deja de serlo, lo importante se convierte en lo cotidiano y las prioridades cambian de manera radical.

Porque una cosa es saber que nos podemos morir en cualquier momento y otra muy diferente confrontar la finitud de la vida. La exageración termina siendo tan humana como la enfermedad. De repente y por un tiempo indeterminado, todo tiene sabor a despedida y cada gesto y cada acto toma una importancia que raya en lo ridículo. Ahora, cuando te despides de un amigo, el abrazo dura unos segundos extras. Lo mismo pasa con los apretones de mano. Incluso hay especial cuidado en que las últimas palabras de cada conversación sean especialmente cariñosas. Hay algunos que tratan al cáncer como si fuese el Voldemort de las enfermedades y ni siquiera se atreven a nombrarla. Ni hablar si la persona es mayor. En ellos la boca modula el término, pero la palabra no sale. Es como si les apretaran "mute", algo como una grosería en televisión abierta. Más de una vez me preguntaban "¿Y el médico está seguro de que tienes...?". Y uno tiene que acercarse al interlocutor para tratar de escuchar. Incluso bajo presión, se niegan a decir la palabra.

—No te entiendo. Dices que si el médico está seguro de que tengo qué...

—Tú sabes... Eso.

—¿Sobrepeso?

—No, chico, la enfermedad.

—¿Covid?

—¡Serás pendejo!

Prefieren decir "pendejo" que "cáncer", lo que deja muy claro cuál de los dos términos es el considerado una "mala palabra". Me pregunto si les pasará lo mismo leyendo el horóscopo. "A ver, aquí está Tauro, Géminis, Canshbhjtrgf, Leo, Virgo...". No en vano los que nacen bajo el signo de Cáncer tienen fama de tímidos (además de emocionales, cariñosos, protectores y sensuales).

A todas estas, ¿cómo puede ser que una enfermedad tan temida permanezca asociada con algo tan inocente como el horóscopo? Hasta donde entiendo lo único que los dos tienen en común es su "forma de cangrejo". En principio, el tema de los signos y el horóscopo viene de la antigua Babilonia (por cierto, no sé qué tanto sentido tiene seguirle diciendo "antigua" a Babilonia, cuando la ciudad ya no existe, pero en fin...). Todo esto sucedió hace poco más de tres mil años cuando los babilonios dividieron el espacio sideral en doce segmentos. En cada uno de ellos sobresalía una constelación por treinta días, lo que a su vez les permitía marcar los años con bastante exactitud y el tema de las constelaciones permitía identificarlos y diferenciarlos mejor. De más está decir que asumo que la forma en la que se nombra lo que se identifica en un grupo de estrellas tiene que ver más con el alcohol y lo que sea que consumiesen los babilónicos quienes, luego de un rato de observación, eran capaces de ver "carneros", "balanzas" y "gemelos" en grupo aleatorio de pequeños puntos luminosos en el espacio. Alguien miró al cielo y dijo: "Miren, eso es idéntico a un centauro sosteniendo un arco. ¿Lo ven? Esas tres estrellas son las patas y el resto es claramente un tipo con cuerpo de caballo. Y el arco está por allá". Y todos estuvieron de acuerdo. Es más, desde entonces nadie los cuestiona y las constelaciones probablemente se mantengan mucho más estables que cualquier otra cosa que haya identificado el ser humano. Imperios enteros se han creado y desaparecido mientras Piscis sigue siendo Piscis. El punto es que una de esas constelaciones era un cangrejo que terminó identificándose como "cáncer".

Unos dos mil años después, el griego Hipócrates, padre de la medicina moderna y creador del famoso juramento que lleva su nombre, identificó la primera célula cancerígena y a él también le pareció que tenía forma de "cangrejo" (karkinos), por lo cual dijo que era un "karkinoma". De allí a identificar a la enfermedad como "cáncer" y a las células enfermas como "carcinomas" hubo solo un paso. Vale la pena aclarar que el tema de las constelaciones y del zodiaco ya eran conocidos en la antigua Grecia, por lo que cabe pensar que alguno de los discípulos se haya atrevido a cuestionar al Maestro recordándole que esa palabra ya estaba asignada a uno de los signos. En una sociedad llena de dioses y con más rituales y cábalas que un equipo de fútbol, Hipócrates trató de restarle importancia al asunto.

—Eso no tiene nada que ver —menospreció.

—Sí, pero... ¿no cree que podría ser confuso que las dos cosas tengan el mismo nombre?

—Para nada. Hay cangrejos en la arena y nadie los confunde con una constelación que está en el cielo.

—Lo que pasa es que esto es un mal, y no creo que a nadie le guste decir que nació bajo un signo que resulta que tiene el nombre de una enfermedad espantosa.

Hipócrates miró a su discípulo de arriba a abajo. Cuando volvió a hablar se notaba cierto resentimiento en su voz.

—Esto es ciencia. ¿O acaso crees que deberíamos tener un astrólogo en el grupo y consultarlo cada vez que vamos a hacer una autopsia? Además, esto es un caso rarísimo, ¿qué te hace pensar que esta enfermedad vaya a ser tan importante? Y ultimadamente, no es culpa mía que tantas cosas se parezcan a un cangrejo.

—Lo que pasa es que tengo un hermano que casualmente nació el 26 de julio y ya es bastante inseguro como para que además...

—¡Basta! —interrumpió el Maestro—. Y no volveré a considerar este tema como que mi nombre es "Hipócrita".

—Hipócrates —corrigió el alumno.

—Eso.

No conformes con esta confusión, unos cien años más tarde, el punto sobre nuestro planeta en el que los rayos del sol caen perpendicularmente durante el solsticio de verano, se bautizaría como "Trópico de Cáncer". Alguien tiene que haber pensado que, más que una línea geográfica, "Trópico de Cáncer" suena a un resort en el Caribe para gente muy MUY enferma. La excusa, de nuevo, era que la constelación que se veía en ese punto era la del bendito cangrejo. De nada sirve que con los movimientos de la Tierra ya ese no sea el caso. Específicamente, la constelación que en la actualidad se ve en ese punto es Tauro, pero ¿a alguien se le ocurrió llamarlo "Trópico de Tauro", un nombre más acertado y políticamente más correcto? No. Henry Miller puso de su parte para tratar de minimizar el concepto con su libro "Trópico de Cáncer", que se trata de cualquier cosa menos de "Trópicos" o "Cánceres", y siguió su ataque contra la geografía y la hipocresía cinco años después con "Trópico de Capricornio", pero me desvío.

El punto es que, además de escasa imaginación, esto demuestra la capacidad de los astrólogos, geógrafos y doctores, ya desde tiempos remotos, para utilizar los nombres que les venga en gana y evadir responsabilidades sin perder autoridad, algo que siempre he envidiado. Lo más triste es que bajo el paraguas "cáncer" se agrupan muchísimas enfermedades radicalmente diferentes unas de otras. Y ciertamente no hace falta ser ni médico ni astrólogo para conocer los oscuros presagios asociados con el cáncer, seis letras que siguen despertando angustia y espanto donde sea que se encuentren.

En mi caso, confieso que las primeras veces que le contaba a alguien que me habían diagnosticado con esa enfermedad, era normal que se me quebrase la voz. Enterarte que tienes cáncer es como recibir una noticia y una sentencia al mismo tiempo. Después de esa palabra, el mundo cambia y se vuelve sombrío, angustioso, apremiante. De un día para el otro, la realidad se convierte en una fuerza capaz de apretar y ahogar. Es como si súbitamente descubrieses que el entorno tiene fecha de expiración. Incierta, sí; pero más cercana que antes. Resulta imposible ver el mundo que nos rodea sin que su luz pase por el filtro del cáncer. Y sin embargo...

Sin embargo, con la palabra y el sentimiento también vienen un montón de momentos hermosos. Una necesidad de disfrutar y apreciarlo todo. Los amaneceres son más cálidos y amarillos, los abrazos más sentidos, las risas más claras, los sabores más intensos y los placeres más profundos. Con el diagnóstico también viene la realización de que lo que tenemos es más que suficiente. Ya no queremos más, solo queremos más tiempo para disfrutar de lo mismo. Descubrimos la riqueza de lo que nos rodea, las maravillas de lo cotidiano y la magia de lo conocido. Como consecuencia de todo lo previo, las emociones también se intensifican. Si antes tenía una relación cercana con Ilse, mi esposa, ahora íbamos pegados como el deporte y la angustia. Los primeros días nos dolía separarnos, aunque fuese para ir al mercado. Lo mismo me pasaba con mis hijas, con quienes cada momento asumía un *gravitas* injusto y a la vez hermoso. Porque una vez que llega el "cáncer" todo es igual y todo es diferente.

Lo insólito es que estamos hablando de una palabra a la que ya deberíamos estar acostumbrados. De acuerdo con el American Cancer Society, solo en Estados Unidos, en el 2023 hubo 1.9 millones de casos nuevos que se suman a las casi 18 millones de personas que actualmente viven con esta enfermedad. Adicionalmente, se espera que la cantidad de personas diagnosticadas con cáncer se duplique en los próximos seis o siete años. La tendencia es igualmente devastadora para el resto del mundo, en donde el cáncer figura como primera o segunda causa de muerte en más de cien países.

De acuerdo con los expertos, la razón principal detrás de esta tasa de crecimiento es que ahora vivimos más que antes, lo cual, como excusa, es absolutamente lamentable. Es buscar en otros la responsabilidad de lo que sabemos es nuestra culpa. Obvio que mientras menos tiempo vivamos menos posibilidades tenemos de enfermarnos. Si, por ejemplo, todos los hombres se muriesen antes de los veintiún años, ya no habría más disfunción eréctil. Pero esa es la excusa y no la causa. La realidad es que como sociedad estamos haciendo algunas cosas mal. O más bien, estamos haciendo *un montón* de cosas mal. Casi todas. La consecuencia es el cáncer, que termina siendo producto del aire que respiramos, la comida con la que nos alimentamos y las actividades que realizamos. Con esto no pretendo negar el componente genético de este mal, pero lo cierto es que cada vez es más común que la gente desarrolle esta enfermedad por su entorno y no por culpa de sus padres o abuelos. Si necesitan un ejemplo de lo previo, aquí estoy. Pero no quiero adelantarme.

El punto es que al principio me resultaba difícil ir a atenderme a un lugar que se llama "Miami Cancer Institute". Esto sin duda es una pena porque el edificio, tanto por dentro como por fuera, es hermoso. Pero el hecho de que ya en la recepción me recibieran poniéndome una calcomanía fosforescente donde claramente se lee "cáncer" (es justo la palabra del medio), debajo de otra escrita en un tipo de letra enorme y en negrillas que dice "Paciente", no motiva. Más de una vez les sugerí que le cambiaran el nombre al edificio.

—Aquí es todo tan bonito —les dije—, pero el nombre espanta. Imagínense si lo llamásemos "Miami Unicorn Center". Mis hijas se pelearían por acompañarme. Y eso que son grandes. Habría colas para conocer el edificio. O si quieren déjenlo solo con las siglas: "MCI", que suena a que aquí se realizan actividades de espionaje. También podría servir una clave, algo que también empiece con "C" pero que dé menos miedo como: "Miami Camel Foundation" o "Miami Crab Institute", que sería como un chiste privado. Es más, ¿qué tal "Miami Caiman Institution"? También da miedo y enseguida nos ubica en Florida. Y no me vengan con el cuento de que quieren llamar a cada cosa por su nombre porque, en el cuarto piso, al lugar donde dan Quimioterapia, lo llaman "Infusión".

Los que vivan o pasen por el moderno edificio que está en la 8900 N Kendall Dr., en la ciudad de Miami, podrán constatar que al sol de hoy no me han hecho caso.

Porque lo cierto es que el Cáncer es una realidad y que de nada sirve ocultarlo, evitarlo o adornarlo. Así, por ejemplo, la palabra da también pie a un montón de lugares comunes de los cuales, el que siempre me ha molestado más (incluso antes de ser diagnosticado) es cuando alguien muere y los medios dicen que Fulano "perdió la batalla contra el cáncer". El mayor problema de este cliché es que quienes lo dicen parecieran no darse cuenta de que la única manera de ganarle la batalla al cáncer es muriéndose de otra cosa. Siguiendo esta lógica tendría sentido decir, por ejemplo: "Fulano le ganó la batalla al cáncer... Pena que murió atropellado por un autobús". Además de que el cáncer es una condición, no una batalla o una guerra. De lo que he aprendido hasta ahora hay algo de lo que estoy seguro: con el cáncer no se gana ni se pierde, se vive. La calidad y la longitud de esa vida depende de muchísimos factores, pero en cada uno de ellos la enfermedad forma parte de nosotros. Incluso en los casos de remisión, el cáncer sigue acompañándonos como un fantasma que amenaza con aparecer cada vez que nos hacemos un nuevo examen de control. En definitiva, el reto no es superar el cáncer, sino aprender a convivir con él. Y para ello la primera condición es aceptarlo.

Tengo cáncer. Espero eventualmente llegar a ser considerado un "sobreviviente" y dejarlo atrás, pero esa no es mi situación en este momento. No pretendo negarlo ni ocultarlo, pero tampoco quiero que otras personas se sientan mal por el solo hecho de escucharlo. Lo ideal sería que la admisión de cualquier persona al informar que padece de algún tipo de cáncer genere solidaridad y no lástima, y que nos recuerde la importancia de apreciar lo que tenemos. Son demasiados los casos de personas que prefieren no decir nada. En lo personal, creo que, una vez el diagnóstico está confirmado, ocultarlo solo sirve para hacer crecer las sombras asociadas con la palabra. En mi caso, con el tiempo aprendí a decir que tengo cáncer sin necesidad de justificarme. Todavía le tengo miedo al término, pero convivimos y cada tanto la pasamos bien juntos. Incluso, más de una vez, nos reímos.

Algo así como lo que me sucede con el mar. Tuve la suerte de crecer en países con buenas playas a las que visitaba a menudo. Sin ir más lejos, mi papá pasó gran parte de su vida en Río de Janeiro, donde algunas playas pueden ser claramente retadoras para cualquier recién llegado. En ocasiones hay corrientes de esas que te hacen salir por un lugar de la playa radicalmente diferente al que entraste. Otras veces, las olas te sorprenden de tal manera que por largos segundos no sabes bien dónde es arriba y dónde es abajo. A pesar de todo, yo siempre entraba al agua, incluso en aquellas playas donde el ruido de las olas es más parecido al rugido de un trueno que a la calma que se siente cuando se lleva una concha de caracol a la oreja. Claro que me tomaba algo de tiempo. Había que agarrar confianza y empezar quedándose unos minutos en la orilla. Mi papá me decía: "Al mar no hay que tenerle miedo, hay que tenerle respeto". Espero algún día me suceda lo mismo con el cáncer.

A fuerza de repetición y costumbre, cada vez me da menos miedo mencionarlo. Trato de adaptarlo a mi cotidianidad y contribuyo a que los demás también lo hagan. Cuando deletreo ya no digo "C" de Casa, sino "C" de Cáncer. Aprendí que cuando voy al "Miami Cancer Institute" voy para curarme y ahora me tranquiliza saber que tengo citas en ese edificio. Entiendo que para quienes me rodean y me quieren, la mención siga siendo motivo de preocupación y alarma. Eso también hay que aceptarlo. Todavía me sucede que cuando llego a una reunión de esas donde, mientras comienza, cada persona habla de su día, si yo comento que vengo del Hospital, la gente se sienta algo incómoda, a pesar de que enseguida les asegure que me siento bien.

Además, cada persona tiene su propia relación con el "cáncer", incluso aquellos que jamás lo padecieron. Por eso es tan común que, no bien le cuentes a alguien sobre tu diagnóstico, enseguida te pregunten "¿Cómo te diste cuenta?", reflejando sus propios temores. En sus ojos se lee: "Hasta hace nada eras tan sano como yo, ¿habrá algo de lo que sentiste que también pueda pasarme a mí?". Uno quisiera tener una respuesta concreta, que hubiese un manual que pudiese darnos luces al respecto, ser capaces de identificarlo con claridad y sencillez, pero no es así. Casi todos los que tenemos cáncer nos enteramos por casualidad, usualmente pensando que tenemos otra cosa. Ese fue mi caso, a los cincuenta y dos años, cuando me diagnosticaron cáncer por primera vez. En menos de un año, lo harían dos veces más.

CAPÍTULO 2

A TODO PULMÓN

La actitud lo es todo.

DIANE VON FURSTENBERG

Mucho gusto. Mi nombre es Sergio Jablon. Nací en Argentina, aunque viví gran parte de mi vida en Venezuela. Tengo una esposa, Ilse, con quien tuve dos hijas, Eugenia y Aurora y, para el momento en el que escribo estas líneas, soy Jefe de Escritores de la división de Música y Entretenimiento de TelevisaUnivisión, dos gigantes de las Comunicaciones que se unieron y, para dejarlo claro, eliminaron el espacio que separaba las dos palabras. De paso y como quiero mantener mi trabajo, aprovecho y les comento que somos "el canal número uno entre los Latinos de Estados Unidos".

Ahora que me conocen un poco mejor, me permito contarles algo más de mí: me gusta correr. Lo que me falta en velocidad, lo compenso en constancia. Lo hago por diversión y sanidad, en general escuchando audio-libros y solo. Las únicas excepciones en las que prefiero escuchar música son cuando hago un medio maratón (me encantan) o uno completo (casi nunca). Durante la pandemia correr me permitía salir, asegurarme que el mundo seguía allí, me mejoraba el humor y más o menos me ayudaba a controlar mi peso. Salía a correr cuatro o cinco veces por semana, solo una vez "largo" (por unas dos horas) y casi nunca rápido para cuidarme las rodillas porque, insisto, la idea a estas alturas no es romper récords sino seguir corriendo. Consciente de mi edad y como además soy un comprador compulsivo, estoy rodeado de aparatos y objetos que se supone evitan lesiones. Lo bueno, los tengo casi todos; lo malo, los uso muy poco. De allí que no me haya extrañado que en abril del 2021 empezara a molestarme el muslo derecho. Enseguida lo atribuí a lo mucho que estaba corriendo y empecé a caminar un poco más esperando que con descanso y Motrin, todo volviese a la normalidad.

Usualmente habría compensado haciendo ejercicios en el gimnasio. Sin embargo, aunque muchos ya habían abierto sus puertas, la pandemia seguía haciendo estragos. Además, con mi suegra asmática viviendo en casa, no nos sentíamos cómodos yendo, especialmente luego de haber visto cómo la mayoría de los que iban usaban la máscara más para protegerse la barbilla que para taparse la boca. La solución: comprar cosas para hacer ejercicios en casa. Así, con el apoyo de mi hija Aurora, que es una fanática del fitness, la comida sana y todas esas perversiones modernas, nos compramos un aparato diabólico llamado Maxi Climber que en teoría ejercita todos los músculos del cuerpo, además de párpados y pestañas. La "máquina" básicamente consiste en un eje central del que salen cuatro tubos, dos para los pies y dos para las manos. A partir de ahí uno tiene que simular que sube y baja y así, con mínimo impacto, se fortalece todo: bíceps, glúteos, pelo, uñas y bulbo raquídeo. El detalle es que para que todo esto suceda habría que poder permanecer en el aparato por más de cuarenta segundos, cosa que jamás sucedió. Es más, apenas llegó[3] y lo armamos, me subí al aparato y así, sin calentar y a lo bestia, lo probé. No bien hice un par de subidas y bajadas, sentí un tirón en la espalda que prácticamente me dejó sin aire.

---

[3] Aquí el término "apenas" se usa en un sentido bastante libre ya que entre el arribo del objeto y su ensamblaje pasaron al menos un par de semanas.

Obviamente, el tirón y el dolor se los atribuí al engendro que acababa de armar. Lo curioso es que el dolor siguió las semanas siguientes e incluso fue creciendo, pasando a molestarme también en el pecho. Quizás en otras circunstancias hubiese ido al médico, pero, insisto, estábamos en medio de una nueva ola de Covid y eran tantas las recomendaciones para ir a consultas solamente cuando no hubiese otra alternativa, que me mantuve en casa confiando en que, una vez más, el reposo, el Motrin y ahora el Tylenol, serían suficientes.

Pero no solo no mejoraba, sino que la intensidad de las molestias se incrementaba. Como el reposo y las pastillas no parecían suficientes, pasé a hacer todas las cosas que más tarde descubrí *jamás* debí haber hecho. Me daba masajes, usaba un rodillo especial para "aflojar" músculos y un cilindro grueso sobre el que me apoyaba boca abajo y rodaba apoyando todo mi peso sobre cada muslo. De paso, seguía tratando de correr, aunque cada vez me resultaba más incómodo y terminaba siendo más el tiempo que caminaba que el que corría.

La perla vino a fines de julio, específicamente unos treinta minutos después del final de uno de los eventos que hacemos en el departamento Música & Entretenimiento: Premios Juventud. El espectáculo había sido un éxito y como gracias a la pandemia casi no había público, podíamos salir temprano sin temor a agarrar mucho tráfico, por lo que junto a los escritores que me acompañaron en ese show, —Mayte Folle y César Muñoz, que además de ser fantásticos en su trabajo son buenos amigos—, decidimos salir a celebrar. El evento había sucedido en el Wastco Center de la Universidad de Miami, por lo que fuimos a una cervecería cercana llamada Titanic. Como de ahí cada quien se iba para su casa, íbamos a ir cada uno en su coche. Tenía mis cosas ya conmigo, así que me adelanté mientras Mayte y César recogían las suyas y fui al estacionamiento por un camino que nunca había hecho y, siendo que ya venía trabajando en ese premio desde hacía once años y siempre en el mismo lugar, cualquier novedad era bienvenida. Así pues, salí por la puerta principal que está en el nivel por el que entra el público que, en un teatro de estas dimensiones, viene siendo el equivalente a un tercer o cuarto piso. Apenas crucé la puerta principal, la diferencia de temperatura y el nivel de humedad del verano de Miami hizo que mis anteojos se empañaran de inmediato. ¿Estaba usando lentes antiempañantes? Obvio, vivo en Florida. Mis lentes eran antiempañantes, antireflejo y, considerando lo que me sucedió, también un poco antisemitas. Aunque apenas se veía, confiado en que conocía el lugar como la palma de mi mano, seguí hacia adelante, cosa que me condujo directamente a los escalones de concreto en donde no vi el primero de ellos, por lo que terminé rodando por los otros sin misericordia.

Vamos a estar claros, que yo me caiga es más parecido a una tradición que a una novedad. Suelo tropezarme por todas partes y no le he atinado a los bordes de la acera con frecuencia. Lo bueno es que nunca me pasa nada (o casi nunca, una vez me fracturé el codo, pero fue hace tiempo[4]) y todo termina siendo más divertido que trágico. Esta vez, rodé unos doce escalones hasta el primer descanso. Sé que había una baranda en medio de la escalera de la que me traté de agarrar (y, a juzgar por el dolor que tenía en el brazo y el hombro al día siguiente, asumo que en algún momento lo logré). De paso, estaba cargando mi mochila, en la cual estaba la computadora de la oficina (que me tenía sin cuidado) y mi propio iPad (que me importaba muchísimo). Terminé medio colgado de la baranda, pies hacia arriba, con la mochila sobre el pecho y los lentes, que seguían empañados, en el piso. Así habrá sido la caída, que una persona de seguridad se me acercó corriendo para ver si "estaba bien". Le respondí que no, pero que eso ya venía de antes, traté de sonreír, incorporarme y salir llevándome la poquísima dignidad que me quedaba. ¿Cómo no me partí

---

[4] Lo dejo para una próxima publicación. Se me ocurre "Un tipo con un brazo roto entra a una clase de cerámica...".

nada? Ni idea. Ya en el Titanic[5], las cervezas y la conversación actuaron como buen analgésico. En cualquier caso, esta caída también sirvió para justificar que por un tiempo más mis dolores musculares persistieran.

A la semana de este evento, fui a México por cuestiones de trabajo y, mientras estaba allá, la molestia en el muslo derecho se incrementó a tal punto que empecé a cojear. Con ayuda del empleado de una farmacia local, sustituí el Motrin y el Tylenol por los productos locales Flanax y Voltarén y, la verdad sea dicha, me dolía menos... pero solo por un rato. Entendí que la cosa era más grave de lo que pensaba cuando, la noche anterior a mi regreso, un amigo se cayó por unas escaleras con menos fortuna que yo y se abrió la cabeza. En el momento no sabíamos qué tan grave era, por lo que salí corriendo a buscar una toalla... O por lo menos esa era la intención. Quería correr, pero la pierna simplemente no me respondía. Estaba clarísimo que era una emergencia y, además, el que sangraba era un amigo de infancia, cosa que todos los que emigramos apreciamos infinitamente. Pero no pude correr. Lo bueno es que a mi amigo no le pasó nada grave ni tenía nada urgente. De esto nos enteramos en la emergencia a la que acudimos, donde nos dejaron esperando por largas horas, quizás por costumbre, ya que no había ningún otro paciente.

En cualquier caso, decidí que apenas regresara a Miami iba a ir a un médico a ver qué estaba pasando, pero mi cuerpo tenía sus propios planes, los cuales podían resumirse en tres letras: "tos". Y, en tiempos de Covid, un matón armado persiguiéndote de noche asusta menos que alguien tosiendo a tu lado. De allí pues que, cambiando planes, me hice un test casero para ver si lo que tenía era el temido Covid. Negativo. Le siguió un PCR que también dio resultado negativo. Aparentemente había otras enfermedades además del Covid. Podía, por ejemplo, estar resfriado... o simplemente tener tos. Pero eso no tranquilizaba a nadie. Lo increíble

---

[5] Sigo refiriéndome al bar. A mi tratamiento prefiero llamarlo de otra manera.

es que mis compañeros de trabajo se preocupaban aunque estuviésemos viéndonos por Zoom. "¿Seguro es tos nada más?", me preguntaba en pánico cualquier persona que estuviese en la pantalla. Como de costumbre, trataba de aligerar la situación con chistes. "No se preocupen, lo que sonó fue un pedo", decía. Sonreían, pero no se tranquilizaban.

Finalmente, la mañana de un sábado en el que íbamos a encontrarnos con unos amigos, Ilse, harta de no poder dormir por mi puta tos y mis quejas de que me dolía la espalda o el pecho cada vez que me movía, me pidió que aunque sea vaya al "Urgent Care" que estaba cerca de la casa para que me hagan una placa y me dieran unos antibióticos para salir de eso.

—Y no jodas con el deducible del seguro que no es para tanto — agregó sabiendo cuál era mi principal excusa para no ir jamás a ningún médico.

Recordé que la vez anterior en la que Ilse me dijo que era mejor que fuese a una emergencia, fue seis años atrás, en medio de un *Thanksgiving* cuando, de verdad, resultó que estaba teniendo un infarto, tema que dejo para otro momento u otro libro[6]. El punto es que le hice caso y fui al médico.

En el Urgent Care me atendió un... ¿doctor? que usaba un tapaboca que simulaba ser el pico de un pato, cosa que hacía muy difícil tomarse en serio nada de lo que dijera. A pesar de su aspecto poco serio, hizo todo lo que se supone tenía que hacer: me auscultó, me hizo la placa de tórax y me recetó unos antibióticos que, en efecto, me quitaron la tos. En un mundo ideal eso hubiese sido todo, pero no. Antes de irme, se me acercó, bajó el tono y me dijo que en mis placas de pulmón se veían dos pelotas muy grandes, una de unos cuatro centímetros y otra de más de cinco

---

[6] ¿Qué tal "Un tipo con un infarto se sube a una montaña rusa..."? ¡Y así tengo la trilogía! Estoy cada vez más creativo.

centímetros. "Como una pelota de tenis", me explicó por si no sabía lo que era un centímetro. Esas pelotas de por sí eran suficientes para explicar los dolores que estaba teniendo tanto en el pecho como en la espalda. La siguiente pregunta del médico fue algo que me repitieron una y otra vez las siguientes semanas:

—¿Tú fumas?

—No.

—¿Ni siquiera socialmente?

—No.

Me miró con cara de pato incrédulo, algo que descubrí era posible en ese momento.

—En serio. Se lo juro. Si estoy mintiendo que me caiga un rayo y me humille cambiándome este tapabocas normal por uno que parezca el pico de un pato.

Okey, no le dije eso. Lo pensé y simplemente le insistí en que no fumaba. Era obvio que no me creía, pero lo dejó pasar. Tratando —y fracasando— de parecer una persona seria me dijo que debía ver a un pulmonólogo lo antes posible. "En no más de diez días", me especificó.

Salí de la consulta algo asustado, pero todavía sin entrar en pánico. Me quedé un rato en el carro sin saber bien cuáles debían ser mis siguientes pasos. Al regresar a mi casa, seguía sin saber si era mejor decirlo o quedarme callado hasta que tuviese más información. No quería asustar a mi familia cuando me saludaran con el inevitable "¿Qué te dijeron?", pero tampoco les quería mentir y, en este caso, la omisión era bastante cercana a una mentira. Decidí que iba a decir la verdad, pero dándole un tono casual para que nadie se asuste.

Al llegar me encontré con Ilse, mis hijas y Gladys, mi suegra, desayunando en la cocina. Todos dejaron de hablar e hicieron silencio al verme entrar. Pregunté qué estaban comiendo e Ilse me respondió con el temido "Eso no importa, ¿qué pasó?". Para distraerlas, mientras les hablaba abría y cerraba la nevera, me servía algo de comer y trataba de hacer ruido... Cualquier cosa para que parezca que no era nada grave.

—Por eso no me gusta ir al médico —les dije—, porque no importa por qué vayas, siempre te encuentran algo. Ahora parece que tengo dos —ruido de líquido siendo servido y consumido— pelotas en el pulmón. Pero ya me dieron antibióticos para la tos y debería estar bien en unos días.

No funcionó.

—¿Cómo que dos pelotas en el pulmón? —insistió Ilse.

Seguí tratando de desestimar.

—El que me atendió tenía una máscara tipo Pico de Pato. La semana que viene voy a un médico de verdad y salimos de dudas. —Las miré tratando de inspirar confianza—. No se asusten, estoy bien.

Ilse entendió que no quería seguir con el tema, especialmente en frente de las niñas (ya sé que para el resto de la humanidad son dos mujeres que ya en ese momento tenían veinte y dieciocho años y que no califican como "niñas", pero para un padre eso nunca cambia).

Poco más tarde nos reunimos con Michel y Yamilé, dos muy buenos amigos a quienes teníamos muchas ganas de ver porque hacía tiempo no coincidíamos. La cita era en la casa de ellos, en un patio que daba a un canal que permitía relajarse de la amenaza del Covid y una "esquina caliente", nombre con el que mi amigo había bautizado al lugar de su casa donde pasaba la mayor parte de su tiempo. El objetivo era divertirnos haciendo tres de mis actividades favoritas: comer, beber y escuchar música. Tampoco funcionó. Con la segunda copa de vino, salió el tema de lo que me había dicho el ¿doctor? Pico de Pato y el susto que estábamos pasando. Por suerte, lo que desajustó la segunda copa de vino, lo arregló la quinta. En otras palabras, ya para la noche, mi amigo y yo estábamos convencidos de que en esa mierda de sitio ni siquiera los Rayos X eran confiables y que no me extrañaría que hubieran confundido cosas. Y eso de ir al médico de manera urgente la semana siguiente, había que pensarlo bien, porque justamente esas semanas teníamos una agenda complicada. Eugenia, mi hija mayor, cumplía veintiún años y le estábamos trayendo al novio desde Chicago como una sorpresa. Aurora, la menor, había sido aceptada en la Universidad de Northwestern, también en Chicago, con una súper beca, por lo que se iba a mudar pronto y la íbamos a acompañar para ayudarla a instalarse. Y la parte que esperábamos con más ansias, era que ya Ilse y yo ya habíamos reservado y pagado un "todo incluido" en Cancún, en lo que iban a ser nuestras primeras vacaciones en casi dos años. Así pues, con tres prospectos buenos y apenas uno malo, había que tomarse las cosas con calma y evitar repartir malas noticias que no estuviesen confirmadas.

Lamentablemente esa tranquilidad no duró ni hasta el mediodía del día siguiente. A eso de las once de la mañana, Pico de Pato me llamó directamente a mi celular para decirme que había llegado el informe del radiólogo sobre mis placas y que necesitaba ir a buscarlo.

—¿Ahora?

—Lo antes posible, sí, para que se lo lleve al pulmonólogo. ¿Se acuerda que tiene que ir urgente a un pulmonólogo?

Puta madre. ¿De verdad? ¿Un domingo? Resignado fui al sitio, donde me hicieron esperar un rato antes de que volviera a salir Pico de Pato, usando una máscara idéntica a la que utilizó el día anterior. ¿O sería la misma? Decidí que seguro era la misma, lo cual, además de ser bastante asqueroso, me confirmaba que no debía tomarme en serio nada de lo que me dijera. Nada.

A Pico de Pato no le importó. Por el contrario, me entregó un par de hojas que confirmaron su diagnóstico previo y me dio un *brochure* de un hospital de la misma cadena del Urgent Care. Me miró casi que con súplica.

—Es importante que le lleves esto al pulmonólogo que vas a ver lo antes posible. Máximo, en diez días. Es urgente. ¿Tienes alguna pregunta?

Doble puta madre. Pico de Pato no solo tenía razón, sino que además era buena gente, profesional y atento, mientras que yo no pasaba de ser un miserable "Pato Hater". Le agradecí, le dije que no tenía preguntas (en realidad sí las tenía, pero eran más filosóficas que médicas y preferí reservármelas). Antes de irme, me extendió la mano y me dijo "Suerte, Jablon" con una sinceridad que me desarmó.

El informe, de apenas dos páginas, era lo suficientemente aterrador como para que esa noche me sentase frente a mi computadora a buscar lo que nunca quiero encontrar: médicos. La lista que ofrecía mi seguro era bastante extensa y, como corresponde, escogí el que me quedaba más cerca. La calle donde estaba el consultorio ni siquiera tenía un hospital, pero cumplía con dos requisitos fundamentales para mí: estaba a menos de cinco millas y era "In-network", por lo que me iba a salir más barato. Orgulloso de mi hallazgo, se lo comenté a Ilse que enseguida me cuestionó.

—¿Eso no es en Hialeah? —se espantó—. Uno va a Hialeah a buscar croquetas y masitas de puerco, no a recibir atención médica especializada. ¿Qué acreditaciones tiene?

—¿Acreditaciones?

Frustrada, Ilse me mostró una pestaña de la página que jamás se me hubiese ocurrido apretar donde indicaban datos del médico, dónde había estudiado y a qué hospitales estaba afiliado. Mientras me quedé pensando en croquetas y masitas de puerco, Ilse tuvo la sensatez de tomar el control de la computadora y hacer una lista de unos diez especialistas (no todos con consultorios en lugares cercanos) a quienes iba a llamar temprano el día siguiente.

Claro que una cosa es querer ver a un Pulmonólogo y otra muy diferente lograrlo, especialmente en tiempos de Covid. Las primeras cinco llamadas fueron poco alentadoras. Eran los primeros días de agosto y las citas me las daban para enero del próximo año, quizás diciembre.

La mejor opción que encontré fue para mediados de octubre. De nada sirvió que dijese que el doctor Pico de Pato me aseguró que la cita "tenía que ser en los siguientes diez días". Me explicaron que, en esos tiempos, la agenda la dictaminaba el Covid, donde ningún médico era tan requerido como un Pulmonólogo. Lo máximo que podían hacer era ponerme en una lista de espera, cosa que siempre aceptaba. A medida que me iba quedando sin nombres en la lista, decidí cambiar de estrategia y cuando me dijeron el famoso "para el próximo mes no hay nada" a pesar de todas mis explicaciones, contraataqué:

—Ya sé que no hay citas, pero la realidad es que estoy muy preocupado, por eso le quiero pedir permiso para hacer lo siguiente: Mañana cuando abran, voy a ir para allá. Si no se puede estar dentro del consultorio por el Covid, no se preocupe porque me puedo quedar en el carro y, simplemente, cada tanto me acerco a ver si hay alguna novedad y si algún paciente no pudo ir. A lo mejor ese día el doctor llega temprano o decide quedarse hasta un poco más tarde o prefiere ver a un paciente en lugar de almorzar. Si es así, entro. Y si no puede, no pasa nada, regreso al otro día. Y si ese día tampoco me puede ver, tampoco hay problema, regreso al siguiente; y así hasta que me pueda ver. De verdad no quiero molestar, pero estoy urgido y preocupado.

Del otro lado se escuchó un largo suspiro, seguido de algunos segundos de silencio, todo previo a un milagroso: "¿Puede venir el jueves a las diez?". Confirmé la cita y luego traté de olvidarme del asunto, obviamente sin lograrlo. Ese jueves, Ilse vino conmigo. Nos sentamos entre nerviosos e incómodos en una sala de espera llena de viejos impacientes. ¿Por qué las personas mayores se ponen particularmente ansiosas en una sala de espera? Hasta donde he podido comprobar, la gran mayoría no es que tenga grandes cosas que hacer como para que la cita con el médico le altere radicalmente la agenda. En particular, una señora que caminaba con dificultad se acercó una y otra vez a la recepcionista tratando de ejercer algún tipo de influencia para que la vieran primero que a los demás o por lo menos para saltarse algunos lugares en la espera. Apuesto lo que quieran a que esa era su gran salida del día, ir al médico, pero en lugar de relajarse y alegrarse porque iba a estar más tiempo fuera de su sofá, se angustiaba. Los digamos "menos viejos", como Ilse y yo, que sí teníamos reuniones y entregas pendientes, simplemente aguardábamos en silencio, con algún libro en el que leía palabras, pero donde me faltaba concentración para poder relacionarlas y entender algo de las mismas. Hasta que fue nuestro turno.

Pasamos a un consultorio bastante amplio donde al poco rato se presentó un señor muy amable, que desde que nos vio puso cara de "Lo siento", que se agravó ligeramente luego de que se enteró de que yo no fumaba y al que a partir de ahora llamaré Dr. Pulmón.

Prudente, Dr. Pulmón, nos aclaró que había varias opciones: podía ser un tumor benigno, uno maligno o, algo remoto, pero posible, especialmente considerando que había estado en México recientemente, un hongo. En cualquiera de los casos, me mandó a hacer un scan del tórax "con urgencia" para determinar mejor los siguientes pasos a seguir.

—¿Y los hongos se ven claramente en un scan? —le pregunté.

En lugar de responder, el doctor logró sonreírme sin quitar la cara de "lo siento", algo que muchos actores ganadores del Oscar difícilmente podrían lograr.

Al scan fui bastante esperanzado. Hasta ahora, la única prueba de que estaba enfermo era una placa que a lo mejor estaba equivocada. Algún sucio le cayó a la máquina, el hijo de Pico de Pato se puso a colorear radiografías... vaya usted a saber. El punto es que me senté lleno de esperanza en una moderna sala de espera con varios televisores. Vale acotar que el lugar donde me encontraba era un "*Imaging Center*", es decir, un espacio en el que todos los que estábamos, íbamos para hacernos *scans* de diferentes partes del cuerpo, por lo que todos estábamos en ayunas. Siendo así, ¿qué canal decidieron ponernos en la sala de espera? Food Network. En serio. Si miento que le caiga otro rayo a Pico de Pato y le ponga una máscara de iguana. Mi turno era a las tres de la tarde (la única cita disponible) y no habiendo comido desde la noche anterior, tuve que presenciar a Guy Fieri probando todo tipo de hamburguesas y sándwiches. Traté de leer o de jugar Candy Crush, pero era imposible. ¿Qué les costaba poner un maratón de *The Walking Dead* que es un programa que le saca el hambre a cualquiera? Al salir, cuando me dieron la encuesta para que hablara de qué me había parecido el servicio, solo puse una sugerencia: "Por amor de Dios, cambien el canal del televisor en la Sala de Espera".

A los dos días, Dr. Pulmón nos recibió otra vez. El scan no solo confirmaba lo que auguraba la placa, sino que además amenazaba con complicaciones mayores.

—Hay masas fuera del pulmón. Y una de las "pelotas" está claramente tocando una de las costillas, desde donde lo que sea que tengas (todavía no usaban la palabra "cáncer") podría viajar fácilmente a otras partes del cuerpo.

A modo de despedida me explicó que, a partir de ese momento, mi médico dejaba de ser él y pasaba a ser un oncólogo/pulmonólogo. Apenas salí, las asistentes se encargaron de hacerme la cita con el nuevo especialista. Lograron que el médico me viese en menos de una semana.

Ni a Doctor Pulmón ni a sus asistentes los volví a ver.

CAPÍTULO 3

UN EVENTO QUE TE CAMBIA LA VIDA

*Isn't it a bit unnerving that doctors
call what they do "practice"?*

GEORGE CARLIN

E n el espacio de tiempo en el que estuve en una pausa entre médicos, cumplió veintiún años Eugenia, mi hija mayor. Para celebrarlo, le trajimos de sorpresa al que para ese momento era su novio[7], que vivía en Chicago, y nos fuimos a recorrer cervecerías locales. Elías Muñoz, un buen amigo que suele despreciar a los seres humanos y ser particularmente atento con las cervezas, nos preparó un itinerario que incluía seis cervecerías diferentes en un radio de milla y media, todas en Wynwood, que de paso es una zona que nos gusta mucho. A Eugenia le pusimos una banda en donde decía que estaba cumpliendo veintiún años, que no quiso usar hasta que descubrió que servía para que no le pidan identificación y, mucho más importante, para que le regalasen la primera cerveza en cualquiera de los lugares a los que llegásemos.

Aunque ya para ese momento, el cáncer se había instalado claramente en nuestra casa, todavía no era públicamente reconocido. Ilse

---

[7] Y que luego dejó de serlo, y que luego volvió, y así sucesivamente.

y yo acordamos mantener el secreto al menos hasta que nos hubieran confirmado el diagnóstico. Con mi papá viviendo en Brasil y mi mamá en Argentina, irlos alertando desde ahora solo serviría para generarles una angustia que, estando tan lejos, no tendrían forma de calmar, pero que sí haría que nos llamasen constantemente para preguntar por novedades que no tendríamos. Sin embargo, a las pocas cervezas, Ilse le comentó a Elías y, poco después a su tío y, para no perder el impulso, también a unas primas que nos estaban acompañando en el recorrido. Esto lo empecé a sospechar cuando noté que de repente todos estaban siendo particularmente cariñosos conmigo. Con esto no quiero decir que normalmente me tratasen mal, pero los abrazos largos y las miradas de "estoy contigo" sí eran nuevas.

—¿No quedamos en que no íbamos a decir nada? —le reclamé a Ilse.

—Es mi familia —se justificó.

—¿Y Elías?

—Es nuestro "hijo bobo" —me recordó.

Aquí hay que aclarar que Ilse cada tanto "adopta" gente. Son personas cuyas familias están lejos o que están pasando por momentos amargos. En algún punto me aclara que "Tenemos que adoptar a Fulano que está solo" y pasamos a crear eventos que lo incluyan, que pueden ser comidas, reuniones o paseos. Si se están mudando buscamos cosas para regalarles, si tienen niños les creamos actividades que los distraigan. También es bueno dejar en claro que esto no es que sea un código entre nosotros, sino que Ilse lo dice a viva voz apenas siente que existe la necesidad. "Ay, no. No puede ser que estés solo. Te vamos a adoptar", le anuncia a la persona. Y así sucede. La pandemia hizo lo suyo por afectar esta costumbre, pero aun así en *Thanksgiving*, Fin de Año y cualquier otra celebración, suele haber puerta abierta en casa de los Jablon. Así fue con Elías, a quien ciertamente no le importaba ser unos cuántos años menor que nosotros, especialmente porque la inmadurez (hablo de la mía, no la de Ilse) ayuda a que uno parezca y se sienta más joven. Con él pasamos más de un fin de semana armando rompecabezas y haciendo parrilla, dos actividades que a los dos nos encantan. Ilse le decía que él era como nuestro hijo y yo enseguida aclaraba que, considerando su edad y su actitud general, era más bien nuestro "hijo bobo". Y así quedó.

Claro que la misma noche también se lo contó a su tío, lo que tampoco era un asunto menor, ya que a él se le había muerto su esposa de cáncer. Eso había sido hace más de diez años, en lo que había constituido un evento de esos con los que la gente se acostumbra a vivir, pero que nunca se llegan a superar. Sus primas fueron las primeras en levantar el velo: "Estoy segura de que vas a estar bien", me dijo una de ellas.

Pronto descubrí que era imposible verse con amigos y dejar al cáncer en otro lugar. Pero eso sería poco más adelante, lo que venía ahora era mi primera cita con un oncólogo.

Fue precisamente el Dr. Pulmón quien me refirió al oncólogo especialista a quien, me doy cuenta, no puedo llamar también Dr. Pulmón, porque no quiero que se confunda con el primero. Es por ello que, en atención a su importancia y permanencia en mi viaje a través del cáncer, bautizaré sencillamente como Dr. Breve.

Nuestra corta, pero significativa relación comenzó cuando una de las asistentes del Dr. Breve me llamó y muy amablemente me explicó que para poder tener la cita lo antes posible lo ideal era hacer una "video consulta", es decir, que en lugar de ir a un consultorio a que me vean, nos íbamos a ver como si fuese una reunión por Zoom.

—No se preocupe, porque aun así usted puede hacer todas las preguntas que quiera —me aclaró.

Si bien no tengo nada en contra de hacer citas por video, no me quedaba claro por qué eso era más rápido que tener una cita en persona.

"En principio, suena a que deberían durar lo mismo", me atreví a decir. En lugar de darme razones, me explicó que los miércoles ese doctor solo atendía por video y que era la cita más cercana que me podían dar.

—¿Prefiere esto o que lo vea más adelante? —me preguntó notablemente menos amable y sin dejar caer ninguna fecha en específico.

De más está decir que acepté la video consulta.

La gran ventaja de las video-consultas es que uno tiene la sensación de que no son del todo ciertas. Es como ver las cosas por televisión, te afectan, pero hay una distancia que al mismo tiempo protege. De esa manera me permití tomarme las cosas con calma. De paso, la fecha coincidía con unos castings que estábamos haciendo para una competencia llamada Nuestra Belleza Latina, lo cual servía como una excusa perfecta para restarle importancia a la consulta: tenía que trabajar, así que iba a tomar la "llamada" en la oficina. Nadie en mi casa podía acompañarme a la oficina en esos días, con lo que —pensaba yo— me evitaba otras reacciones que pudieran ser más intensas que la mía en caso de que me dieran malas noticias. Estaba seguro, además, que tener a pocos metros de mi escritorio un estudio con gente conocida y querida trabajando, me serviría para distraerme mientras esperaba y para olvidarme un poco de todo en caso de que me dijeran algo que no esperaba.

El detalle es que nada te prepara para un diagnóstico que incluya la palabra "cáncer" y toda expectativa previa es irreal. Por otra parte, no sé si a alguno de ustedes alguna vez le diagnosticaron cáncer por video, pero la sensación es particularmente surrealista. Lo curioso es que no por ello deja de ser abrumadora. Digamos que, en general, entre que te dicen que tienes cáncer y vuelves a escuchar o a darte cuenta de lo que sucede a tu alrededor pasan unos buenos diez minutos. En un mundo ideal, los médicos deberían hacer dos citas: una solo para decirte "Tienes cáncer" y otra, veinticuatro horas después, para agregar: "¿Alguna pregunta?", de manera de que uno tenga tiempo de más o menos procesar la noticia. Pero no vivimos en un mundo ideal. Dr. Breve estaba amablemente frente a una pantalla cuando me comentó que ya Dr. Pulmón le había enviado toda la información y que había tenido tiempo de estudiar el scan del tórax que me había hecho.

—En este momento, aunque las probabilidades no sean absolutas, tenemos que pensar que estamos frente a un cáncer de pulmón en estadio cuatro y tenemos que actuar de inmediato.

A partir de aquí el señor siguió hablando, pero, como expliqué previamente, no tengo idea de qué pudo haber dicho. Solo alcanzaba a darme cuenta de que no estar con alguien querido mientras se recibe una noticia así había sido un error. Me urgía un abrazo y un montón de mentiras tipo "no te preocupes", "esto no es nada" y "todo va a estar bien". Mientras, el Doctor seguía diciendo cosas seguramente importantísimas, pero para mí todo lo que salía de su boca sonaba como lo hacen los adultos en el mundo de Snoopy, o sea, un murmullo ininteligible. Cuando por fin pude reaccionar alcancé a preguntar qué era eso de "Estadio 4".

Con paciencia, Dr. Breve me explicó que el Estadio 1 era cuando el cáncer estaba localizado en un área pequeña y no se ha expandido a ningún otro lugar. En el Estadio 2 creció, pero sigue sin esparcirse (a qué se considera un "área pequeña" y a qué un "área mayor" no está del todo claro). En el Estadio 3 el cáncer es mayor (de nuevo, lo del tamaño sigue siendo un tema algo caprichoso) y se ha extendido a otros tejidos o nódulos linfáticos. Por último, en el Estadio 4, el cáncer se expandió a otras áreas del cuerpo no cercanas al punto de origen. Demostrando lo poco que sabía de la materia me atreví a preguntar cuántos otros "Estadios" había.

—Solo cuatro —me aclaró el médico.

—O sea que empecé bien arriba —dije yo como para que no quede duda de mi absoluta ignorancia.

Dr. Breve tuvo la gentileza de no responderme o corregirme diciéndome que todo cáncer empieza en el Estadio 1 y va creciendo si no se descubre a tiempo. Por mi parte, seguía tratando de negar lo obvio.

—¿Pero seguro es en el pulmón? De verdad que nunca fumé.

—Aproximadamente el 20 % de los cánceres de pulmón son de no fumadores. Y precisamente como a los no fumadores no se les hacen placas de tórax con tanta frecuencia como a los fumadores, cuando se detecta, ya suele estar bastante avanzado.

La información me iba rebotando en la cabeza mientras el doctor seguía hablando. Me explicó que el mejor camino a seguir era ir preparándonos para detener el cáncer mientras se confirmaba su diagnóstico y que esa confirmación era menos inmediata de lo que uno desearía.

—Tenemos que saber exactamente qué tipo de cáncer de pulmón es para saber cuál va a ser la mejor forma de, en principio, detenerlo y, dependiendo, reducirlo. Para eso vamos a hacerte varias pruebas, nuevos scans y vamos a programar una biopsia de pulmón que es un proceso rutinario, pero con riesgos, y que por eso se realiza en un quirófano. Lamentablemente, el mayor de los tumores está localizado en la parte superior, rodeado de arterias importantes y hacer la biopsia en él sería innecesariamente arriesgado, por lo que la vamos a hacer en el que es un poco más pequeño. También te voy a poner en contacto con un oncólogo radioterapeuta porque vamos a tener que hacerte radiología para reducir el tumor que tienes más cerca de la columna.

La idea me seguía resultando demasiado remota. Veía la pantalla, pero lo único que pensaba era si sería posible cambiar de canal. Ya ni siquiera tenía tos. Y me dolía la pierna, no el pecho. Me di cuenta de que otra de las grandes ventajas de la teleconferencia es que uno puede mirar para otro lado. Ya no podía negar la enfermedad, pero sí la pantalla. El doctor se dio cuenta.

—Si quiere dígale a su esposa que puede ponerse en la pantalla también.

—Ella no está aquí —le aclaré—. Estoy solo.

—Me pareció que hablaba con alguien.

Ya no podía siquiera mirar para otra parte. El mundo se me iba reduciendo al punto que ya solo había espacio para la pantalla. Dado que la negación no era posible, al menos podía intentar posponer las malas noticias. Le expliqué al doctor que en poco menos de diez días tenía programado un viaje de "apenas una semana" a Cancún y que, pocos días después, iba a viajar a Chicago para ayudar a mi hija menor a instalarse para su primer año de Universidad.

—Quizás pudiéramos programar para empezar en unas tres semanas —sugerí.

Dr. Breve me miró con algo cercano a la ternura.

—A ver... —dijo con paciencia—. Este es un evento que te cambia la vida. Hay que entenderlo así. Lo que era, ya no es. Para mejorar nuestras posibilidades de éxito no podemos perder ni un minuto. Tenemos que actuar lo más rápido posible y aún así...

No llegó a terminar la frase. Gracias.

—Vamos a ser optimistas —agregó con poca convicción —, pero es momento de ir poniendo todas sus cosas en orden.

—¿Mis cosas en orden? —repetí deseando haber escuchado mal.

Dr. Breve asintió y desestimó al mismo tiempo.

—No lo digo solo por esto. En la vida tenemos que estar preparados para todo. El día de mañana usted pudiera tener un accidente. Nunca está de más tener las cosas en orden.

Cada frase que salía de su boca se volvía sólida, se materializaba y oprimía; se convertían en grilletes que me impedían moverme. Por si lo anterior no me había quedado claro, remató con "No es prudente que realice viajes en este momento. Ninguno".

Le expliqué que podía suspender el viaje a Cancún, pero que me parecía extremadamente importante acompañar a Aurora antes de que entrase a la Universidad. No ir iba a hacer que la "niña"[8] se sintiera insegura o se preocupase por mí estando lejos, cuando tenía que enfocarse en sus estudios. "No va a estar cómoda allá sabiendo que su papá está grave aquí", le dije. Y como no me respondía nada agregué: "Que la acompañe como estaba planificado nos va a permitir sentir una sensación de normalidad que todos necesitamos".

Un poco a regañadientes aceptó, advirtiéndome que no debía cargar peso ni exigirme demasiado. Me pregunté si el doctor alguna vez se había mudado y si sabía lo que era una universidad. Me respondí que sí y que si había estudiado en este país sabía por experiencia propia lo que significa empezar cualquier College y lo que ello implicaba. Por otro lado, me consoló darme cuenta de que, al igual que cualquier ser humano, el doctor también prefería negar —al menos parcialmente— realidades que no le resultaran convenientes. Solo me quedaba una pregunta más por hacer. Una que me costó tanto pronunciar que tuve que repetirla un par de veces hasta que me escuchó.

—Esto que tengo... ¿es hereditario? ¿Se lo podría pasar a mis hijas?

—Todavía ni siquiera hemos hecho la biopsia, pero no creo. El cáncer de pulmón no tiene causas genéticas.

Logré sonreír. Creo. Antes de despedirse me explicó que en las próximas horas me iban a volver a contactar ya con un calendario de mis próximas citas. Cuando la llamada se terminó era difícil creer que todo lo que me había pasado era real. Seguía en la misma oficina, rodeado de un mundo familiar, por más que se empeñase en dejar de serlo. Todavía no me atrevía a llamar a Ilse y contarle lo que le me habían dicho. Además

---

[8] Sí, "niña".

de que no quería decírselo por teléfono, mucho menos por videollamada. Me parecía de mal gusto (nada personal, Dr. Breve).

Caminé casi que sin proponérmelo hasta el estudio donde estaban grabando los textos que yo había escrito pocas horas antes para que hilasen el programa de audiciones. Lo bueno de trabajar en un mismo lugar desde hace tantos años es que muchas de las relaciones de trabajo se convierten en relaciones de amistad. Lo malo, es que ya te conocen tanto que enseguida se dan cuenta si te pasa algo.

—¿Está bien? —me preguntó una asistenta de producción.

—No estoy seguro — le respondí con sinceridad.

La joven se rio.

—¡Usted siempre con sus cosas! —me dijo mientras me daba una palmada cariñosa.

Seguí hacia el estudio. Frente a la cámara estaba la anfitriona del show, Alejandra Espinoza, una mujer espectacular con la que venía trabajando desde hacía más de una década y a la que había aprendido a escribirle en el mismo tono en el que ella hablaba. Por pura amabilidad, Ale me repitió lo que iba a decir para asegurarse que estaba usando el tono adecuado. Como siempre, lo era. Mientras la escuchaba me acordé de que una de sus hermanas había sido diagnosticada con cáncer no hacía mucho tiempo. Cuando terminó de grabar me acerqué y también se dio cuenta de que algo me pasaba. Decidí probar y tratar de decirlo. Aun así, la voz me salió bajita.

—Creo que... tengo cáncer.

Me miró como tratando de discernir si estaba hablando en serio o en broma. Si era broma era de sumo mal gusto, incluso viniendo de mí. Se dio cuenta de que hablaba en serio.

—No le digas nada a nadie todavía porque... a lo mejor, no es. Todavía me tienen que hacer unas pruebas. Es que acabo de hablar con el médico...

Por primera vez viví el efecto que tenían esas palabras en los demás. A Ale se le aguaron los ojos y me abrazó fuerte. "Voy a rezar por ti", me dijo. Era inevitable que el *entourage* que la rodeaba se diera cuenta de que algo pasaba. Por suerte, en ese momento sonó el teléfono y tuve la excusa perfecta para alejarme. Era del hospital. Me dijeron que me iban a mandar un calendario porque me iban a empezar a hacer pruebas de inmediato. Todo se movía rápido... O por lo menos esa era la intención, porque pronto comprendí que una cosa era querer hacer las cosas rápido y otra muy diferente lograrlo. Aparentemente hacerse *scans* estaba de moda porque no había horas disponibles hasta dentro de dos o tres semanas. Otras cosas sí podían adelantarse, pero aun así todo debía ser aprobado previamente por el seguro. "Eso toma tiempo —me explicaron—, por lo que todas las citas las haremos empezando dentro de una semana". Pregunté qué pasaba si el seguro no las aprobaba o si hacíamos las pruebas lo antes posible, pagándolas yo y luego esperábamos para que el seguro me devolviese el dinero.

—Estas son pruebas caras —me respondió alguien que de tan solo escuchar mi voz supo reconocer a qué estrato social pertenecía—. Y unos días no hacen mayor diferencia. En caso de que haya algún problema con el seguro, le avisamos.

En medio de todo esto me llamó Ilse. No atenderla no era una opción, así que tomé aire, le dije que sí había hablado con el médico y que ya iba para la casa para contarle. Sin despedirme de nadie ni entrar en detalles, regresé a mi casa y le conté a mi esposa lo que recordaba de mi conversación con el médico. Cuando terminé, su principal comentario fue que yo era pésimo para echar cuentos y que no volviera a tener citas sin que ella estuviese presente. Mientras hablábamos me llamaron dos veces más, siempre tratando de organizarme mi "calendario de pruebas". Ya en la segunda llamada me preguntaron si tenía algún inconveniente en tener las citas en otro hospital del Baptist que no necesariamente fuese el Miami Cancer Institute de manera de poder adelantar el calendario. Les dije que no y que en este momento mi única prioridad era hacerme lo que me tuviese que hacer lo antes posible. Vaya si me tomaron la palabra. En un mismo día llegué a tener citas en hospitales del Baptist en Palmetto Bay (a unas veinte millas de mi casa). De ahí a otro Baptist en Plantation (a unas cuarenta y cinco millas del de Palmetto Bay), para cerrar el día en el Baptist de West Kendall (otras cuarenta y cinco millas). En otra oportunidad me hicieron un MRI de la zona cervical, la lumbar y la cadera el mismo día, lo que implicó que pasará más de dos horas y media dentro de la máquina de resonancia magnética, tras lo cual pensé que, si no tenía cáncer antes, con la cantidad de radiación que acababa de recibir, eventualmente lo tendría.

—Estas máquinas no generan radiación —me aclaró el técnico.

—Pero igual dan miedo.

Por toda respuesta, se encogió de hombros.

Ya para ese momento noté que había perdido todo control de mi agenda y que cualquier intento de mantenerlo era ilusorio. En general nunca me preguntaban si me "convenía" o "podía ir" tal día a tal hora, simplemente me informaban el lugar al que tenía que ir y la hora a la que debía estar. Incluso más de una vez, estando en el hospital, mientras me imprimían un calendario de citas, me informaron que "ya que tenía que ir el martes a las once de la mañana, iban a aprovechar para ponerme otra cita a la una de la tarde".

—Pero yo no tengo ninguna cita el martes a las once de la mañana —dije mientras revisaba mi calendario del teléfono.

—Sí tiene. Espere un minuto que ya le imprimimos un nuevo calendario.

En medio de todo esto, aún sin un diagnóstico definitivo, llegó el segundo aspecto al que todo enfermo de cáncer u otro tipo de enfermedad crónica debe enfrentar. ¿Hay que decirlo? ¿Y a quién? Hay toda una mitología a este respecto y son muchos los que insisten en mantener esos aspectos en secreto la mayor cantidad de tiempo posible. Confieso que originalmente había pensado dedicar todo un capítulo a este tema, pero como otra de las cosas que uno descubre cuando tiene cáncer es que es mejor no dejar nada para más tarde, aquí voy.

De alguna manera hemos creado una suerte de círculo vicioso con la forma en la que tratamos un diagnóstico de cáncer. A sabiendas de que las personas cambian su forma de vernos cuando se enteran de que estamos enfermos con una enfermedad crónica, muchos prefieren mantener esta información en secreto, aunque ello implique una súbita "desaparición" de cualquier ámbito social por un tiempo indeterminado. Por otra parte, el hecho de que alguien prefiera desaparecer temporalmente antes que compartir la noticia es lo que contribuye a que todas las personas nos traten diferente cuando escuchan un diagnóstico que involucra la palabra "cáncer". En lo personal, pienso que llegó el momento de desmitificar la palabra. Tener cáncer es una cagada o, por decirlo más elegantemente, es "un evento que te cambia la vida", de eso no hay duda, pero también es un hecho de que se trata de una enfermedad que cada vez es más común y más tratable. El cáncer ya es parte de nuestra sociedad y esa es una realidad que no podemos ni tapar ni ocultar. No es para sentir vergüenza o, como denunció la escritora y filósofa Susan Sontag, para pensar que es una "traición" del cuerpo, como le sucede a gran parte de los diagnosticados. Estamos enfermos, punto. Parte de la lucha por seguir siendo uno mismo es comprender que no somos nuestras enfermedades. Cada vez entiendo menos por qué tantos famosos prefieren ocultar que padecen enfermedades crónicas o graves cuando justamente, gracias a su posición social, pudieran ser un ejemplo a seguir y ser la punta de lanza para darnos ánimo y confianza a los demás. Con esto tampoco pretendo decir que tener cáncer es un motivo de orgullo y que tenga que ser gritado a los cuatro vientos. Lo que creo es que las enfermedades son circunstancias y está en nuestras manos evitar que las limitaciones físicas se conviertan también en fronteras de nuestra personalidad.

Claro que también es irresponsable andar compartiendo diagnósticos que aún no hayan sido confirmados y eso fue lo que decidimos hacer Ilse y yo. Especialmente porque yo insistía en un optimismo que rayaba en el delirio según el cual, aún había la posibilidad para que todo fuese un error. Y lo peor es que tenía una historia que me respaldaba. Se las cuento:

Muchos años atrás me salió una mancha en la piel a un costado de la barriga que me pareció digna de ser atendida por un dermatólogo y, siguiendo mis lineamientos de, estando dentro de la red del seguro, el mejor era el más cercano, me fui a un consultorio del cual afortunadamente ya olvidé la dirección. Debí sospechar que me encontraba frente a una gente con tendencia al sadismo cuando me pidieron que me quitase la camisa y me pusiera una especie de bata. Digo "especie" porque más que bata era como el principio de un chaleco de papel azul que apenas si llegaba hasta los pectorales, dejando a la vista la barriga y sus zonas aledañas —o sea, las "llantas" o "cauchos"— una parte del cuerpo que el 99 % de la raza humana prefiere esconder, con un margen de error del 1 %. Nunca vi una pieza de ropa más humillante. Vestido así, pasé a un consultorio donde al poco rato apareció la "Doctora", que me vio unos segundos y luego me preguntó:

—¿Y usted ya ha tenido cáncer *antes*?

—¿Cómo que "antes"? —atiné a preguntar yo.

La doctora se dio cuenta que había metido la pata porque sin decir una palabra más, se retiró del consultorio. Al poco rato, regresó su asistente para decirme que ya me podía vestir. Hice caso, me vestí y salí corriendo del lugar, sin esperar a que me dijeran cuándo iba a ser mi próxima cita o si necesitaban hacerme alguna prueba adicional. Mientras iba en el coche de vuelta a mi casa, me llamaron para preguntarme por qué me había ido de esa manera.

—Me fui y no pretendo volver —les respondí con sinceridad—. En caso de que tenga algo, no pretendo ni remotamente atenderme con ustedes.

Del otro lado no hubo respuesta.

Confieso que luego de esa experiencia pasó mucho tiempo hasta que volví a ver a un dermatólogo y, cuando lo hice, no volvieron a mencionar la palabra "cáncer". Llegué a preguntar por las benditas manchas y me dijeron que no tenía de qué preocuparme, solo me mandaron a usar un protector solar más potente y a ponérmelo más seguido cada vez que estuviese bajo el sol.

Digamos, para resumir, que en esa oportunidad la negación funcionó a la perfección. Lamentablemente, aunque todavía faltaba la confirmación definitiva, todo apuntaba a que esta vez la situación era diferente. Ya demasiados especialistas coincidían tanto en el diagnóstico como en el camino a seguir. A pesar de todo, Ilse y yo tratábamos de seguir nuestra vida lo más normal posible.

Una noche, fuimos a cenar a casa de Candice y Andrés, unos amigos que vivían muy cerca de nuestra casa. Los hijos de esa pareja y nuestras hijas se conocían por lo que la invitación las incluía. Tratábamos de estar bien, de hacer de cuenta que no pasaba nada. Comimos, nos reímos, intercambiamos memes cómicos que cada uno había recibido y, antes de que se hiciera demasiado tarde, le pidieron a Aurora que cantase para escucharla antes de que se fuese a estudiar música a Chicago. Ella accedió —cosa bastante poco frecuente— y cantó un par de canciones. En este momento no recuerdo cuáles fueron, solo recuerdo que escucharla y que me cayese mi enfermedad encima fueron una misma cosa. Escuchar su voz que se agrandaba y mi mundo que se reducía pasaron a ser lo mismo. No sé cómo aguanté hasta llegar a mi casa, pero una vez allí subí directo a nuestro baño, donde me encerré y lloré como hacía años no lo hacía. Lloré hasta que me quedé sin aire y me ardió el alma. Sé que en algún momento llegué a quedar en el piso, en posición fetal, incapaz de articular palabra.

Al poco tiempo, Ilse tocó la puerta y sin decir mucho más me abrazó. Le dije que quería veinte años más. Con eso me conformaba. Llegar hasta los setenta y dos consciente y entero, tener tiempo suficiente para ver graduarse y florecer a mis hijas. Saber si se casarían, qué harían con sus vidas, viajar con Ilse y envejecer a su lado. Sentía que justo ahora nos iba bien, que estábamos pasando por un buen momento... Quería vivir y quería vivir sano. Ilse trató de decirme cosas para consolarme, quizás sin entender que yo en ese momento quería catarsis y no consuelo. Luego lloró conmigo. Una vez ambos estuvimos más tranquilos, me dijo que juntos íbamos a salir adelante. "No todo el mundo se muere de cáncer. Nosotros vamos a ser de los que ganamos y seguimos", me dijo. Usaba el plural sin pensarlo. No estaba solo. Seguía siendo afortunado.

A la mañana siguiente me pareció estar más claro. Sentí que parte del dolor venía por el mismo hecho de no poder compartir abiertamente un proceso que en ese momento era una parte tan importante de mi vida. Sabía que al contarlo corría el riesgo de pasar a ser definido por mi condición, cosa que me daba pánico. Allí comencé a comprender la gravedad no solo de mi enfermedad, sino también del estigma asociado con el cáncer. Por lo tanto, aunque mis intenciones eran buenas, me pareció que esperar a tener una confirmación oficial era prudente. El detalle es que ese resultado no se conocería hasta dentro de varias semanas. Esto es así porque básicamente hay dos tipos de pruebas para cerciorarse que tienes cáncer de pulmón y, de tenerlo, de determinar qué tipo de cáncer es. La primera es por sangre, para lo cual analizan una muestra cuyos resultados se conocen en "apenas" dos o tres semanas, porque el laboratorio que lo procesa queda en California y aparentemente llevan las muestras en bicicleta. De paso, este método no es concluyente, por lo que igual hay que hacer el segundo método, que es una biopsia de pulmón. Esto ya es un procedimiento quirúrgico que incluye, dentro de sus riesgos, la muerte (riesgo que me acostumbré a encontrar mucho más frecuentemente de lo que me gustaría en otros tratamientos) y cuyos resultados igualmente tardan unas tres semanas en conocerse porque la muestra también la analizan en un laboratorio en California, quizás el mismo, que imagino está siempre lleno de trabajo. Y no es que podía ir de inmediato a hacerme cada prueba porque las mismas debían ser aprobadas por mi seguro médico, lo cual a su vez era otro proceso que también requería varios días.

Mientras tanto, mi agenda se fue llenando de *scans*, pruebas y citas médicas. Por más que estuviésemos en agosto, mi mes de trabajo más tranquilo, iba a ser imposible que en la oficina no se dieran cuenta. Así pues, aunque no tuviésemos ninguna confirmación todavía, había llegado el momento de empezar a repartir la noticia.

CAPÍTULO 4

LA NOTICIA

En mi pecho, el reloj de sangre mide
el temeroso tiempo de la espera

JORGE LUIS BORGES

E staba decidido a dar la noticia, pero ¿a quién? Mi situación en Univisión era ciertamente particular. En lugar de tener un solo jefe al que reportar, yo respondía a diferentes Productores Ejecutivos según el o los proyectos que se estuviesen haciendo en ese momento. Así pues, decidí empezar por el jefe del departamento, esto es, Ignacio Meyer, quien para ese entonces era el vicepresidente de Música y Entretenimiento. Si bien nuestra relación era particularmente buena, me sentí algo fuera de lugar cuando lo llamé para decirle que tenía que hablarle de "algo personal" lo más pronto posible. Apenas pronuncié estas palabras me di cuenta de que eso es lo que suelen decir todas las personas antes de renunciar, pero ya era demasiado tarde. En cualquier caso, quedamos vernos esa misma semana para desayunar en algún lugar fuera de la oficina para estar más cómodos.

Ese sitio resultó ser Bachour, un café en Coral Gables, particularmente grato. Mientras manejaba, la estación de Pandora que estaba escuchando (Fito Páez Station) decidió, no sin ironía, tocar "Todo a pulmón" de Alejandro Lerner, que dice:

Qué difícil se me hace
Mantenerme en este viaje
Sin saber adónde voy en realidad
Si es de ida o es de vuelta
Si el furgón es la primera
Si volver es una forma de llegar.

Nunca entendí la línea de "El furgón es la primera", pero el resto de la canción, que siempre me encantó, se fue haciendo dolorosamente cercana.

Qué difícil se me hace
Cargar todo este equipaje
Se hace dura la subida al caminar
Esta realidad tirana
Que se ríe a carcajadas
Porque espera que me canse de buscar.

Ni siquiera el coro ayudaba.

Y todo a pulmón, todo a pulmón.

Cambié de emisora. Llegué temprano todavía preguntándome hasta dónde debía decir y cómo. Tampoco sabía qué debía esperar, ¿comprensión?, ¿empatía?, ¿lástima? Dicen que el verdadero carácter se conoce en los momentos difíciles y, en ese sentido, me preguntaba si el carácter que estaba a punto de develarse iba a ser el mío o el de mi jefe. No tuve que esperar mucho para saberlo.

Nacho, que sin ser el nombre oficial de mi jefe es como lo llamamos todos, llegó a la hora y luego de pedir algo de desayuno, le dedicamos algunos minutos de conversación a los proyectos que andaban en curso. Luego, le dije que la razón por la que lo había llamado era porque me estaba pasando algo que podía afectar mi trabajo y, siendo que básicamente me encargaba de programas en vivo, era importante que la empresa pudiese tomar las medidas necesarias para que los mismos continuasen sin saltos si se diera el remoto caso de que yo no estuviera disponible. Si antes no estaba del todo seguro sobre si tenía toda su atención, ahora sí era evidente. Nacho volteó su teléfono para que ni siquiera la pantalla pudiera distraerlo (uno de los gestos más nobles que puede hacer un alto ejecutivo) y me preguntó qué estaba pasando. Hasta ahí llegó el tono corporativo.

—Me encontraron dos tumores en el pulmón derecho. Uno tiene cuatro centímetros y el otro poco más de cinco, como una pelota de tenis. Todavía me tienen que hacer un montón de pruebas, pero lo más seguro es que sea cáncer de pulmón —le dije, y me sorprendí a mí mismo una vez más porque todavía no podía decir "cáncer" sin que se me quebrase la voz. Agregué que mi idea no era retirarme del trabajo, pero al menos tener los recursos para contratar escritores adicionales que pudieran, además de darme una mano, estar presentes durante las grabaciones... en caso de que yo no pudiera estarlo cosa que, insistí, aún era remota.

Para mi sorpresa, Nacho no tardó mucho en reaccionar.

—Tu prioridad ahora tiene que ser tú —me dijo—. Desde ya te digo que cuentes con los recursos que te hagan falta. Y no te sientas obligado a trabajar. Si no puedes hacerlo, no trabajes. Si quieres hacerlo... pues bienvenido. En principio, se me ocurre que podrías usar al Dr. Juan como una segunda opinión. Ya sé que es un "médico de televisión", pero eso no quita que sea un graduado con honores de Johns Hopkins y que mucha gente importante lo use como su consultor privado. Si quieres hablo con él para que te sirva de *coach*.

Pensé en el Doctor Juan, autor de "Santo remedio", "Santo remedio ilustrado", "Santo remedio para mujeres" y "Santo remedio entallado", entre otros libros. Decirle que no a un profesional que tenía tantos "Santos" en su haber, debía ser pecado, así que asentí. Para mí un profesional de televisión era más bien una garantía. Para atreverse a aparecer en televisión nacional en vivo respondiendo preguntas que pueden venir de todo tipo de temas hay que saber mucho... o tener un nivel de descaro psicótico. Mi esperanza era que Doctor Juan correspondiese con el primero de los casos.

—De resto, tú dime cómo quieres manejar esto —agregó—. Yo entiendo la confidencialidad de estos casos, así que puedo dar las instrucciones para que te den el apoyo sin que tú tengas que presentarte o pedirlo directamente.

—Yo no tengo ningún problema con que se sepa... pero no antes de tener un diagnóstico confirmado. Aun así, quería hablar contigo y con Grizi (la Productora Ejecutiva de Nuestra Belleza Latina, el otro show en el que estaba trabajando) para que estuviese al tanto, ya que mi agenda en este momento está más en función de esto que de cualquier otra cosa.

—Como debe ser —dijo. Y luego agregó—: Hace rato que hemos debido ponerte al menos un escritor adicional por proyecto. Siempre lo pides, siempre decimos que sí y nunca lo hacemos. Esta es la excusa perfecta para empezar.

Nos quedamos conversando un rato más. Antes de que el ambiente se pusiera más lúgubre, agregué:

—Quizás sería un buen momento para aumentarme el sueldo; sería por poco tiempo.

Nos reímos y nos quedamos un rato más. Luego caminamos hasta donde había estacionado mi coche y nos despedimos con un largo abrazo.

Grizi tuvo una reacción similar, pero un poco más intensa porque recientemente su mentor, Nelson Ruiz Pérez, quien fuera Productor Ejecutivo de todos los realities y competencias de Univisión, había muerto de cáncer. En cualquier caso, si era solidaridad lo que buscaba, la encontré. Siempre pensé que ni las empresas ni los proyectos tienen alma o personalidad, pero las personas que las dirigen sí. Yo tenía la suerte de estar rodeado de sensibles *workaholics*.

Luego pasamos a comentárselo a los amigos médicos. Como estos eran tan pocos, ampliamos el círculo para incluir también a los amigos que a su vez tenían amigos médicos. En general, luego del inevitable "cómo te diste cuenta", la reacción era siempre optimista. Luego de hacer memoria por algunos segundos, todos conocían a alguien a quien le habían diagnosticado un cáncer terminal y a quien le habían dado algo así como segundos de vida y que milagrosamente seguían vivos al día de hoy, décadas después. También me empezaron a recomendar todo tipo de plantas, tés y tratamientos alternativos. Cosas que, hasta donde tenía entendido, en principio, eran buenas para *evitar* el cáncer.

—¿No será como que un poco tarde para eso? —me atreví a cuestionar.

—Para nada. Yo tengo un amigo que tiene un amigo que se curó comiendo seis raciones de vegetales diarias, dejando el azúcar y haciendo dos horas de ejercicio al día mientras escuchaba un pódcast religioso.

Lamentablemente, por cada caso milagroso, había muchos otros de gente cercana que había muerto de cáncer. Pero no había que pensar en eso porque ya hoy en día la medicina había avanzado muchísimo. Una ex tía política[9] a quien contactamos precisamente porque era médica, lo puso en los siguientes términos:

---

[9] Sí, el título existe. Se refiere a la hermana de quien fue mi padrastro, pero que luego se divorció de mi mamá. Con tres divorcios paternos y dos maternos mi ex familia política es bastante extensa... y maravillosamente cercana. En todo caso, eso lo dejo para otro libro. ¡Y voy por cuatro!

—Hay que pensar que hoy en día el cáncer es una condición crónica y no una enfermedad terminal.

Me encantó. A partir de ese momento, ese fue mi mantra y lo sigue siendo mientras escribo estas líneas. Otro médico, uno que alguna vez fue mi pediatra y del cual nos manteníamos en contacto porque su hijo seguía siendo nuestro amigo, me dijo que, en el peor de los casos, pidiera que me saquen el pulmón comprometido. "Se puede vivir perfectamente con un solo pulmón", me aseguró. Lamentablemente Dr. Breve no estaba de acuerdo.

—El lugar donde está el tumor lo hace inoperable —me explicó con la alegría lúgubre que lo caracterizaba.

Igual, la ayuda y los consejos no se hacían esperar. Todos coincidían en que además de la medicina tradicional tenía que empezar a buscar otras opciones, empezando por la meditación, la acupuntura y la alimentación. Dentro de los alimentos y suplementos que tenía que empezar a consumir de inmediato estaban el aloe vera, la pitaya, el té verde, la cúrcuma, la bromelia, el té de matcha, las manzanas, vitamina C, vitamina D, selenio y moringa (que todavía no sé qué son), entre muchos otros. Además, tenía que evitar el ginseng, las carnes rojas, el ajo (aunque otro grupo decía que esto era bueno), los fritos, al alcohol, el agua que no tuviese un pH neutro y las grasas "trans", que de ser algo malo suena que debería buscarse un término políticamente más correcto.

Hice caso hasta donde mi bolsillo, mi paciencia y mi memoria lo permitieron. Gasté ochocientos dólares que no tenía para poner un filtro de agua que nos permitiría tomar a todos en la casa agua limpia y neutra. Dejé los dulces y la *Diet Coke*, cosa que no pensé ser capaz de hacer jamás, y me suscribí a *Headspace* para meditar. Todo con mucha fe. Sin embargo, cada vez cojeaba más. De paso, había movimientos que resultaban cada día más difíciles. Y no hablo de hacer el "Escorpión Parado de Manos" en una sesión de yoga, sino de cosas tan básicas como ponerme medias y zapatos.

Me sorprendió descubrir que en Amazon vendían varios productos diseñados específicamente para ponerse medias y zapatos. Aparentemente los enfermos y los vagos somos un mercado importante. Me sorprendí aún más cuando compré ambos productos. El de los zapatos, básicamente un calzador largo, resultó muy útil; el de las medias no tanto. Tampoco lograba dormir cómodo, ya que el dolor, tanto en el pecho como en la espalda, parecían acrecentarse cada vez que me acostaba. En definitiva, había llegado el momento de ponerse en contacto con el Doctor Juan.

El Doctor Juan resultó ser tan amable que hasta me dijo que se acordaba de mí. En principio, me pidió que le enviase los resultados de los exámenes que me habían practicado y me preguntó quiénes eran mis médicos. Luego me dijo que me iba a volver a llamar... y lo hizo. La llamada me agarró un viernes en la noche, en el cine, en medio de una película cuya trama no podía seguir porque me preguntaba qué estaba haciendo yo en un cine cuando me habían diagnosticado cáncer de pulmón estadio 4. No sabía exactamente qué tipo de actividades eran las que se debían hacer con la familia cuando te dicen que tienes cáncer, pero en ese momento empecé a dudar que el cine fuese una de ellas. Básicamente porque lo único que me provocaba hacer era abrazar gente y, en una sala oscura mientras proyectan una película hacer eso es, por decir lo menos, un tanto incómodo. En cualquier caso, la llamada del Doctor Juan me permitió excusarme y salir al *lobby* del teatro para atenderlo. Lo primero que hizo el médico fue validar todo lo que me estaban haciendo. Me dijo que las pruebas que me estaban mandando eran las correctas, que el hospital que había escogido era bueno y que los médicos eran de su confianza. Le agradecí y confirmé que no hay nada tan bueno como tener una segunda opinión que coincida con la primera. Me dijo que lo mantuviese informado, cosa que prometí hacer y me despedí.

—¿Qué es lo que sientes? —me preguntó esa noche Ilse.

—No sé explicarlo.

—Inténtalo. Se supone que eres escritor.

—Es que no sé *cómo* se siente tener cáncer. Yo siento los síntomas, me duele la pierna cada vez más, me duelen el pecho y la espalda cada vez menos, y tengo un miedo del carajo. Hasta hace poco tenía esos mismos dolores y ni se me ocurría pensar que estaba enfermo. Ahora se supone que son parte de algo mucho más grande, pero esa es la teoría. En la práctica estoy igual que cuando no sabía nada. Me imagino que con el tratamiento iré sintiendo cosas diferentes… pero todavía no sé.

Ilse suspiró con impaciencia.

—¿Por qué no puedo estar enferma yo? ¿Por qué no podemos estar enfermos los dos?

Entendí que acompañar a un enfermo es un proceso particularmente complicado. El centro de atención es alguien sobre el cual no tienes control, que a su vez tampoco sabe nada. Yo la estaba pasando mal, pero ella no la estaba pasando mejor. Sin embargo, me sentía agradecido por ser yo el enfermo. Y también por tener a Ilse de compañera.

—Si llego a abril voy a comprar otras alianzas —prometí refiriéndome a nuestros dedos desnudos.

—Serás pendejo, por supuesto que vas a llegar a abril —dijo. Y se volteó, lista para dormir.

El tema de los anillos requiere un poco más de explicación así que aquí voy. Mi primer anillo de boda lo perdí mientras celebrábamos nuestro quinto aniversario en una playa. Era la situación ideal, estábamos los dos solos en una playa paradisíaca en la zona de Morrocoy, en Venezuela. Teníamos champaña y cosas ricas para comer. Ya algo tomados, me metí en el agua con el anillo… y salí sin él. Ilse lloró porque lo tomó como una señal. "Sí, del joyero, para que le compre otro", sugerí, pero no estaba como para chistes, aunque en efecto terminé comprando no uno, sino dos nuevos anillos, ya que Ilse me explicó que, si no usábamos el mismo tipo de anillo, no sirve.

El segundo anillo tuvo un final bastante más trágico, cuando menos desde mi punto de vista. Era primero de enero y estábamos en la Isla de Margarita el mismo año en el que, unos meses más tarde, nos mudaríamos para Estados Unidos. Yo me había despertado temprano como vengo haciendo más o menos desde que nací y no se me ocurrió mejor idea que salir a correr. Al fin y al cabo, uno de los propósitos de cada ser humano cuando empieza un año es hacer más ejercicio, así que me vestí y salí. Llevaba unos cinco kilómetros bordeando una costa espectacular cuando se me acercó una moto en la que iban dos jóvenes: uno de ellos con las manos en los manubrios y el otro, detrás, con una pistola. Me ordenaron que me detuviera (cualquier frase que se diga cuando se tiene un revólver en la mano equivale a una orden) y me observaron como si estuviesen haciendo mercado.

—Dame el reloj... Humm... A ver, el anillo... Los zapatos... ¿Tienes cartera?

Mostré que el *short* no tenía bolsillos.

—Okey, ahora vas a seguir corriendo, pero hacia allá.

Señalaron el lugar desde el cual venía.

—No hay problema. No se preocupen. Feliz año.

Todavía no puedo creer que les haya dicho "Feliz Año", pero así fue. A los pocos minutos de estar caminando en medias, apareció un Jeep de la policía. Le hice señas para que se detuviera y les pregunté si me podían acercar hasta la casa donde me estaba quedando, ya que estaba descalzo sobre el asfalto.

—¿Qué te pasó? —me preguntaron.

—Me acaban de asaltar.

—¡Coños de su madre! —dijo el policía—. Móntate para agarrar a esos coños de madre.

—En realidad, yo lo que quiero es regresar a la casa.

—Hay que agarrar a esos malandros coños de madre —me explicó el único policía que me hablaba, insultando a los ladrones por tercera vez, lo cual decía maravillas de su ética profesional.

Una vez más, le hice caso a la persona que estaba armada y, en lugar de ir hacia la casa donde nos estábamos quedando, el Jeep se dirigió en la dirección en la que se fueron los malandros, conmigo en la parte de atrás, la que tenía la rejilla porque era el sitio destinado a los maleantes.

—¿Si los agarran los van a meter aquí atrás conmigo? —pregunté preocupado. Como no me respondieron me atreví a hacer más preguntas—. ¿Qué se supone que tengo que hacer si los veo? Porque están armados y si disparan hacia este Jeep que asumo no está blindado...

—Tú nada más señálalos —me interrumpieron.

Buscamos por un rato, pero no los encontramos. Por fin, se compadecieron, me llevaron hasta la casa y me dijeron que debía tener cuidado y que no esté saliendo tan temprano y solo. Les dije que así lo iba a hacer y así terminó mi historia con mi segundo anillo.

Decidimos que íbamos a comprar un tercer juego de alianzas en Miami. Pero al llegar nos espantaron los precios y la calidad de los anillos, lo mejor que se encontraba era oro de dieciocho quilates, cuando los dos nuestros previos eran de veinticuatro y notablemente más baratos. Decidimos que los íbamos a comprar más adelante en algún viaje de regreso a Venezuela. Nunca pasó y siempre había excusas para posponer la compra porque había otras prioridades. Ahora, con el cáncer, decidí que era momento de hacerme la promesa de que en nuestro nuevo Aniversario de Bodas, que es el 2 de abril, celebraríamos nuestros veintisiete años de casados con nuevas alianzas... si llegaba vivo a esa fecha, claro. Entendí que Ilse no me tomara en serio, pero para mí era una motivación maravillosa especialmente porque, aunque ya estábamos en septiembre, abril lucía lejísimo. Más cuando Dr. Breve seguía haciendo investigaciones sobre mi estado de salud.

—Ahora vamos a hacerte un scan del cerebro y la columna para descartar que no haya nada allí —me explicó desde la pantalla de mi iPad.

—Por suerte desde hace años me dicen que en mi cerebro no hay absolutamente nada —dije, fiel a mi costumbre de hacer bromas cuando estoy nervioso.

Nada. Ni una sonrisa. Dolorosamente estaba descubriendo que el gremio médico es el público más duro al que cualquier humorista pudiera enfrentarse. Era eso o que ya el cáncer estaba haciendo metástasis en mi sentido del humor.

—Lo que pasa —continuó— es que normalmente el cáncer de pulmón suele esparcirse primero a la columna y el cerebro. De cada examen que vamos haciendo y de cada información que vamos obteniendo, va a depender el tipo de tratamiento que te vamos a dar. Tenemos que ir paso a paso.

Claro, para él era fácil hablar de "pasos", pero yo seguía cojeando. Para mí cada paso era, literalmente hablando, un reto. Fue mientras me pasaban a hacer este scan que escuché la campana en el Miami Cancer Institute por primera vez[10]. Nunca supe quién la tocó y pasé varios días hasta descubrir que en el hospital había no una, sino muchas campanas, según las diferentes áreas. Verlas y saber que estaban allí porque los tratamientos tenían un final era lo más cercano a la materialización de la esperanza. Pero me distraigo.

El scan del cerebro fue el único que realmente me asustó. Vamos a estar claros, aunque me gustaría ser popular por mi físico y dedicarme al modelaje o al atletismo, dependo de mi cerebro para ganarme la vida... y para todo lo demás. Así pues, dejé que hicieran lo que tenían que hacer

---

[10] Sobre esto ya hablé en el Prólogo por lo que trataré de no repetirme. Si usted es de esos lectores que se salta los prólogos, le sugiero vuelva atrás. No reclame, es breve. Y los prólogos merecen respeto.

y traté de abrazar mi título de "paciente". Pocos días más tarde, el resultado indicó lo que ya muchos sospechaban: en mi cerebro no había nada.

El siguiente médico que conocimos fue un radioterapeuta/oncólogo de ascendencia hindú que usaba zapatos de moda y que parecía sacado de un catálogo de cómo debe verse un médico. Dr. Cool, como lo llamaré de ahora en más, nos explicó con mucho orgullo que los radiólogos del hospital estaban especializados en diferentes partes del cuerpo y que él era quien se encargaba de hacer las de pulmón, columna y cerebro. Esperó unos segundos para que nuestra mente hiciera el "¡Wow!" correspondiente y luego nos dijo que él consideraba que lo más prudente en este momento era concentrarse en el tumor que estaba más cerca de las costillas y la columna, que era probablemente el más riesgoso. En total iban a ser cinco sesiones de radio consecutivas (una por día), ya que en esa zona no era prudente dar muchas más, pero que no descartaba la posibilidad de dar cinco más. ¿Alguna pregunta?

—¿Una vez que termine las cinco sesiones voy a poder tocar la campana? —quise saber.

Me miró dejando muy en claro que alguien que era capaz de irradiar un tumor en el cerebro estaba para cosas mucho más grandes que esas preguntas operativas e infantiles y luego se encogió de hombros antes de decir "sí".

—Vamos a esperar los resultados de las biopsias, pero quiero que nos vayamos preparando para que, apenas lleguen, podamos empezar —agregó antes de despedirnos.

La "preparación" incluyó una nueva cita en la que me acostaron en una cama y me pusieron una malla metálica que me cubría desde la cintura hasta la cabeza. Luego de unos minutos, la malla se endureció haciendo un perfil 3D de mi torso, el cual me pareció tan fantástico que tuvieron que esperar a que terminase de sacarle fotos, para explicarme que esa "armadura" me la iban a poner durante las sesiones de radio para evitar que me moviese y que el rayo terminara apuntando para otro lado.

Mientras tanto, mi trabajo y mi título era ser "Paciente". Es curioso que ante una enfermedad que genera tanta ansiedad e incertidumbre, el título que recibe el que la padece es uno que refleja lo opuesto a lo que se siente. Somos los "Pacientes", aunque no logremos pegar un ojo por la angustia o despertemos en medio de la noche pensando en infinitas posibilidades de tratamientos, en la vida y, muy especialmente, en la muerte. No importa. Por definición nos toca ser "pacientes" y esta contradicción es la que nos definirá a lo largo del tratamiento. Pero no por ello el título de paciente deja de ser más una pretensión por parte del cuerpo médico que una realidad. El hospital se encarga de crear un ambiente que aliente la expectativa de que uno se convierta en "paciente": te ubican en una "Sala de Espera" como para que te vayas adaptando, y cada tanto usan ese sustantivo en planillas donde hay que poner el "nombre y la dirección del paciente", por ejemplo. Pero saben mejor que nadie que la realidad es precisamente la opuesta. Cada nuevo test se acompaña con una angustia que más bien va creciendo. Ni siquiera un parto se vive con tanta ansiedad como la espera de un resultado médico que definirá el tipo de cáncer que tenemos. Y cada nuevo test, que se supone es para "descartar" algo, no hace sino generar nuevas ansiedades. En particular, confieso que esas primeras semanas me resultaba difícil —por no decir imposible— concentrarme para trabajar, leer o incluso ver televisión. Mi mente se la pasaba por algún lugar lejano, a medio camino entre la evasión y la desesperanza, que son sentimientos mucho más cercanos de lo que uno pudiera imaginar.

Afortunadamente, durante la pandemia, cuando pasamos días enteros esperando alguna información sobre el futuro, descubrí que, al menos para mí, armar rompecabezas era una solución bastante efectiva contra la ansiedad. Cuando estaba frente a la imagen deconstruida de una pintura, un mar o un dibujo, podía darme el lujo de no pensar en nada que no fuese un color o la forma específica de una ficha. De más está decir que los siguientes meses haría montones de rompecabezas, pero, en ese momento, la prioridad era uno basado en un cuadro de Wassily Kandinsky que mi hija Aurora se quería llevar a Chicago para ponerlo en la pared de su cuarto en la universidad. Logré terminarlo a tiempo y nos lo llevamos cuando viajamos con ella para dejarla en su campus.

La estadía en Chicago fue mucho más grata de lo esperada. No conocía la ciudad y aprovechamos para pasearla a pesar de que, gracias a mi cojera, íbamos tan lento que, un día mi Apple Watch registró que caminamos siete millas, pero solo detectó siete minutos de ejercicio. Cómo hizo el reloj para determinar eso, no lo sé, pero es bastante frustrante. Ese mismo día, luego de recorrer el impresionante Art Institute de la ciudad, mis hijas se fueron cada una a reunirse con diferentes amigos (Aurora tenía un compañero desde el *Middle School* que empezaba clases en su misma escuela, mientras que Eugenia tenía un festival de música al que iba a asistir con su novio), Ilse y yo nos quedamos dando vueltas por el centro.

Vimos el hermoso homenaje a los Latinos que está cerca del museo[11], nos tomamos un par de tragos en la terraza del Chicago Athletic Association y luego nos encaminamos hacia un Giordano's para probar las famosas Deep Dish Pizzas. La espera en las mesas era tan larga que la pedimos para llevar pensando en comerla en un parque. Aun así, la pizza tardaría unos cincuenta minutos en estar lista, por lo que la encargamos y seguimos paseando. Volvimos hacia el parque y, para no recorrer lo que ya habíamos visto, empezamos a caminar en dirección al lago. Cuando

---

[11] Su autor insiste en que la escultura se llama "The Cloud", pero no es casualidad que en una ciudad repleta de Latinos se refieran al mismo cariñosamente como "The Bean".

no llevábamos ni un par de cuadras nos encontramos frente al Cancer Survivor Plaza, qué básicamente consiste en un jardín lleno de placas con consejos para enfermos de cáncer y frases alentadoras, que no aparece en ninguna guía turística ni sospechábamos de su existencia. No podíamos creer que el destino nos hubiese llevado hasta ese sitio. Ilse me pidió que me pusiera junto a la placa que identificaba el lugar y me tomase una foto. "Vamos a decretar que te curaste —me dijo—. Y una vez te cures, mostramos la foto".

Cuando regresamos de la Ciudad de los Vientos, Dr. Breve y Dr. Cool ya se habían puesto de acuerdo para que no perdiésemos ni un minuto más. En principio, los resultados debían llegar a más tardar un jueves, por lo que de una vez me pusieron la cita para empezar a recibir radiología el lunes y quimioterapia, tentativamente, el miércoles. Curiosamente, mi cumpleaños número cincuenta y tres caía justo el sábado que estaba después de la consulta y antes de empezar el tratamiento. ¿Qué mejor momento para anunciar la noticia que en un evento donde solo teníamos que dar el anuncio una sola vez?

Ilse se encargó de preparar un "Sergioberfest", como hizo en varios de mis cumpleaños previos. Nos pusimos de acuerdo con una cervecería de un conocido llamada Tripping Animals, donde nos reservó el patio de su local, que además de buenas cervezas artesanales, tenía comida muy rica, combinación no siempre fácil de encontrar.

Para el día de la consulta en la que nos iban a decir los resultados, Ilse y yo nos preparamos para ver al doctor juntos... en mi iPad, obvio, porque seguíamos sin conocer al Dr. Breve en persona. Ya para ese momento, Ilse y yo habíamos googleado, estudiado y decidido que íbamos a superar el cáncer de pulmón. Por primera vez, Dr. Breve nos recibió con una sonrisa.

—Llegaron los resultados —nos dijo— y no tienes cáncer de pulmón.
—¿Perdón?

—Tienes otro tipo de cáncer, uno mucho más tratable que se llama Mieloma Múltiple.

—No entiendo. ¿Tengo un cáncer que ni siquiera se llama cáncer?

—Viene siendo cáncer de la médula ósea.

—Ah... ¿y las pelotas que tenía en el pulmón?

—Resulta que no era que venían del pulmón y habían alcanzado las costillas, como temíamos, sino que estaban saliendo de las costillas y se formaron en el pulmón. La verdad es que nunca habíamos visto algo así, sobre todo porque son dos, por eso asumimos que era de pulmón.

Ilse y yo no podíamos evitar sentirnos decepcionados. De todas las noticias posibles, esa era la menos esperada. Al menos mentalmente, nos habíamos preparado tanto para superar el cáncer de pulmón que no sabíamos cómo reaccionar. Dr. Breve se dio cuenta.

—Puede que no lo sientan así en este momento, pero esto es una buena noticia.

Asentimos para no quitarle autoridad. Antes de despedirse nos dijo que a partir de este momento él dejaba de ser nuestro oncólogo y que muy pronto me iban a llamar de la oficina del hematólogo que pasaba a ser mi nuevo médico. Dr. Breve se despidió deseándonos lo mejor. Nunca lo llegamos a ver en persona. Al sol de hoy no sé si tiene piernas.

CAPÍTULO 5

MCI

First the doctor told me the Good news.
I was going to have a disease named after me.

STEVE MARTIN

Diagnosis is not the end,
but the beginning of practice.

MARTIN H FISHER

E l cáncer es una enfermedad lo suficientemente complicada como para que nunca sea tratada por un solo médico, de allí que sea tan importante confiar en el hospital en el que te vas a atender. Eventualmente, otro médico, además de aquel que te recomendaron, tomará las riendas. En Caracas, la ciudad donde crecí, el centro de tratamiento de cáncer más grande del país —el Hospital Oncológico Padre Machado— quedaba al lado de un enorme cementerio —el Cementerio General del Sur— y, en frente de ambos, había un gigantesco mercado en el que vendían desde tomates hasta vestidos de novia. Cartográficamente, toda la zona es llamada El Cementerio, con lo que la tarjeta de los médicos del hospital debía incluir las palabras: "doctor", "oncólogo" y "cementerio", todo en un espacio de 5 cm x 3 cm. Vale la pena aclarar que el Cementerio General del Sur, fundado en 1876 es, además del más grande de la ciudad, uno de los más antiguos, por lo que ya estaba allí cuando se empezó a construir el hospital. Imagino que para los pacientes era difícil ser optimistas cuando desde la ventana veían un entierro. Era más cercano a una premonición que a una distracción y hacía que las verdaderas pesadillas comenzaran justo después de haber despertado. Es incluso probable que luego de preguntar sobre su tratamiento, los pacientes intentasen negociar una habitación sin ventanas: "Algo que dé a una pared, al baño o al quirófano... Cualquier cosa que sea ligeramente menos depresiva".

De pequeño, mi mamá me llevó más de una vez a ese mercado a comprarme ropa porque "por qué gastar en ropa buena si estaba creciendo tanto que la perdía en menos de un año". Inevitablemente me llamaba la atención la mezcla de ambulancias y carrozas fúnebres estacionadas frente al mercado.

—¿Por qué? —preguntaba sin necesidad de entrar en detalles.

—No sé —respondía mi mamá—. A lo mejor así se ahorran en traslados.

Con este antecedente a cuestas, encontrarme en el Miami Cancer Institute, mejor conocido como MCI para los "viajeros frecuentes", fue toda una sorpresa. Un espacio amable, amplio y moderno. Cada tanto, en diferentes partes del lugar llegaba algún músico y se ponía a cantar, tocar violín, guitarra, flauta o incluso un arpa que, la verdad sea dicha, es un instrumento quizás demasiado celestial como para estarse escuchando entre enfermos. A veces pasaban con cuadernos para colorear o con Clancy, un perro enorme y adorable, pendiente de cualquier persona que quisiera hacerle cariño y con el cual me encontré mucho menos de lo que hubiese querido. Una enorme pared conectaba una espectacular pecera llena de medusas que iban desde la planta baja hasta el tercer piso. De paso, todo el mundo era amable. Algo así como lo que se siente cuando estás en la ciudad de Los Ángeles. La diferencia es que en Los Ángeles la gente es amable porque no sabe si están tratando con alguien famoso o que está a punto de convertirse en alguien famoso, mientras que en MCI la gente es particularmente atenta quizás porque no saben cuánto tiempo más tendrán para conversar contigo. En cualquier caso, el lugar era, sin pretender hacer un oxímoron, un hospital hogareño. Digamos, en resumen, que si yo hubiese sido un hospital, me hubiese encantado ser el Miami Cancer Institute. Allí, lejos de respirarse un aire de melancolía y depresión, lo que se sentía eran ganas de vivir. Todos los que coincidíamos en ese sitio lo hacíamos porque queríamos seguir adelante. Era muy diferente a estar en una sala de emergencia o en un hospital que trata a todo tipo de pacientes, donde el feeling general es más bien de angustia, cuando no de dolor o impaciencia. Cuando entras al MCI ya sabes a lo que vas. En ese sentido, es un lugar de lucha y esperanza. Si tienes cáncer y no estás dispuesto a dar la batalla, tu lugar no es un hospital. Pero si estás dispuesto a curarte y tienes más esperanza que miedo, es más bien un punto de encuentro.

Por otro lado, y especialmente conociendo el resto de las instalaciones del Baptist, apenas entrabas al sitio te dabas cuenta de que en el cáncer hay dinero. Mucho. De acuerdo con Precedent Research, para el 2021 el mercado relacionado con la oncología se estimó en poco más de 286 billones de dólares[12] (de los cuales 57.23 billones corresponden al "mercado de cáncer de seno"). Para el 2030 el estimado es de casi 582 billones, un crecimiento del 8.2% anual. Otros números llamativos son el crecimiento en los hospitales, que para el mismo período está estimado en 10.9% anual, y que América del Norte, como región, tiene el 46.2% del mercado global de pacientes con cáncer. Pero no se confíen y antes de invertir consideren que para el momento en el que escribo estas líneas el mercado de mayor crecimiento es Europa, así que todo puede cambiar.

---

[12] Uso "billones" en el sentido "americano" del término, que es miles de millones. Todas las estadísticas que encontré y que uso a lo largo del libro están en esos términos y soy muy vago —al menos matemáticamente— como para estar haciendo la conversión cada vez que pongo una cifra.

Números más, números menos, la realidad es que todos aquellos que hablan de "La Industria del Cáncer" y desestiman a los hospitales y los tratamientos porque "solo quieren tu dinero", tienen bastante de dónde agarrarse. Algunos incluso van tan lejos como para asegurar que los oncólogos saben que no te pueden salvar y, básicamente, nos utilizan como conejillos de indias de diferentes experimentos, sabiendo que más temprano que tarde, nos vamos a morir. Este argumento es un poco débil hasta desde el punto de vista de negocio, ¿por qué querría un médico perder a alguien que le está generando dinero? ¿Y por qué cada vez hay más personas que entran en remisión? ¿Son falsa publicidad? Lo anterior no quita el hecho de que también hay personas que se han curado de diversas enfermedades tomando vías alternativas a la medicina.

Lo anterior lleva a preguntarse si, más allá de que extrañaría mis fortuitos encuentros con el perro Clancy, el camino que estaba tomando era el correcto. Saberlo con seguridad es un ejercicio imposible porque la realidad es que la comparación con un escenario donde solo haya utilizado tratamientos alternativos sencillamente no se dio. Curioso, leí algunos libros relacionados tanto con medicina alternativa como en contra de la industria del cáncer (uno tenía un título tan sutil como: "La industria del cáncer: crímenes, conspiración y la muerte de mi madre") que no lograron convencerme de que su opción era la vía a seguir. En todo caso, lo que puedo decir a favor de mi decisión es lo siguiente: Cuando me recomendaron alternativas naturales y que tratase de cambiar mi estilo de vida, hice lo posible por hacer caso, pero no por ello mi cáncer disminuyó, sino que, por el contrario, mi pierna parecía empeorar a los pasos agigantados que no podía dar. Fui por la llamada "medicina tradicional", aunque entiendo que, si de tradiciones se trata, el yerbero tiene mucha más historia que un farmaceuta, pero como ya hemos establecido, los nombres que se le dan a las cosas en medicina no necesariamente reflejan su realidad. Digamos, para resumir, que me fui por los señores de bata blanca y no por los que usan batola. Lo que sí creo fielmente es que, una vez que se inicia un tratamiento, hay que confiar en él. Se puede, incluso diría se debe, cuestionar cada paso, hay que verbalizar las dudas y esperar respuestas, pero no detenerse. Si esperas resultados, hay que seguir adelante.

Siendo consecuente con el plan de cuestionarlo todo, apenas nos llamaron de la oficina del nuevo médico (cosa que sucedió el mismo día en el que nos despedimos para siempre de Dr. Breve), llamé a Doctor Juan para contarle las nuevas y sorprendentes noticias. Juan, una vez más, confirmó que el nuevo diagnóstico era algo bueno y agregó que el médico al que me habían mandado esta vez era "una eminencia". Me alegré de la casualidad porque, como ya había comprobado, el control que tenía sobre quiénes me atendían era nulo.

Antes de visitar al médico, se nos ocurrió la pésima idea de googlear Mieloma Múltiple como para tener al menos una idea remota de a qué nos estábamos enfrentando ahora. Ilse lo hizo como se debe, tratando de entender la enfermedad y revisando artículos médicos. A grandes rasgos, pudiera decirse que todos los cánceres suceden cuando "células malignas" empiezan a crecer sin control. La paradoja es que crecen y crecen hasta matar al cuerpo que habitan, con lo que terminan muriéndose ellas también. En otras palabras, la lógica o la planificación de largo plazo no son precisamente características de las células cancerígenas. En el caso del Mieloma Múltiple, las que crecen sin control son las células plasmáticas, que están dentro de la médula ósea y que son uno de los componentes más importantes, entre otras cosas, del sistema inmunológico. Estas células "malignas" producen una proteína que, en una muestra de altísima creatividad, se llama Proteína M, que es uno de los principales indicadores de este cáncer. En la mayoría de los seres humanos, esta proteína está en cero; las mías —luego me enteré— andaban cerca de cuatro mil ochocientos. Mientras Ilse me explicaba todo esto, yo me limitaba a buscar lo relacionado con la expectativa de vida. Un artículo de la revista colombiana Semana —a la cual le tenía bastante confianza— del 2017 decía que esa enfermedad tenía una expectativa de vida de dos a siete años luego de ser diagnosticada. El proceso que culminaba en "muerte" solía venir acompañado de intensos dolores, "fracturas poco usuales"[13] y de una debilitación del sistema inmunológico que hacían que cualquier resfrío común pudiese convertirse en algo mortal. Artículos más recientes daban una expectativa de vida de cinco a ocho años. Y todo siempre es peor si eres negro o latino, quienes estadísticamente solemos enfermarnos más jóvenes y morirnos más rápido. Me quedé helado. ¿Y se supone que esto era mejor que tener cáncer de pulmón?

Llegamos a la cita cuarenta y cinco minutos antes, como pedían siempre para tener tiempo de pasar por el proceso previo a ingresar al hospital que básicamente consistía en que te tomaban la temperatura y luego te hacían pasar a unos escritorios en los que te hacían preguntas discretas tipo "¿Tiene Covid?". Una vez superado este proceso, te ponían una calcomanía que indicaba "Paciente" (para mi) y "Visitante" (para Ilse) y te dejaban pasar, advirtiéndote que solo dejaban pasar a los "Visitantes" para las primeras citas, pero que ya después "por medidas de seguridad" debía ir solo… a menos que no pudiese caminar y necesitara una silla de ruedas. Esta excepción hizo que más de una vez utilizáramos la silla de ruedas, decisión poco feliz porque Ilse tiene muchos dones, pero el sentido de la orientación no es uno de ellos. Como si fuese a propósito, cada vez que salíamos de un ascensor se dirigía en la dirección equivocada, cosa que a ella le daba risa y a mí me desesperaba. Pero volvamos a mi cita.

El nuevo médico resultó ser extremadamente parecido a Michael Caine, elemento que me gustó porque es un actor a quien siempre he

---

[13] Desconozco a qué llamarán "fracturas usuales", pero me preocupa el estilo de vida de la persona que haya escrito esa explicación.

admirado. Dr. Michaelcaine, como lo llamaré de ahora en adelante, llegó no con una sino con dos asistentes. Nos explicó que una era para él y la otra era para mí, no para que me hiciera las compras en el mercado[14] sino para que nos ayude haciendo citas y esté pendiente de cualquier síntoma o cosa que necesitara. El médico estaba feliz porque gracias al diagnóstico previo, ya teníamos un montón de pasos adelantados. A pesar de ello, lo primero que hizo fue suspender la Radiología que se supone iba a empezar el siguiente lunes.

—Es verdad que tienes dos tumores en el pecho, pero a ti en este momento lo que más te molesta es la pierna y como solo puedo dar una cantidad limitada de radio tengo que escoger muy bien dónde la voy a dar. Por eso, lo primero que vamos a hacer, es mandarte a sacar unos Rayos X del fémur derecho para saber con exactitud qué está pasando ahí, además de una biopsia de médula que se hace por la cadera.

Luego nos habló un poco más de ese cáncer aclarándome que, aunque había un componente genético —todos los cánceres lo tienen—, este tampoco era hereditario, así que una vez más resultó que mis hijas no tenían nada que temer. Nos explicó que el tratamiento que íbamos a seguir probablemente iba a incluir radioterapia (solo que todavía no estaba seguro de dónde) y, con toda seguridad, quimioterapia, específicamente con unos remedios llamados Valcaid —que se daba por la vena o inyectándolo en un músculo—, y Revlimid, que era en pastillas. Nos dijo que en los últimos años habían sucedido avances impresionantes en los cánceres de sangre (en donde estaban incluidos la Leucemia, el Linfoma de Hodgkin y, obvio, el Mieloma Múltiple) y que él era muy optimista con relación a mi pronóstico. Sin entrar en muchos detalles, dijo:

—Este es un cáncer que se controla. Hacia ahí tenemos que ir.

---

[14] Esto no lo dijo, pero lo asumí.

Hay que pensar que hoy en día el cáncer es una condición crónica y no una enfermedad terminal.

Traté de sumarme a la alegría del doctor, pero todavía me costaba. Le comenté lo que había leído en Internet sobre mi "esperanza de vida", que era mucho más parecido a una desesperanza que otra cosa. El médico puso cara de Michael Caine en *The Cider House Rules* con lo que era imposible que no infundiese confianza.

—Sin hacerte mayores exámenes, solo por lo poco que leí de ellos y por la forma en la que te veo, mirándote a los ojos, te puedo garantizar al menos diez años de calidad de vida —dijo—. No le hagas caso a Internet. Si quieres información, te vamos a decir adónde ir y qué leer. Pero no busques a ciegas porque ha habido muchos avances recientes y más bien te podrías confundir.

Había pasado de "tenga sus cosas en orden" a "tener diez años de calidad de vida" en cuestión de semanas. Tanto a Ilse como a mí se nos aguaron los ojos de la emoción. Dr. Michaelcaine siguió adelante preguntándome por la pierna. Le dije que me seguía molestando a pesar de que estaba tomando analgésicos y haciéndome masajes. Le dije que estaba pensando ir a un quiropráctico. El médico puso cara de Michael Caine en *The Hand*, es decir, se espantó.

—Ok, vamos a parar de hacer todo eso —decretó—. Hasta nuevo aviso, no más masajes y mucho menos un quiropráctico —siguió revisando la hoja donde tenía mi información—. Veo que tomas bastantes suplementos.

—Sí. Desde hace años tomo Glucosamina y Coindontrina (vulgo, Choinditrin) que, aunque los listan por separado siempre vienen juntos. Y también Centrum, un multivitamínico, y desde hace poco empecé a tomar Magnesio. Y también me recomendaron Birm, que viene de una planta ecuatoriana que aparentemente es casi que milagrosa, no sé si ha oído hablar algo de eso. Ah, y me dijeron que algo que se llama Uña de Gato...

Me di cuenta de que el doctor no había formulado una pregunta y que estaba esperando que yo cerrase la boca para continuar, así que me callé.

—A partir de ahora vas a dejar de tomar todo eso. Pronto te vamos a estar dando muchas pastillas y es mejor no sobrecargar al hígado.

Y hasta ahí llegó mi intención de hacer dos tipos de terapia al mismo tiempo y la idea de combinar un acercamiento más holístico con otro absolutamente científico. Era momento de escoger porque ambos no eran compatibles y no podía hacer algo a medias. Al menos en este había una promesa de calidad de vida.

—Ah, por las mismas razones tampoco puedes tomar alcohol —agregó.

El término "calidad de vida" empezaba a mostrar sus matices.

Ilse aprovechó:

—Él come mucha carne roja.

El médico acudió a mi rescate como Michael Caine en *Jaws: The Revenge*.

—En este momento no quiero que él esté cambiando de dieta —dijo como si yo estuviese en otra parte—. Si algo le cae mal, tengo que saber que fue mi medicamento y no un nuevo tipo de vegetal que nunca antes había probado.

Cada vez lo quería más. Como a Michael Caine en *Educating Rita*.

Luego nos quedamos con "mi" asistente, quien nos explicó que una de las medicinas que iba a tomar tenía que ser encargada y que podía tener una serie de efectos secundarios que iban del estreñimiento a la diarrea.

—O sea que cualquier cosa puede pasar —dije.

Sabiamente, la asistente me ignoró y siguió con su explicación. Me dijo que era muy importante que supiera que esta medicina afectaba a mis espermatozoides y luego vino un cuestionario que sucedió más o menos así:

—Si va a estar con una mujer que podría quedar embarazada, tiene que usar preservativo.

—Pero si uso preservativo ya no va a quedar embarazada.

—Las preguntas las tiene que responder con un "sí", indicando que está de acuerdo y entiende, o un "no", en cuyo caso no recibiría la medicina. ¿Entiende?

Asentí.

—Probemos decir "sí" o "no".

—Entiendo. Quiero decir, sí.

—Empecemos de nuevo. Si va a estar con una mujer que podría quedar embarazada, tiene que usar preservativo.

—Sí.

— Tiene que informar a cualquier posible pareja sexual que está usando este medicamento.

—Sí.

—No puede donar semen.

—¿Y entonces qué voy a hacer los jueves a la mañana?

Un triple perfecto y ni una sonrisa. Sin duda, el gremio médico era el público más difícil que haya enfrentado.

—No, o sea, no lo voy a hacer. Quiero decir que sí entiendo.

En lugar de insultarme, suspiró. Gracias.

—La medicina le va a llegar en unos quince días —dijo después.

Luego nos explicó que se iba a encargar de hacer las citas de Rayos X, suspender las Radiaciones que tenía programadas con Dr. Cool y de inscribirnos en "Educación para la Quimioterapia".

—¿Vamos a poder dar clases cuando terminemos?

La asistente empezó a preocuparse. Todavía no me acostumbro a que en esta sociedad se tomen todo tan en serio. Recuerdo cuando, apenas llegué a Estados Unidos, en el 2006 y contratado por Telemundo, me dijeron que tenía que hacer un seminario sobre "Acoso sexual".

—Qué bien —dije—, porque yo lo hago malísimo.

Por suerte, ya había firmado el contrato. Pero volvamos al cáncer. Ilse y yo estábamos extáticos. Era la primera vez en muchas semanas en la que recibíamos buenas noticias: ¡Tenía Mieloma Múltiple! Okey, me doy cuenta que dicho así no suena a buena noticia, así que me permito refrasear: ¡Me garantizaban diez años de calidad de vida! Definitivamente teníamos razones para celebrar, ahora el Sergioberfest planificado para ese fin de semana adquiría una nueva dimensión.

CAPÍTULO 6

SERGIOBERFEST

Para todo mal, mezcal,
para todo bien, también.

DICHO MEXICANO

U n diagnóstico no da certidumbre, pero, al menos por un tiempo, brinda paz e indica un camino a seguir. La longitud y los obstáculos del camino permanecen ocultos, pero no deja de ser una vía en la cual se vislumbra un final que uno espera incluya la sanación. En definitiva, un diagnóstico es un mapa que invariablemente trae nuevos retos. La mayoría tienen que ver con aspectos médicos y para resolverlos basta con hacer acto de presencia. Otros, en cambio, son mucho más complejos porque incluyen acciones concretas de mi parte como, por ejemplo, contárselo a mis padres.

Ser papá implica asumir un montón de cosas mágicas, entre ellas, pensar que sabemos qué es lo mejor para nuestros hijos, pretender que cometan errores diferentes a los que hicimos nosotros y asumir que nuestra presencia es el complemento ideal de cualquier medicina. Cuando esto último no es posible, hay una opción que tranquiliza a quien la practica, pero que poco a poco enerva a quien la recibe: el teléfono. Estaba seguro de que, una vez le informase de mi diagnóstico a mis padres, vendría un flujo incontenible de llamadas con preguntas a las que seguramente no tendría respuesta. Pero ya no podía posponerlo por más tiempo.

Antes de seguir me toca hablar un poco sobre la personalidad de mis padres. Lo primero es aclarar que no podrían ser más diferentes. El solo hecho de que hubiesen estado casados, aunque haya sido por poco tiempo, es prueba fehaciente de los grandes misterios que nos depara la Humanidad. Mi mamá ama leer e ir al cine, a mi papá le gusta beber y las fiestas. A mi mamá le encanta ir a un museo, mi papá ama ir al supermercado. Mi mamá prefiere no comer a tener que cocinar, mi papá es súper creativo cada vez que prepara algo de comer. Mi mamá no tiene ni dinero ni ahorros; mi papá tampoco[15]. Mi mamá es psicóloga y tiende a preocuparse por lo interior; mi papá es arquitecto y tiende a maravillarse por lo de afuera. Mi papá tiende a verle el lado positivo a todo, mi mamá es capaz de divisar nubes negras en un día perfectamente soleado. Esto puede constatarse incluso por la forma en la que saludan. Por ejemplo, mi papá empieza cualquier llamada preguntando "¿Cómo está todo? ¿Bien?", con lo cual uno tiende a responder positivamente como para no empezar una conversación llevando la contraria. Mi mamá, en cambio, suele saludarte con un "¿Cómo está *todo*?", con hincapié en "todo", porque sabe que es absolutamente imposible que *todo* en una vida esté bien. El resultado es que uno tiende a contar lo que no quería, la parte que justo no queríamos tocar.

Al primero de los dos al que decidí llamar fue a mi mamá. Como sabía que ocultarle información no tenía sentido, lo que hice fue abreviar para llegar al final lo antes posible. A pesar de que traté de tener un tono optimista, cuando llegué al Mieloma Múltiple y terminé de hablar tuvo una reacción que no esperaba. Al menos no tan rápido. Lloró.

—¿Cómo *cáncer*? —me dijo.

Comprendí que para su generación la sola palabra era demasiado fuerte. Ilse y yo habíamos tenido tiempo de ir digiriendo el proceso poco

---

[15] Bueno, además de dos hijos, algo en común tenían que tener.

a poco. En ese sentido, reconozco que la espera ayuda a la preparación. Es como el marido celoso del cuento de Dostoievski que cuando por fin comprueba que su esposa sí le estaba siendo infiel, lo había vivido previamente tantas veces en su imaginación, que no le impactó tanto. Nosotros llevábamos ya cerca de seis semanas conviviendo con el cáncer, a mi mamá le estaba cayendo la noticia como una cachetada. De paso, les recuerdo que el optimismo no es precisamente una de sus características.

—La medicina ha avanzado muchísimo. Me están garantizando diez años de calidad de vida.

—¿Diez años nada más? —dijo mi mamá, lista para llorar otra vez.

Luego pasó a quejarse porque no podía venir a acompañarme. Esto es así porque, de acuerdo a las regulaciones del Covid de ese momento (hablamos de septiembre de 2021), para que un extranjero ingrese a Estados Unidos requería al menos dos dosis de vacunas aprobadas por el Centro de Control y Prevención de Enfermedades, mejor conocido como CDC. En Argentina, la campaña de vacunación había incluido millones de dosis de la vacuna rusa Sputnik, la cual no había sido ni sería aprobada por la CDC jamás. La gente no sabía qué vacuna le iba a tocar hasta que llegaba al sitio y se la aplicaban. Fue así como una de esas millones de Sputnik fue a parar al brazo izquierdo de mi madre. La siguiente dosis fue de AstraZeneca (esa sí aprobada por la CDC), lo cual la dejaba a una vacuna de poder visitarme. El detalle es que como a efectos de las autoridades argentinas ya había recibido dos dosis, no le permitían vacunarse nuevamente. El resto de la llamada fue más tranquila porque mi mamá pasó a quejarse de *su* mala suerte, ya que no tenía forma de viajar, aun si consiguiese dinero para el pasaje. Antes de colgar el teléfono terminé solidarizándome con ella por este injusto obstáculo y le dije que buscaríamos la manera de resolverlo. Ella me dijo que eso esperaba, aunque no sabía bien cómo y que me iba a estar llamando seguido para ver cómo seguía "aunque eso me joda un poco".

La llamada con mi papá siguió un camino más o menos previsto. Desde hacía algunos años mi papá llora frecuentemente y con pocos motivos. Es cierto que la edad nos vuelve más sensibles, así que esto era de esperar. Sin ir más lejos, de niño no lloré ni en la película *E.T.* cuando se muere E.T. —por suerte solo temporalmente—, mientras que ahora basta un buen comercial de pañales con bebés sonrientes, madres satisfechas y mascotas felices para que se me agüen los ojos. Por supuesto que mi papá lloró con la noticia, pero fiel a su carácter me aseguró que todo iba a estar bien, muy especialmente porque él iba a rezar mucho. Me explicó que ahora estaba haciendo Shabat todos los viernes, que se conectaba con un rabino remotamente y que le iba a pedir específicamente por mi salud. Él se iba a encargar de esa parte que, me explicó, era la más efectiva e importante de todo el proceso, así que todo iba a estar bien. Luego me pidió que lo llamara cada tanto para contarle cualquier novedad y nos despedimos.

Al resto, tal y como nos lo habíamos propuesto, les íbamos a dar la noticia durante el Sergioberfest. Como toda celebración que suceda en mi casa, esta fiesta nació de la inagotable imaginación rumbera de Ilse. Hace ya algunos años se acercaba mi cumpleaños y, como de costumbre, yo no quería celebrarlo e Ilse sí. Como mi excusa era que no quería gastar en eso, Ilse armó una fiesta en la se aseguró gastásemos lo menos posible. Se inspiró en el hecho de que desde la segunda quincena de septiembre y como su nombre no lo indica, se celebra Oktoberfest, una fiesta que empezó siendo del 12 al 17 de octubre para celebrar la boda del príncipe bávaro Ludwig con la princesa Therese en 1810. Con el tiempo la fueron extendiendo y moviendo para empezarla cuando hubiese más minutos de sol y menos frío, gracias a lo cual la mayoría de los días del Oktoberfest suceden en septiembre y unos pocos en octubre. Para el cumpleaños del que hablo, Ilse hizo diferentes recetas de salchichas que fue colocando estratégicamente por toda la casa en Croc Pots que las mantenían calientes, así como diferentes cavas con hielo que servían para los montones de cervezas diferentes que compró. Además, le pidió a cada invitado que en lugar de regalo trajeran su cerveza favorita. El resultado fue épico. De allí en adelante, mis cumpleaños fueron Sergioberfests y ciertamente este no iba a ser la excepción.

Como conté antes, ya nos habíamos puesto de acuerdo para no hacerlo en casa, sino en un espacio abierto en una cervecería cercana llamada Tripping Animals, que elaboraban sus propias birras que, como ya he dicho, eran muy buenas. Ilse se encargó de la decoración a la que le agregó una hermosa caja de madera con un montón de *post-it* al lado para que mis amigos pudieran dejarme mensajes de ánimo que pudiera leer cuando el tratamiento se pusiera difícil. En los siguientes meses, acudí a esa caja más de una vez. Pero volvamos a la fiesta.

La mañana de mi cumpleaños hubo tartas, globos, pasteles, tortas, champaña y regalos desde temprano. La idea era que yo no me preocupase por nada y que simplemente me presentase a la hora de la fiesta porque ella iba a tener todo listo. Lamentablemente dos sucesos independientes conspiraron en su contra. El primero estaba relacionado con Eugenia, quien ya le había dicho que la iba a ayudar con todo. Mientras Ilse montaba cosas en su coche para decorar el espacio que nos habían dado, Eugenia se encerró en su habitación y no parecía tener ninguna intención de salir. Ilse trató de apurarla a los gritos, pero cuando esta no respondió, no le quedó otra que subir las escaleras y presionarla en persona. Para mi sorpresa, Ilse bajó sola y se limitó a decirme que el segundo viaje lo hacía con Euge. Insistí en ayudarla yo, pero Ilse me recordó que no debía arruinarme la sorpresa. Curioso, me acerqué al cuarto de Eugenia. Llamé a la puerta y me gritó un "¡Ahora no!" tan fuerte que ni se me ocurrió insistir. Cuando Ilse regresó, Eugenia seguía en su habitación. Cuando finalmente salió, tenía los ojos hinchados y la voz ronca de tanto llorar. Por un segundo llegué a pensar que todo eso estaba sucediendo por mí, pero enseguida me ubicó: acababa de terminar con su novio, el mismo que un mes antes trajimos desde Chicago para que estuviese presente en su cumpleaños y con el que habían planificado vivir juntos (mudándose ella a Chicago) algunos meses atrás.

—¿Y terminaron justo hoy?

Un nuevo llanto me indicó que así había sido y que no era momento de preguntar detalles. En cualquier caso, aseguró que iba a estar bien y bajó para finalmente ayudar a Ilse, que estaba apurada porque se hablaba de posibilidades de lluvia —cosa que en Miami suele suceder en el 90 % de las tardes del año— y quería tener todo resguardado hasta que pasara.

El segundo evento que afectó la celebración sucedió precisamente cuando las amenazas de lluvia se convirtieron en una realidad. No llovió, diluvió. Como para pensar que era mejor celebrar el cumpleaños en un arca. Una vez más, Ilse resolvió tomando un área techada del lugar que normalmente tenía un par de mesas de juegos y que estaba pegada de los tanques en los que se filtraba, condicionaba y fermentaba la cerveza. El dueño nos aseguró que iba a hacer todo lo posible para que esa área quedase solo para nosotros, ya que estaba aparte del bar. El detalle es que el Sergioberfest sucedía en medio del Oktoberfest que se celebraba en la cervecería que incluía hasta una banda de polka, por lo que no podía garantizar nada.

Una de las ventajas que da el cáncer es que nos da una nueva perspectiva y nos muestra que los grandes obstáculos cotidianos no pasan de ser fastidiosos inconvenientes. Cuando estás preparado para hacerle frente a una enfermedad por largos meses, ¿qué son unas gotas de lluvia y un escenario diferente al esperado? En cuestión de minutos arreglamos todo, mandamos mensajes de texto a los invitados indicándoles dónde íbamos a estar dentro del local, cambiamos de lugar mesas y sillas y, afortunadamente, nadie que no estuviese invitado se acercó a esa zona por el resto de la noche, jurando que se trataba de un evento privado. Por otra parte, no es que se los desee, pero si alguna vez tienen que comunicarle a sus amigos que tienen cáncer, hacerlo durante una fiesta es una gran idea. Ni siquiera tienes que decirlo muchas veces porque la voz se corre muy rápido y, cuando te ven celebrando, la reacción natural de enfrentar la noticia como una desgracia no llega a tomar cuerpo. Gracias a eso las conversaciones pasaban a tener un tono algo surrealista. La siguiente, por ejemplo, sucedió más de una vez.

—¿De verdad tienes cáncer?

—Sí.

—¿Y puedes tomar?

—Una vez empiece el tratamiento, no.

—¿Pero nada?

—Nada.

—¡Mierda, qué duro!

Otra cosa que me llamó la atención fue que mis amigos no solo me daban besos y abrazos, sino que muchos me apretaban las nalgas en señal de cariño. Quiero aclarar que mis nalgas no son particularmente especiales. Y no es que esté siendo humilde a este respecto. Soy blanco y judío, lo de latino, al menos en este aspecto, no es notorio. La relación entre el cariño y apretarme una nalga sigue siendo un misterio, pero como lo hizo más de una persona, lo dejé ser.

Claro que no todos se lo tomaban con tranquilidad o se consolaban con un apretón. Muchos se me acercaban con lágrimas en los ojos y me decían que no necesitaba disimular, que ellos sabían que lo que venía iba a ser una dura batalla, pero que tenía que tener confianza. Yo trataba de explicarles que de verdad estaba contento y que las ganas de celebrar eran genuinas. Les explicaba que, apenas unos días atrás, teníamos un diagnóstico mucho más complejo y que ahora de verdad estaba agradecido. Mi cáncer era de un tipo que me aseguraban podía controlarse por años. *No es una enfermedad terminal, es una condición crónica.* Yo iba a salir adelante, iban a haber otros cumpleaños.

—¡Eso es! La actitud es lo más importante —me dijo un compañero de trabajo.

—Bueno, en realidad la actitud la traía de antes e igual me enfermé. Yo diría que en este momento lo más importante es el tratamiento.

—Tú lo que tienes que hacer es mantener ese buen humor y te va a ir bien. Hay gente que se deprime apenas se entera de la noticia. Esos son los que peor la pasan.

—No puedo garantizar mi humor futuro. En este momento, estoy contento y me parece bien demostrarlo. Más adelante, no sé cómo estaré o cómo me sentiré. Lo que no pretendo hacer es deprimirme desde ahora pensando que más adelante podré estar triste.

—¿Cuántas cervezas tomaste?

Definitivamente una fiesta no es un buen lugar para filosofar. Por otra parte, había algo concreto que ponía en duda la sinceridad de nuestra alegría: Eugenia. Convengamos que estar despechada dentro de una cervecería era demasiada tentación. A medida que la noche avanzaba y las birras se multiplicaban, la pobre no podía evitar beberlas primero y llorar poco después. Al principio, trataba de hacerlo con disimulo, pero luego ya lo hacía de manera pública y notoria y era inevitable que todos pensaran que estaba tristísima por mí. Yo trataba de explicar que era por su novio con quien acababa de terminar y que mi condición no tenía nada que ver, pero nadie me creía. Al poco rato, la que daba lástima en la fiesta era ella y no yo. La gente se acercaba para consolarla mientras que a mí me dejaban tranquilo. Más allá de esto, el ambiente se empezaba a oscurecer porque "por mucho que Sergio trate de disimular, mira cómo se lo está tomando su hija". Nuevamente Ilse tomó cartas en el asunto. La mandó a la casa en un Lyft junto a mi suegra, para que la acompañase ya que, una cosa es no quererla tener en la fiesta y otra bastante diferente dejarla sola en esas circunstancias.

Otra vez nos fuimos relajando. Hasta los escépticos se fueron permitiendo reírse y al rato sucedió algo mágico: empezamos a hablar del cáncer como si fuese algo normal. Era algo que me estaba pasando, que iba a seguir siendo tema, pero que no tenía que monopolizar la noche. Tomó horas, sí, pero al final logramos hablar de otra cosa que no fuese la enfermedad: próximos proyectos, una nueva película que se había estrenado en el cine, la universidad en la que acabábamos de dejar a Aurora, Eugenia y su exnovio y, por supuesto, política. Yo además estaba contento porque habían coincidido amigos de diferentes esferas y todos parecían llevarse bien. Ya entrada la noche, como varios de los presentes eran famosos —al menos en el mundo latino— algunos de los que estaban del lado del bar de la cervecería se atrevieron a acercarse para tomarse uno que otro selfie con algún artista que les gustase. Dejé de ser el centro de atención. Igual, me sentía infinitamente querido. Estaba listo para lo que viniera.

CAPÍTULO 7

CINCUENTA SOMBRAS DE JESÚS

Yo soy un moro judío
que vive con los cristianos
no sé qué Dios es el mío
ni cuáles son mis hermanos.

CHICHO SÁNCHEZ FERLOSIO VÍA JORGE DREXLER

U na de los aspectos más incómodos que tiene el cáncer —¡y vaya que tiene varios!— es que te obliga a pensar en la muerte con una cotidianidad que no se la deseas ni al encargado de la floristería del cementerio. Porque una cosa es saber que sí, en efecto, eventualmente todos nos vamos a morir —así como también sabemos que algún día por allá en un futuro lejanísimo, el sol se va a apagar— y otra asumirlo como una posibilidad cercana. *Tener mis cosas en orden.* Digamos, para resumir, que la muerte como concepto es interesante, pero como opción es espantosa. De paso, todo se complica en estos tiempos en los que la muerte dejó de formar parte de la vida. Me refiero a que hasta hace pocas décadas la gente hablaba de su muerte como algo natural. Si teníamos suerte, envejecíamos y, eventualmente, también fallecíamos.

Era triste, pero normal. Ahora... no tanto. Cada vez menos gente se muere de "causas naturales", cada día salen nuevos suplementos o técnicas para "alargar la vida". Lo que la mayoría de las personas hoy en día son capaces de hacer a los setenta años hasta hace poco era sencillamente inconcebible. La muerte dejó de ser un evento para convertirse en una tragedia, por más que sea una tragedia de la que nadie podrá escaparse.

Insisto en que hasta hace poco no era así. La gente planificaba su muerte. No hacía falta llegar a extremos faraónicos, en los que la vida se les iba construyendo la pirámide en la que los iban a enterrar, pero sí había una resignación ante la inevitabilidad del hecho. La muerte tenía hasta un aspecto romántico. Recordé las clásicas novelas inglesas donde los personajes hablaban de lo que "dirían sus lápidas" como algo natural que podía discutirse con un té de por medio. Era un tema importante porque se trataba de una frase tallada en piedra que ya nadie más les podría discutir y que, por tanto, era lo más cercano a tener la razón. En esos tiempos, las personas famosas eran geniales hasta para decir sus "últimas palabras". Así, por ejemplo, está escrito que antes de dar su último aliento, Emily Dickinson partió llena de poesía cuando dijo: "Debo irme, la niebla se está levantando". También consta en los libros de historia que Karl Marx se despidió de la vida con la frase: "Sigan con lo suyo, salgan. Las "últimas palabras" son para los tontos que no dijeron lo suficiente", que Thomas Alva Edison dijo: "Es muy bello de este lado" y no puede faltar mi preferida, atribuida a Oscar Wilde, quien en su lecho de muerte dijo: "O se va ese papel tapiz o me voy yo".

Lamentablemente, a medida que me acerco a la vejez y coqueteo con la enfermedad, estas frases que me encantaban empiezan a llenarse de sombras y empiezo a creer que probablemente tengan mucho más de romántico que de verosímil. Sobre todo, porque a medida que vamos sumando años nos volvemos más sordos, más irritables y más asquerosos. Los sonidos, las quejas y los gases van formando parte incontrolable de nuestro ser y más de una vez es difícil hacer una frase completa sin que un eructo o un pedo se atraviese en el momento menos pensado. Pienso en esas frases particularmente largas como la que se le atribuye a Buda, quien antes de fallecer[16] supuestamente dijo: "Atención, oh monjes, este es mi consejo para ustedes. Todos los componentes en el mundo son intercambiables. Ninguno perdura. Trabajen duro para su propia salvación". Bajo la interpretación correcta, en esas pocas líneas está condensada toda su filosofía. ¿Le salió así, de una? ¿De verdad? Cuesta creerlo. Imagino a varios monjes y discípulos alrededor de Buda mientras este iba con su maravilloso pensamiento final: "Acérquense, monjes. Oh...", y en ese momento todo se estremece ante una fuerte flatulencia. Buda respiraría profundo... o quizás no tan profundo, el punto es que con milenaria resignación los llamaría una vez más: "Perdón, perdón. Acérquense, monjes... Es en serio, les prometo que esta vez no va a pasar nada, no los estaba vacilando. Okey... No, no, ya va, quédense ahí un ratito más. No, Ashwagandha, no me tiré otro, simplemente estoy esperando a que pase este por cariño a ustedes. Okey, ahora sí. Ahí voy: Atención, oh monjes, este es mi consejo..." Y entonces un eructo. "Perdón. No, Samosa, 'perdón' no era mi consejo ni el eructo tampoco. No todo son símbolos. Voy de nuevo, esta vez sí. Acérquense, monjes. Sí, Ananda, ya sé que están todos aquí, pero así quiero que empiece mi frase con 'Acérquense, monjes', así que voy otra vez: Acérquense, monjes... No, Nandika, no es confuso, te pido que trasciendas un poquito y me dejes continuar. Mientras más me interrumpen más me tardo y estas son mis últimas palabras. Préstenme atención, porfa. Un poquito de agua antes. Ajá. Listo. Ahora sí. Voy con todo: Acérquense, oh, monjes...".

Hasta que por fin lo logra.

---

[16] De esa vida, claro está.

¿Y qué pasa si luego de estas frases fabulosas sigues vivo un rato más? ¿Qué tal que te dé sed? No se puede decir nada más, no vaya a ser que la última frase en lugar de ser: "No quiero nada sino la muerte" (Jane Austen), termine siendo: "Que alguien acerque la bacinilla, me estoy cagando". Lo bueno es que ya desde hace varios años pareciera que a nadie le importan las frases finales. Quizás sea por esa necesidad de reflejar y adornar cada minuto del presente que la práctica haya ido cayendo en desuso. Sin embargo, nunca es tarde para reconsiderar. Lo cierto es que podemos morir en cualquier momento y que, de ser así y en estos tiempos, sería nuestro Social Media el que revelaría nuestros últimos pensamientos. El último tweet, post o TikTok serviría para reflejar la última voluntad de nuestro paso por el mundo. El solo hecho de estar consciente de esto me parece un paso maravilloso. ¿Se imaginan cuánto mejor serían todas las redes sociales si la gente, antes de postear, pensara que esa podría ser su despedida? Algo me dice que tendríamos menos fotos de papas fritas y más intención de trascendencia, cosa que nunca está de más.

Claro que más allá de las frases o fotos que quedan, el verdadero problema con la muerte está relacionado con lo que se va. Porque cada persona encara, no solo a sí mismo, sino una cantidad de vivencias, un estilo y una parte de nosotros. Compartir experiencias con otros, valida nuestra propia existencia. Entonces, ¿cómo entender que alguien deja de ser? ¿Qué pasa con todas las cosas nuestras que estaban relacionadas con esa persona? Es muy duro asumir que, quizás, no pase nada, porque solo te suceden cosas —al menos conscientemente— hasta que te mueres. Es entonces cuando entra en juego algo mucho más complejo: la religión.

Como todos los seres humanos, mi relación con la religión es complicada. Mi familia es judía, pero mis padres son más bien laxos al respecto, al punto que mi papá, que de pequeño me llevaba al templo donde llegué a cargar una Torá (algo sagradísimo según me cuentan) se juntó[17] —y más de una vez— con una católica. Yo mismo, a los doce años ya era lo suficientemente ateo como para decidir que no iba a hacer Bar Mitzvah, un ritual judío que indica el momento en el que los niños dejan de serlo para convertirse en hombres. Los importantes regalos que suelen acompañar esa celebración eran una tentación significativa, lo confieso, pero yo era una persona de principios. Al menos en esos tiempos. Por otra parte, que un judío sea ateo no es particularmente raro. Es más, me atrevería a decir que, históricamente hablando, no hay mejor ateo que un judío. Y no lo digo nada más que por Freud, Arthur Miller o Isaac Asimov. Según encuestas recientes, 20 % de los judíos israelitas no creen en una entidad superior y el mismo estado de Israel es oficialmente laico[18]. De adolescente llegué incluso a escribir varios poemas crudamente antirreligiosos y disfrutaba cuestionando la fe de mis amigos católicos.

Sin embargo, con el tiempo fui aflojando. No tanto porque alguien me convenciera de la existencia de un Dios, sino porque yo tampoco era capaz de convencer a otro de su inexistencia. Aprendí a responder a la fe con silencioso respeto. Así como los religiosos no podían convencerme de la presencia de Dios, yo tampoco tenía éxito con mis argumentos sobre su no existencia. La consecuencia es que yo mismo no podía afirmar con sinceridad ninguna de las cosas. En otras palabras, me convertí en agnóstico, que equivale a aceptar que nada puede ni podrá saberse sobre la existencia o la naturaleza de uno o más dioses.

---

[17] En Brasil, país particularmente católico, hasta hace poco se permitía el divorcio, pero no volverse a casar, por eso mi papá se "juntaba" con sus parejas. Los tiempos lograron que, aunque las personas no pudieran volver a casarse, si seguían viviendo juntas después de cierta cantidad de tiempo, al menos tenían los mismos derechos que una pareja casada.

[18] No así Brasil, insisto.

Por otra parte, salvo aquellos que tenían costumbres religiosas profundas, notaba que a mi alrededor la gente era más o menos religiosa según las circunstancias. En particular, me resulta un tanto sospechoso el hecho de que a mis amigos y conocidos a quienes les ha ido mal, sobre todo profesionalmente, se terminan volviendo más religiosos, mientras que son rarísimos los casos así entre aquellos que tienen éxito (que justamente deberían ser los más agradecidos). En general, aquellos a quienes les ha ido bien en la vida tienden a creer que sus éxitos se deben a ellos mismos y a su "genialidad" (que es como llaman a su combinación de capacidad y sagacidad). A veces mencionan la palabra "suerte", pero Dios suele estar algo más alejado. Lo opuesto sucede en quienes acumulan fracasos y asumen que todo forma parte de un plan divino. De más está decir que esto habla peor de los seres humanos que de las religiones, pero la duda permanece y la perspectiva de aceptar una religión, cualquiera que sea, se aleja.

Ilse, en cambio, tiene una historia y unas creencias muy diferentes. Sus padres eran católicos, pero tan laxos con relación a las prácticas religiosas como los míos. Cuando iban a misas para bautizos y alguna que otra ocasión especial, se sabían los rezos y en sus casas había alguna Biblia y uno que otro rosario que nunca se usaban. Si alguien fallecía, se encargaban de hacer novenarios y pedir por su alma en algunas misas y hasta ahí. También, al igual que en mi familia, en su caso había parientes cercanos que sí eran muy religiosos, pero que no la afectaban. Nuestra boda fue solo por el civil y fue más que suficiente[19]. Ilse es de quienes creen en los puntos en común que tienen todas las personas y, por ende, todas las religiones. Para Ilse es innegable que hay un Ser Superior que cada religión va interpretando de diferentes maneras y está convencida en

---

[19] Al menos para mí. Al sol de hoy, Ilse insiste en que nos volvamos a casar, aunque sea en una ceremonia budista para tener la bendición de "algo".

que yo también creo en él, básicamente porque para ella no tiene sentido que no lo haga. Además, y como corresponde con su personalidad, le gusta tomar en cuenta diferentes ritos e incorporarlos a nuestra vida: desde poner flores para los seres queridos el Día de los Muertos, a besarse los dedos antes de tocar una Metzuzá, poner un nacimiento en Navidad o meditar una noche de luna llena para cargarse de energía positiva. Cuando nacieron nuestras hijas, quiso bautizarlas según la fe católica y yo, aunque no la acompañé al rito porque me parecía demasiado hipócrita de mi parte, la esperé con una comilona para celebrar. Digamos, para resumir, que la religión nunca fue un tema que nos separase.

Y entonces llegó el cáncer.

Cuando nos enfrentamos a un cáncer es tan poco el espacio para maniobrar que tenemos los enfermos, tan grande el margen de error del que hablan los médicos, tan "ensayo y error" los tratamientos, y tan difusas las razones por las que contrajimos la enfermedad, que la presencia de un ser superior que sí está al tanto de todo para muchos se convierte en una absoluta necesidad. Y esa necesidad hay que canalizarla de alguna manera. En mi caso, Ilse y yo sentimos esa necesidad de manera concreta por primera vez durante el Zoom familiar de Rosh Hashanah, el 6 de septiembre de 2021, cuando mi proceso recién estaba empezando.

Gracias a la Pandemia, que impuso algunas costumbres que espero perduren como, por ejemplo, lavarse las manos con frecuencia o usar un tapaboca si estás resfriado, las reuniones familiares por Zoom se fueron haciendo cada vez más frecuentes. Mi familia argentina que es, judaicamente hablando, la más practicante, antes del 2020 se reunía en persona y los pocos que andábamos por otra parte del mundo ni nos preocupábamos por participar. Pero cuando vieron que la única forma de verse y mantener la tradición era haciéndolo virtual, los que estábamos fuera (básicamente un tío que vive en Venezuela y mi familia en Miami) pudimos integrarnos, especialmente para fechas trascendentes como

Rosh Hashaná, que marca el comienzo de un nuevo año y que incluye una ceremonia muy bonita. De paso, era una forma de vernos con tíos o primos con los que de otra manera rara vez coincidíamos.

Al igual que el año anterior, googleé lo que debía tener (algo para taparme la cabeza —aunque sea un pañuelo porque nunca encontraba las kipás que me regalaban—, manzanas, miel, un pan delicioso llamado challah y un vino tan malo como dulce) y nos acomodamos frente a la pantalla de mi iPad. Mi suegra, aunque vive en la casa con nosotros, no se suma a esos ritos judaicos, por lo que éramos Ilse, Aurora (que no iba a la universidad hasta la semana siguiente), Eugenia y yo. En algún momento del rito se habla de que hay que "escribir los nombres en el libro de la vida" para asegurarse que sigamos presentes el año que viene, una frase a la que jamás le habíamos dado importancia hasta que me diagnosticaron. Ilse reaccionó como para decirles que pusieran el mío, pero con la mirada le recordé que todavía no les habíamos dicho nada y que esta no era la forma de hacerlo. Ella, también con la mirada, me respondió que no podíamos dejar pasar esta oportunidad y que el solo hecho de que nos estuviésemos enterando era una señal. Yo la miré fijamente como para que no empezara. Ella me vio de arriba a abajo y... Okey, no nos dijimos todo esto con la mirada, pero ya nos conocemos tanto que solo con vernos entendimos lo que pasaba y, en resumen, ella quería contarlo y yo no. Me parecía que dar la noticia en medio de un evento familiar era de mal gusto. Por suerte, en otro momento del Zoom, dijeron que los nombres debían ponerse en este libro entre esta fecha y Yom Kippur (el Día del Perdón, el más sagrado de todos), que sucede más o menos una semana después, con lo que teníamos un poco de espacio para decidir qué hacer y pudimos dejar de discutir con los ojos y pestañear más tranquilos.

—Si quieres no le digas nada a nadie más, pero por lo menos tienes que hablar con tu tío Héctor —me dijo refiriéndose a un tío con el que, no solo éramos muy cercanos, sino que además era quien dirigía las ce-remonias por Zoom y que tenía a más de un amigo rabino.

—Mi amor, lo que pasa es que esto del "Libro de la Vida"...

—No empieces. No te cuesta nada pedirle que ponga tu nombre que normalmente no tendría ninguna razón para pensar en hacerlo. Daño no te va a hacer. ¡Y claro que quieres que lo haga!

Lo peor es que tenía razón. Por mucho que quisiera disimular, en estas nuevas circunstancias que alguien me hablase de alargarme un año más de vida solo por inscribirme en un libro era una opción que tenía que aprovechar. ¿Qué me costaba? Los siguientes días estuvimos ocupadísimos porque fue la semana en la que viajamos a Chicago, pero el peso de hablar con mi tío nunca desapareció. Así, una tarde en la que estábamos los dos paseando cerca del acuario de la ciudad, tomé fuerzas, lo llamé y le conté del "posible diagnóstico" que me habían dado que, para ese momento, todavía era de cáncer de pulmón estadio 4, y le pedí que no le dijese nada a mi mamá hasta que el mismo no se confirmase. Mi tío no pudo creer la noticia. Lloró, me hizo llorar a mí también y me dijo que, por supuesto que me iba a anotar en el libro, que iba a hablar con el rabino y que todo iba a estar bien. Claro que cuando te dicen que todo va a estar bien, pero siguen llorando, la confianza no es plena. En cualquier caso, me sentí mejor. Había logrado cerrar ese episodio, pero estaba muy claro que el tema religioso recién empezaba.

Las siguientes semanas, Ilse se puso particularmente intensa al res-pecto. Al regresar de Chicago, cuando fuimos a Tripping Animals para ver dónde ubicaríamos el Sergioberfest, se encontró con una persona de Venezuela a la que no había visto en años y, no sé cómo, en lo que yo me demoré en recorrer el local, que no es tan grande, ella tuvo tiempo de enterarse que su "amiga" se había convertido al judaísmo, que esa semana había instalado un Sucot bellísimo en su casa en el que cenaba todas las noches y que nos había invitado para acompañarla porque también le había dado tiempo de contarle de mi enfermedad. Inmediatamente me negué. No sabía lo que era un "Sucot" y no me interesaba cenar con gente que no conocía. Es más, escasamente me interesaba cenar con gente a la que conocía como para estar agregando círculos de ajenos.

—Un Sucot es una costumbre judía —me dijo como si debiera darme vergüenza la pregunta—. Y que nos den bendiciones nunca viene mal. Ella es súper cool y seguro la vas a pasar bien. Además, ya dije que íbamos a ir.

Le recordé que, dentro de las pocas cosas buenas que tenía mi diagnóstico, estaba el hecho de que ya no teníamos que ir a ningún lugar que no quisiéramos por obligación. No hay mejor excusa que el cáncer. Gracias al cáncer puedes cancelar a último minuto una boda siendo el novio y todos te van a entender. Para un antisocial, es una patente de corso para hacer lo que se te venga en gana.

—Es que yo quiero ir —agregó—. Y me parece importante que tú vayas.

Cuando averigüé el mínimo indispensable sobre el significado de la costumbre entendí un poco más la insistencia de Ilse. El Sucot —o Fiesta de las Cabañas— es una celebración que conmemora la salida de la esclavitud en Egipto, en donde, a pesar de que estaban en precariedad de condiciones y tenían que dormir en cabañas provisorias —llamadas "sucás", de allí el nombre de la fiesta— el pueblo judío estaba feliz porque era libre. En ese sentido, es una celebración de alegría y agradecimiento a Dios en la que, además, también se decide la suerte de cada uno para el año siguiente. Entre esto y la inscripción en el libro de la vida, mi futuro era más que promisorio.

Un par de noches más tarde terminamos bajo un techo de palmas (muy bien hecho, dicho sea de paso, y hasta con luz eléctrica) en medio de un jardín, frente a una mesa hermosamente puesta comiendo cosas ricas y kosher (el postre que llevamos resultó no ser lo suficientemente kosher por lo que tuvimos que llevárnoslo de vuelta). Una de las cosas que más me llamó la atención fue que antes de pasar al jardín teníamos que dejar los celulares en la casa para que nada nos distrajera, una costumbre que pudiera ser de utilidad en cualquier cena, dicho sea de paso. Claro que en este caso era para que la religión se ubicase cómodamente y sin competencia en primera fila. Como manda la tradición, los rituales solo sucedieron al principio y al final de la comida, pero yo no podía evitar sentirme incómodo todo el tiempo. Especialmente cuando me decían que la enfermedad podía también interpretarse como un llamado para redescubrir lo Divino presente en el mundo. ¿Qué clase de Dios te enferma para que te acerques a él? La enfermedad como llamado me parece un recurso extremadamente bajo, especialmente para un Dios. Yo estaba —y sigo estando— muy consciente de que tener cáncer es una oportunidad para cambiar muchas cosas. Me hubiese encantado sentir la presencia de algo superior, pero cada vez que me encontraba en estos lugares en los que la gente rezaba lo que hacía era sentirme más falso. Esperaba que luego de esa cena hubiese cumplido con todas las actividades religiosas pertinentes. Me equivocaba.

En mi casa empezaron a multiplicarse las velas, incluso en las noches cuando los únicos que están despiertos —y con mayor actividad que nunca— son nuestros tres gatos Mr. Grey, Mr. Black y Roki, con lo que corríamos el riesgo de un incendio durante alguna de sus persecuciones nocturnas. Un poco a regañadientes, Ilse aceptó que las velas se apagaran una vez nos fuésemos a dormir, pero luego llegó con nuevas invitaciones. La que más la entusiasmaba era para ir a una misa de una iglesia "súper progresista" a la que iba una amiga común y que ella estaba segura "me iba a encantar".

—No.

—¿Te molesta que sea una iglesia cristiana?

—Me molesta seguir participando en cosas en las que no creo.

—Olvídate de creer o no creer; no estás entendiendo. Tú necesitas buena energía de dónde sea que venga. Todo esto solo te puede ayudar.

—La buena energía que yo necesito no está ahí. Cuando voy a esas cosas no me siento ni cómodo ni bien. Pero sí tú lo necesitas, yo no tengo problema con que vayas.

—Para que esto funcione lo tenemos que hacer juntos.

—Yo respeto que tú quieras ir, a ti te toca respetar que yo no.

Ilse decidió no insistir y esa noche regresó de esa Iglesia cansada como si hubiese hecho una hora de ejercicio. Me dijo que había sido una experiencia increíble y aunque habló maravillas de todo lo que vivió, reconoció que "eso no era para mí".

A partir de ese momento, Ilse dejó de incluirme en estas salidas que, afortunadamente, fueron pocas, por lo que no hubo que insistir con el tema. A pesar de eso, siempre buscaba las formas menos invasivas posibles para ponerme una imagen del santo venezolano José Gregorio Hernández (que, por cierto, fue médico antes de convertirse en santo) y pedir por mí sin pedir permiso.

El problema es que, históricamente hablando, el cáncer y las religiones nunca se han llevado demasiado bien. Un papiro que data de hace unos cinco mil años, conocido como el Edwin Smith Papirus, que se considera el primer tratado médico, ya que en él se describen diferentes enfermedades con sus tratamientos por primera vez, define al cáncer como un mal generado por un Dios que, precisamente por ese motivo, no tiene cura. En otras palabras, si te daba cáncer, una entidad divina había decidido que te murieses y no había nada al respecto que pudieras hacer. Lo que quedaba entre líneas es que algo terrible debías haber realizado para que se te castigue de esa manera. Al sol de hoy, esta visión persiste y muchas personas siguen viendo tanto la aparición de la enfermedad como su posible cura como eventos que dependen de algo divino. En más de una ocasión alguien con muy buenas intenciones se refirió a mi enfermedad como una "prueba que Dios había puesto en mi camino" de la cual estaba seguro iba a salir fortalecido. Y si les preguntaba por qué creían que Dios lo hubiese hecho, me respondían con un "Dios sabe", cosa que me resulta un tanto aleatoria. En el fondo hay una narrativa en la que hice "algo" que me generó una "prueba" cuyo resultado está en manos de un "ser superior".

"Hay que tener fe en el futuro", me dicen, sin saber que precisamente lo que más me frustra de la fe religiosa es que dependa tanto del futuro y tan poco del presente. ¿Tengo que esperar a curarme para ser feliz? ¿Y qué tal si no me curo? Si esperamos a que el entorno sea perfecto para ser felices, entonces nunca lo seremos, y esto es especialmente cierto para cualquier ser humano que padezca una enfermedad crónica. Pienso que hay que aprender a vivir y a disfrutar *durante* las circunstancias, no después de ellas. Yo quería ser feliz *a pesar* del cáncer, quería pensar que era posible sentirme pleno *durante* la enfermedad, en lugar de dejar que todo dependiese de un después que no estaba seguro fuese a llegar. Ser perfecto es imposible; ser feliz, no.

Para muchos, el secreto es encontrar el balance entre todos los elementos, cosa que también tiene su propia historia. Según la medicina tradicional china, que viene dando resultados en muchas áreas desde hace unos tres mil años, el cáncer es producto de un desbalance del Chi, es decir, de una fuerza vital. Hipócrates, además de darle nombre a la enfermedad, también sostenía que la misma provenía de un desbalance, pero para él, era producto de un exceso de bilis negra. En ambos casos, la cura venía relacionada con la idea de lograr un balance en el cuerpo, algo que muchos siguen sosteniendo y que es la base de la llamada "medicina alternativa", que a tantas personas le ha dado resultados. Según esta perspectiva, utilizar medicamentos químicos o no naturales, crean otros desbalances con lo que el paciente nunca se termina de curar. Lo que no parecieran tomar en cuenta es que, si bien es cierto que las quimios modernas sí generan otros desbalances, al menos hacen que los pacientes tarden más en morirse, lo cual no es del todo malo. Para mí, estas opciones tienen sentido cuando complementan el tratamiento o cuando el enfermo no está en condiciones de recibirlo, pero solas corren el riesgo de ser un poco como aquel famoso chiste cubano del "té de romerillo" en donde la intención no se corresponde con el resultado[20].

Como quiera verse, lo cierto es que, enfrentados con la muerte, es imposible que no nos pongamos aunque sea un poquitín místicos. Súbitamente, todo lo que nos rodea incluye símbolos y señales. Y la religión, aunque no sea propia, ayuda. Por eso, cada vez que alguien me decía que iba a rezar por mí, se lo agradecía con absoluta sinceridad. Una

---

[20] Para quienes no lo conozcan, aquí les va (para mejores efectos y darle un poco de color, los diálogos deberían leerse con acento cubano):

Dos amigos se encuentran en la calle y uno de ellos está sumamente enfermo. Se queja de que ya probó de todo y que no mejora. "¿Pero probaste el té de romerillo?", le pregunta el que está sano. El enfermo le dice que no y que lo va a probar.

A la semana se vuelven a encontrar y el que estaba enfermo ahora está peor: arrastra los pies, está ojeroso y ya casi no le queda pelo. "¿Pero estás tomando el té de romerillo?", le pregunta. El enfermo le dice que sí, que una vez al día mientras se toma las otras cosas. "No, no, con una vez al día no haces nada. Tienes que dejar todo lo demás y concentrarte en el romerillo. Te tomas un termo mañana, tarde y noche. Vas a ver la diferencia".

Una semana más tarde se vuelven a encontrar y el amigo que estaba enfermo está aún peor. Ya no ve por un ojo, un brazo tiene espasmos incontrolables y le cuesta hablar. "¿Cuánto romerillo estás tomando?", le pregunta. Con dificultad, el otro le responde que sigue sus consejos y que se toma tres termos al día, aunque le cuesta tragar. "No es suficiente —le dice el otro—. Tienes que prepararte baños de romerillo. Vas a llenar una tina con té de romerillo y te vas a sumergir en ella al menos dos veces al día. Si puedes pasar un par de horas ahí, mejor". El amigo le dice que lo va a intentar y se despiden.

A la siguiente semana no lo ve, pero a los diez días se encuentra con otro amigo común que le cuenta que el que estaba enfermo se murió. El amigo inicial se queda muy sorprendido, pero luego de pensarlo un poco agrega: "¡Es que ese té de romerillo es una mierda!".

amiga muy querida fue tan lejos como para pedir por mí en una peregrinación que hizo, un compañero de trabajo pagó para que unos monjes anotaran mi nombre en sus rezos diarios. Cualquiera de estos gestos o actos, son una forma hermosa de que me digan que me tienen presente y que desean que me recupere. Y yo se los agradezco porque de un amigo, no se puede pedir más.

—¿Y entonces qué, no hay nada más, te mueres y ya? —preguntó una noche Ilse.

A modo de disculpa, me encogí de hombros.

—Me encantaría que hubiese algo más, pero...

Ilse, harta, negó con la cabeza.

Por otra parte, como escritor pienso que, aunque la vida sea finita, las historias no lo son. Así, por ejemplo, los hijos dan trascendencia por el simple hecho de que su existencia solo es posible gracias a nosotros. No hay mérito, pero hay posteridad. Aristóteles hablaba de que cada historia comienza "*in media res*", refiriéndose al hecho de que los comienzos son arbitrarios. Ya un montón de condiciones están dadas cada vez que comenzamos cualquier cuento y no se cuestionan. Nadie necesita conocer el detalle familiar de cada protagonista (a menos que eso sea necesario para comprender lo contado) o tenemos que ver al personaje estudiar medicina para aceptar que es médico. Si está en un hospital con una bata y un estetoscopio, asumimos que es médico y punto. A lo que voy con todo esto es que, a diferencia de la vida, las historias no se acaban, simplemente se terminan. Es el autor quien las termina por necesidad o por capricho, pero las historias siempre pudieran continuar. Uno puede decidir hasta dónde llega un libro o cuándo se termina una película, un episodio o una temporada. Pero todo, siempre, pudiera ir más allá. Y lo mismo es válido para los demás. Y todos queremos que la vida siga, con o sin Dios.

En definitiva, no creo en las religiones, pero creo en las historias, y sé que no hay motor más poderoso que creer en que algo es posible. Por eso, a todos los que rezaron por mí o me incluyeron en sus plegarias, no puedo sino darles las más sinceras gracias. Y, sin un ápice de cinismo, les pido me disculpen si todavía no he logrado compartir su fe.

CAPÍTULO 8

LA PREVIA

*Give me six hours to chop down a tree and
I will spend the first four sharpening the axe.*

ABRAHAM LINCOLN[21]

E l diagnóstico viene siendo el peaje que hay que pagar antes de recorrer el camino de cualquier enfermedad. Es caro, fastidioso e inevitable. El resto del camino es el tratamiento y ese, en mi caso, ni siquiera había empezado. Dr. Michaelcaine había decidido que yo era un tipo "duro", no en el sentido cool de los años setenta sino porque, así como de solo verme pudo garantizarme diez años de calidad de vida, también intuía que yo callaba los dolores y que debía estarla pasando peor de lo que estaba diciendo. Hice lo posible por disuadirlo y le conté que recientemente y más de una vez, me había tenido que secar una lágrima mientras veía un *post* de Instagram que incluía mascotas. "Si hay algo que no soy, es un tipo duro", aclaré. No me creyó, así que lo primero que hizo fue mandarme a hacer unas placas de la pierna para ver exactamente qué estaba pasando allí. Los Rayos X me los tomaron un viernes y el sábado, muy temprano, Dr. Michaelcaine me llamó al celular. Aunque trataba de parecer calmado, sonaba genuinamente preocupado. Como Michael Caine en *Sleuth*.

—La radiación te la vamos a dar en la pierna —me dijo.

---

[21] Supuestamente. Me gusta pensar que sí lo dijo.

Mi mente infantil se alegró pensando que ahora sí iba a tocar la campana. Le agradecí la información y empecé a despedirme, pero la conversación estaba lejos de terminar.

—A partir de hoy, vas a empezar a tomar un glucocorticoide llamado Dexamethasone.

—Esos nombres me los va a mandar por escrito, ¿no? —pregunté, aterrado de tener que memorizar cualquiera de las dos palabras.

—El récipe ya está en tu farmacia. Te vamos a mandar pastillas de cuatro miligramos.

"Cuatro miligramos no suena tan severo", pensé.

—Te vas a tomar diez pastillas por día, durante los próximos cuatro días. Y entendiste que tienes que empezar hoy, ¿verdad?

—Sí, sí.

—Si en la farmacia no te dan el medicamento hoy mismo, nos llamas de inmediato, porque tienes que empezar ya, ¿okey? Comes algo antes y te lo tomas. Y vienes el lunes a consulta. En unos minutos te llama mi asistente para darte la hora.

Si pretendían que no durmiera el fin de semana, lo lograron.

El lunes, Ilse y yo llegamos a la cita tan curiosos como preocupados.

—El cáncer en este momento te está afectando particularmente tu fémur derecho, por lo que está en riesgo de "fractura patológica" —explicó Dr. Michaelcaine—. Eso quiere decir que pudiera romperse en cualquier momento, sin que hagas nada. Por eso, la radiación te la vamos a dar ahí. Pero la radiación no hace efecto inmediato, de allí que hayamos empezado con las pastillas.

—¿Y hay algo que pueda hacer para evitarlo? ¿Caminar menos, tratar de no moverme?

—No tienes restricciones de movimiento porque, como te decía, pudiera pasar simplemente estando acostado. Pero tampoco hay que forzarlo. No saltes, no te apoyes en esa pierna y, muy importante, no te caigas.

Ilse y yo nos miramos con la complicidad de quienes saben que, en mi caso, caminar y tropezar cada tanto son parte de un mismo proceso.

—Yo suelo caerme bastante —confesé.

—Pues no más. No queremos tratar una fractura primero y el cáncer después, ¿verdad?

—Él va a tener cuidado —ayudó Ilse.

Yo seguía pensando en mi pierna.

—Esto se va a revertir, ¿verdad? Con las pastillas y la radiación y todo eso, lo de mi pierna va a mejorar, ¿no?

—Esa es la idea. Igual te vamos a hacer una cita para que veas a un traumatólogo.

—No hay problema. Así, eventualmente, voy a volver a correr —sonreí esperanzado.

Ante este tipo de afirmaciones uno espera que el médico responda a la sonrisa con otra sonrisa, pero Dr. Michaelcaine me miró con algo que estaba a medio camino entre la pena y la culpa[22].

—Eso no lo sé —me dijo.

—¿Pero en el futuro...?

Dr. Michaelcaine apretó los labios, por primera vez incómodo.

—A él no le importa tanto no correr —interrumpió Ilse.

Me di cuenta de que quizás a ella no le importaba que yo no volviese a correr, pero a mí sí. Para mí correr era parte de quien era. Sin ninguna pretensión de logros atléticos, todos mis amigos sabían que lo hacía y en más de una oportunidad me pedían consejos cuando tenían dolores o querían empezar a entrenar. No es que tuviera grandes récords, insisto,

---

[22] Es decir, como Michael Caine en *"Hanna and Her Sisters"*. Estoy tratando de terminar con estas comparaciones que ya empiezan a resultarme odiosas, pero me doy cuenta de que, además de que no puedo evitarlas, terminan siendo bastante prácticas.

pero sí había completado cuatro maratones y al menos dos docenas de medios. Ilse me tomó la mano.

—No *necesitas* correr —me dijo.

En eso tenía razón. Si correr era parte de lo que me definía, pues iba a tener que adaptar mi concepto de mí mismo. Mi prejuicio viene porque, desde el punto de vista narrativo, lo que define a un personaje es lo que hace y las decisiones que toma. Pero los seres humanos somos mucho más imperfectos e impredecibles que los personajes de ficción y nos definen factores mucho más complejos. En ese sentido, mi esencia no tenía que ser lo que hacía, sino lo que era. Lo complejo es determinar qué era yo. La respuesta me la daría el tiempo.

Dr. Michaelcaine aprovechó el silencio para cambiar de tema y, finalmente, darnos un mapa de mi futuro inmediato. Utilizaba mucho el plural y el "vamos" con lo que había una sensación de paseo.

—Esto es lo que vamos a hacer —empezó—. Más allá de lo que te diga el traumatólogo, vas a tener unas sesiones de radiación en la pierna y, simultáneamente, vamos a hacer de tres a cuatro ciclos de quimioterapia que van a ser, básicamente, con pastillas, aunque vas a tener que venir una vez a la semana para que te den ciertas medicinas que no pueden administrarse de otra manera. Cada ciclo dura un mes, en el cual hay tres semanas de medicinas y una de descanso. La idea es que luego de estos tres o cuatro ciclos hayamos controlado lo suficiente el cáncer como para poder hacerte un trasplante de médula que, en tu caso y si todo va bien, sería un autotrasplante, es decir, tomaríamos las células madre de tu propia médula, las limpiaríamos y te las volveríamos a poner. Eso lo haría otro médico. El trasplante implica cien días de mucho cuidado y luego te quedarías bajo la supervisión de ese médico por un año, luego del cual, volverías a mi consulta.

Saqué una cuenta rápida. Estábamos en octubre. Si todo iba bien y necesitase solo tres ciclos, el trasplante sucedería en algún momento de enero. Cien días equivalía a poco más tres meses. Eso quería decir que en abril o a más tardar en mayo, estaría listo. A efectos de trabajo, eso implicaba estar en tratamiento toda la temporada de Nuestra Belleza Latina, que ya estaba a punto de empezar, Latin Grammys, que era en noviembre, un Teletón que se hacía en diciembre y Premio Lo Nuestro que era en febrero, además de algunos especiales de fin de año. También tenía otros proyectos aparte: uno de la historia de varios peloteros domini-canos y una biografía de una diva mexicana. Estos últimos en teoría debía entregarlos antes de diciembre. Calculé que, con un poco de organización, podía cumplir con todo.

Con ese optimismo, fui a ver al radiólogo que, para mi sorpresa, era el mismo que originalmente me iba a tratar el pulmón.

—Pensé que ustedes estaban divididos por departamentos y que el fémur lo hacía otro médico.

—Normalmente es así —reconoció Dr. Cool—, pero ya empezamos y no queremos retrasarte por empezar otro proceso.

—¿Y usted se siente cómodo tratando fémures? —pregunté, pero al ver su cara de "yo hago tratamientos en puntos microscópicos en el cerebro, ¿crees que no le voy a atinar al hueso más grande del cuerpo humano?", me arrepentí.

—Todo va a estar bien —se limitó a responderme.

Pronto comprendí que la radioterapia de la pierna era notablemente menos glamorosa que la de pulmón. En lugar de un torso metálico que se adaptaba a mi cuerpo, me dieron una suerte de almohadita de hule para apoyar la pierna mientras estaba acostado, luego de lo cual, me de-pilaron la parte frontal del muslo y de la pantorrilla (lo del muslo asumo que era necesario y lo pantorrilla debía ser básicamente para divertirse haciendo un caminito). Luego me hicieron unas marcas con un Sharpie en los puntos en los que caería el rayo.

—Si se borra a lo mejor te hacemos un pequeño tatuaje —me explicaron.

Las cruces eran de unos seis o siete centímetros de ancho, por lo que me pregunté, dado que los tatuajes serían pequeños, si esas marcas no podían haber sido menores también. Pero cuando estás acostado debajo de un aparato futurista con gente a tu alrededor que tiene hojillas de depilación las preguntas de ese tipo pueden esperar. O simplemente no hacerse. Me explicaron que, en total, iba a recibir diez sesiones de radioterapia en días consecutivos con descanso del fin de semana. Tenía que avisarles si sentía picazón o algún otro tipo de incomodidad, aunque todo eso era "normal", así como cambios en la piel, fatiga, náusea, dolores de cabeza, irritación en los ojos o caídas de cabello. Me pasé la mano por los pocos cabellos que me quedaban.

—¿Y usted cree que si se me cae el pelo alguien se dé cuenta? —pregunté.

Nada. Ni una reacción. Otro chiste perdido.

Mientras esto avanzaba tuvimos otras dos clases: una para la quimioterapia y otra financiera. La de la quimio era una suerte de tour del cáncer, en donde nos pasearon por el lugar en el que iba a recibir el tratamiento una vez a la semana y nos entregaron unos papeles donde se listaban los posibles efectos secundarios de cada una de las medicinas que iba a recibir. Lo primero que me dijeron es que no debía preocuparme si me daba fiebre, porque era algo completamente normal y que debía seguir con el tratamiento.

—Pero antes de entrar al hospital siempre me toman la temperatura. ¿Si me da fiebre me van a dejar pasar?

El enfermero a cargo del "tour" se quedó pensativo un rato antes de respondernos que, si llegaba a tener fiebre y me tocaba venir, llamase a nuestro médico. "Seguramente él le dirá qué hacer", dijo. Luego pasó a explicarnos los papeles, en donde la lista de posibles efectos secundarios era tan larga como absurda y en las que cada tanto aparecía la palabra "muerte", cosa que no inspiraba demasiada confianza o seguridad. "Lo que pasa es que aquí tienen que ponerlo todo", explicó el enfermero. Así, por ejemplo, si alguna vez a un paciente luego de una sesión de Quimioterapia fue a su casa que quedaba al lado de un zoológico del cual se acababa de escapar un gorila y, tuvo la mala suerte de que mientras se bañaba, el primate se metió en su casa y lo violó, ahora los médicos están obligados a advertirte que, uno de los efectos secundarios de la medicina que te están dando pudiera ser que seas violado por un gorila[23].

—¿Por qué le dicen "infusión" y no "quimioterapia"? —pregunté señalando un letrero enorme que indicaba que ese piso era de "Infusión" y que todas mis citas incluían esa misma palabra.

El enfermero se encogió de hombros.

—Es la misma cosa. ¿Alguna otra pregunta?

—Sí, ¿cómo le dicen al té?

Me miró sin entender. Ilse se apresuró a agradecerle y nos despedimos.

Ya la "clase financiera" fue más sencilla y por teléfono porque, como me explicaron, "como tenía seguro, todo estaba bien". Sin embargo, querían asegurarse si tenía los medios para pagar el deducible.

—No, pero tengo tarjetas para endeudarme.

—Es importante que haga todo lo posible por mantener este mismo seguro para el año que viene —me aconsejaron.

Un mínimo de investigación les dio la razón. Las cifras más recientes que, para el momento en el que escribo estas páginas son del 2018, indican que ese año y solo en Estados Unidos, se gastaron 150.8 billones en tratamientos contra el cáncer. Según la revista AARP el costo de tratar

---

[23] Esto es solo un ejemplo. Ninguna de las medicinas que me iban a dar incluía "ser violado por un gorila" como un efecto secundario. Por ahora.

un cáncer, en promedio, corre por los ciento cincuenta mil dólares, aunque, de acuerdo a The Mesothelioma Center, si se toman en cuenta los diferentes tipos de cáncer que existen, el verdadero costo es imposible de determinar. Lo que sí se sabe es que, con valores del mismo año, tomando como referencia el salario promedio del país para ese período (tres mil seiscientos dólares por mes antes de impuestos) y los planes de seguro promedio, el costo de las medicinas es cercano a los dos mil quinientos dólares mensuales, lo que deja poco más de mil dólares para el resto del mes. Eso, insisto, es teniendo seguro. Lo anterior no toma en cuenta otros costos en los que suelen incurrir los pacientes con cáncer como gastos de viaje, además de pérdida de ingresos por incapacidad que explican, entre otras cosas, por qué 12 % de los pacientes disminuyen las dosis que les asignan para que las medicinas les duren más tiempo y que una cantidad similar evite citas médicas de seguimiento que pueden superar los quinientos dólares por visita. No por casualidad la mayor tasa de mortalidad relacionada con cualquier tipo de cáncer es notablemente superior en las comunidades más pobres, siendo, por ejemplo, el doble en el caso de cáncer cervical y un 40 % mayor en los casos de cáncer de pulmón o hígado. ¿Y ya les comenté que los negros y los latinos estamos siempre en el extremo inferior de estas estadísticas?

En mi caso, según los estados de cuenta del seguro, ya llevaba unos ciento diez mil dólares y el tratamiento aún no había empezado. Solo el Revlimid, las veintiún pastillas de quimioterapia que iba a tener que tomar cada veintiocho días costaban poco más de diecinueve mil dólares. Gracias a todo esto, en una sala de espera de un hospital en el supuesto país más poderoso del mundo, escuché a dos personas comentar, con pasmosa naturalidad, cómo uno de ellos estaba vendiendo su casa para pagar por el tratamiento mientras que el otro iba a utilizar todos sus ahorros. En el colmo de las paradojas, ambos iban a sacrificar la seguridad por la que trabajaron toda su vida para alcanzar una vejez tranquila, por la posibilidad de tener más tiempo de una vida que ahora iba a estar rodeada de nuevas y viejas incertidumbres.

Lo anterior no quita que existan diferentes instituciones que hacen todo lo posible por ayudar financieramente a los diagnosticados, pero el acceso a las mismas sigue siendo limitado y suele cubrir, en el mejor de los casos, solo el costo de los tratamientos. Si consideramos que, en promedio, los pacientes con cáncer estiman que los costos relacionados con la enfermedad superan los veinte mil dólares al año y que la pérdida de ingresos personales relacionada con esta enfermedad se calculó en noventa y cuatro billones de dólares para el 2015, entendemos mucho mejor por qué, por ejemplo, es tres veces más probable una persona con cáncer se declare en quiebra que alguien sin la enfermedad[24]. Lo peor de todo es que, si no tienes seguro, los tratamientos son más caros que si lo tuvieses, porque las aseguradoras logran negociar paquetes, cosa que no pueden hacer los individuos. Como para que me sintiese particularmente afortunado, en mis estados de cuenta, mi aseguradora me indicaba cuál era el costo de cada paso que iba dando si no tenía seguro o si iba a un proveedor que estuviese "fuera de la red", versus si tenía seguro. Con mucho orgullo, la aseguradora mostraba que las tarifas que ellos negociaban reducían los costos en más de un 50 %.

Vale la pena preguntarse cómo llegamos a esto. ¿Cómo una enfermedad que cada día es más común puede llegar a arruinar económicamente a la persona que la padece y al futuro financiero de toda su familia? Mucho peor cuando el diagnosticado es joven porque los mejores seguros que ofrece el Estado están reservados para las personas mayores. Las razones son complejas y no pretendo ni remotamente analizarlas aquí, pero vale la pena recordar que a principios del siglo pasado en Estados Unidos esto

---

[24] Si se preguntan cómo serán los números para la fecha en la que está leyendo esta página, piensen que, aunque las cifras sean diferentes, la tendencia es la misma.

no era así. No fue sino luego de la Gran Depresión, cuando una cantidad enorme de empresas estaban al borde del colapso, que los dueños de estas corporaciones llegaron a un acuerdo con el gobierno de Herbert Hoover para que, en lugar de ofrecer mayores salarios que las compañías no podían pagar, ofrecieran seguro médico, que era mucho más económico y que además funcionaba muy bien como incentivo para retener a sus empleados. Vaya si la propuesta pegó. Desde entonces cualquier intento por revertir esta política se ve como un esfuerzo por "socializar la medicina" sin pensar que ahora los que se condenan a vivir en una Gran Depresión son los que se enferman y no pueden costear su cura. Años más tarde, en 1965 para ser exactos, cuando se dieron cuenta de que, si mantenían el sistema, la gente se iba a morir de un resfrío una vez que se retirasen, en lugar de revertirlo, crearon Medicare y Medicaid, para proteger a las personas mayores y a los legalmente más pobres, y el resto es historia.

—¿Y qué pasa con las personas que no tienen seguro? —pregunté una vez mientras me cobraban algo de mi deducible.

La persona en la caja apretó los labios y se encogió de hombros.

—Hay opciones —dijo bajito, como para que no le preguntase detalles sobre cuáles eran esas opciones, porque era bastante evidente que no las conocía.

En mi caso, tenía la inmensa fortuna de que podía posponer mis angustias financieras para el momento en el que me quedase sin trabajo o sin seguro. En el presente, solo me faltaban otras dos citas para finalmente poder empezar el tratamiento. La primera vino del hecho de que se me ocurrió comentarle a Dr. Michaelcaine que me paraba varias veces a orinar en la noche. Cuando vi que se puso serio, me arrepentí.

—¿Cuántas veces?

—Lo que pasa es que tomo pastillas para la tensión y esas son diuréticas, ¿no?

—¿Cuántas veces?

—Pues... no sé... ¿cuatro? Quizás menos. Lo que pasa es que no soy de buen dormir.

La consecuencia fue un nuevo estudio para el cual iba a tener que orinar durante veinticuatro horas en un pote que debía mantenerse en un lugar frío (una cava me pareció ligeramente menos desagradable y altamente más higiénico que tenerlo en el refrigerador). Para esto una enfermera me entregó un enorme contenedor rojo que, no sé por qué, me pareció que tenía que llenar. Para eso, tomé agua como si tuviera que marcar como territorio el Central Park de Nueva York y en el tiempo estimado, logré llenarlo. Si quería impresionar a la chica del laboratorio, lo logré.

—¿Esto es de veinticuatro horas? —preguntó levantando el pote con cierto esfuerzo.

Asentí con orgullo y me contuve para no agregar que si quería podía agregar unas cuantas onzas más, ya que, otra vez, tenía ganas de ir al baño.

Ya el último paso fue mucho más inesperado. Una de las medicinas que me iban a dar para fortalecer los huesos se llamaba Zometa y requería un *"clearance"* o autorización odontológica. Para ello me hicieron una cita con el oncólogo/odontólogo del hospital.

—¿Cómo que oncólogo y odontólogo? ¿Eso existe?

—Por supuesto.

—¿Pero qué clase de persona puede querer ser esas dos profesiones?

—Ya lo va a conocer.

Este nuevo médico, a quien en honor a su especialidad pasaremos a llamar Dr. Halloween, me recibió con extrema amabilidad y, por primera vez en MCI, sin ninguna asistente. "Quizás ya la mató", pensé, intuyendo que un odontólogo/oncólogo debía estar ligeramente más arriba que "asesino en serie" en el fondo de cualquier lista de vocaciones. No sé si con una sonrisa (usaba tapabocas) Dr. Halloween me hizo varias placas de la boca, luego me tocó las encías (con guantes) y finalmente se sentó frente a mí y me preguntó si sabía por qué estaba allí.

—Sí, para que me diga si está todo bien para que me puedan dar Zometa.

—No.

—Yo estoy bastante seguro de que sí.

Volvió a negar con la cabeza.

—¿Ya te explicaron lo que pasa con el Zometa?

—¿Que me refuerza los huesos? —pregunté cada vez más inseguro.

—Eso también —concedió—. El detalle es que los refuerza tanto que los dientes van a quedar permanentemente pegados a la mandíbula, va a ser como si fuese una sola pieza. Una vez que te pongan Zometa ahí no entra ni sale nada.

—Pero mi odontólogo me dijo que una muela en la que tengo un tratamiento de conducto deberían extraerla y que él quisiera ponerme un implante.

—Implantes no deberías ponerte nunca más porque pueden interferir con las resonancias magnéticas y de ahora en adelante vas a tener muchas de esas en tu vida. Si te tuviesen que quitar un diente o una muela, van a tener que serrucharla desde la base como si fuese un tronco y allí poner un puente. Un poco como se hacía antes. Yo no veo mayores inconvenientes de mi lado, pero quizás sería prudente que hablases con tu odontólogo antes de empezar el tratamiento. Eso quiere decir, además, que una vez recibas Zometa por primera vez, vas a tener que cuidar muchísimo tus dientes. ¿Alguna pregunta?

Pensé en la que tenía antes de entrar a la consulta: "¿Cómo le había dicho a su mamá que quería ser dentista y oncólogo?", pero ya no me atrevía a decir nada. Es más, prefería no tener que volver a abrir la boca en lo absoluto. Para siempre. Entendí por qué en los retratos de la Edad

Media la gente siempre sonríe en los cuadros sin abrir del todo la boca, indicando que eran tiempos de muchas alegrías, pero pocos dientes. Incluso me atrevo a asegurar que hasta la Mona Lisa debía tener un par de muelas menos y los caninos torcidos.

En todo caso, hice una cita de emergencia con mi odontólogo a quien a raíz de la pandemia prácticamente no había visto y lo puse al tanto de la nueva situación. Además de desearme lo mejor y decirme que me iba a incluir en sus oraciones, me hizo otras placas, me revisó los empastes y confirmó que, a sus efectos, él recomendaba la extracción de una muela.

—Si la cuidas, quizás te pueda durar varios años, pero como aquí estamos hablando de toda la vida, creo que lo más sensato sería sacarla mientras podemos.

Antes de irme, la recepcionista me explicó que, de acuerdo a mi seguro (el dental es diferente del médico), el deducible de la extracción era de mil ochocientos dólares. Me sonó particularmente alto.

—¿Cuánto me costaría si no tuviese seguro?

—Dos mil doscientos, pero eso es porque tiene que llegar al deducible.

Le agradecí y le dije que le iba a informar mi decisión más adelante. Lo bueno de no tener plata es que ayuda a buscar soluciones creativas. Me di cuenta de que si la extracción me la hacían en el hospital no iba a tener que pagar nada porque ya había alcanzado el total de mi deducible, por lo que prefería que el procedimiento corriese a manos de Dr. Halloween.

—No —me dijo Dr. Michaelcaine.

—Pero mi Odontólogo, el que me ve desde hace quince años cree que sí es necesario. Es más, me dio un informe donde está todo esto por escrito.

Le mostré la hoja que, a petición mía, me había entregado mi dentista en la que se recomendaba la extracción de mi molar número diecinueve.

—El punto es el siguiente —me explicó pacientemente Dr. Michael-caine—. Si te hacen una extracción ahora, vamos a tener que esperar, además de una nueva aprobación del seguro, al menos cuatro semanas para empezar a darte el Zometa y yo necesito que te den esa medicina ahora. Para eso, necesitaba que te dieran el "*clearance*" odontológico y ya lo tengo. Ahora, hay que empezar el tratamiento.

Entendí. Con cuántos dientes o cómo iba a sonreír en el futuro era otro tema. Lo más importante era tener un futuro. Suspiré con resignación, pero también con esperanza.

—Entonces empecemos.

CAPÍTULO 9

UNA CUESTIÓN DE ACTITUD

*Es solo una cuestión de actitud
Espada, capa, torero y toro.*

FITO PÁEZ

Para las primeras citas tanto de radio como de quimioterapia fui con Ilse. La de radio, que fue la primera, resultó casi que un paseo. Nos ubicaron en unas sillas en una sala de espera con un aire acondicionado graduado para que pingüinos con menopausia se sintieran cómodos y nos preguntaron si queríamos tomar agua o jugo y si queríamos alguna cobija. Dije que sí a todo.

Poco después me pasaron solo a mí (las restricciones del Covid seguían vigentes) a un vestidor para que me pusiera una bata que resultó complicadísima porque tenía huecos para tres brazos. Le expliqué a la enfermera que todavía no había recibido suficiente radiación como para que me saliera un tercer brazo y que si no habría otra para gente con apenas dos. Ella se rio (¡por fin!) y me explicó que esas eran unas nuevas batas, más modernas que las previas, que daban la vuelta completa para evitar que se abriesen, por lo que uno de los brazos terminaba pasando dos veces. También agregó que no era necesario desnudarme, sino solo sacarme los pantalones. Asumo pensaban esto era un proceso que resultaría complejo, puesto que me dieron cerca de quince minutos para que lo hiciera. Como logré hacerlo en menos de dos, el resto del tiempo lo pasé en otra sala de espera, esta dentro del vestuario, y junto a otros pacientes, todos pendientes de que eventualmente nos fuesen a buscar.

De allí fui a una sala (la misma o similar) en la que previamente me habían hecho el modelo metálico de mi torso y también la almohada de hule, que me esperaba con mi nombre escrito. Me preguntaron si quería escuchar algún tipo de música en particular durante el procedimiento. Recordé que mi amigo Emilio Lovera, quien pasó por un proceso similar, me contó que cuando le dieron radioterapia le hicieron la misma pregunta y él no dudó en solicitar su género favorito: salsa. Lo que no se imaginó es que, en su caso, la radioterapia iba a ser un proceso largo y doloroso, con más de cincuenta sesiones, que terminaron haciendo un efecto tipo "Naranja Mecánica" y que, luego de varias sesiones y cuando ya empezaba a detestar su música preferida, pidió que le pusieran otra cosa. Pensé entonces en pedir algo que no soportase, tipo Anuel, Ricardo Arjona o un *playlist* de himnos nacionales, pero no quería adelantarme, así que respondí que escogieran ellos. Luego me acosté poniendo la pierna derecha sobre el hule que ya se había amoldado e hice caso cuando me dijeron que no me moviera. A partir de ahí y por unos diez minutos, una máquina futurista dio vueltas a mi alrededor. Inmediatamente después reapareció la enfermera diciendo que ya podía retirarme y que me esperaba al día siguiente.

—¿Eso fue todo?

—Ajá.

—No sentí nada.

—Qué bueno —dijo sin ninguna emoción.

Ya con la quimio fue diferente. En principio, me dijeron que apartase doce horas porque la primera cita suele ser un poco más larga que las siguientes.

—¿Cuánto duran las siguientes?

—La segunda seis horas y, a partir de ahí, cuatro. Pero todo depende de cómo vaya la primera.

Esta sala de espera resultó ser igualmente amplia y afortunadamente menos fría. Lo primero que hicieron fue pasarme a un laboratorio a que me sacaran sangre y, mientras llegaban esos resultados, volví a la sala de espera. Fue en ese momento cuando una señora algo mayor que se acercaba a una máquina de café que, gracias a la pandemia, no tenía ni vasos ni café, vomitó.

Aquí me permito hacer un alto para explicar mi absurda sensibilidad con los fluidos, en particular con los vómitos lo cual, estando a punto de empezar quimioterapia, no auguraba un futuro promisorio. Para ponerlo en términos sencillos: no puedo con los vómitos. Ilse y mis hijas pueden vomitar si se sienten mal y luego seguir con su vida como si nada. En mi caso, en las rarísimas ocasiones en las que hasta la fecha he vomitado, era como si al día le apagasen la luz. Quedaba sin energía para nada más. Y lo mismo me pasaba cuando alguien vomitaba a mi lado, cosa que, en las fiestas de la Universidad, era un problema porque apenas escuchaba a alguien vomitando, se me iba la borrachera y me apuraba a regresar a mi casa. Cuando se tienen hijos se supone que esto cambia porque los buches y otras asquerosidades entran a formar parte de la vida diaria. No para mí. Luego de que alguna de mis hijas lanzaba uno de esos buches dignos de cualquier película del Exorcista, la bebé pasaba a sentirse mucho mejor y yo, hacía de tripas corazón, la limpiaba, si era necesario la cambiaba, y de allí pasaba a sentarme algunos minutos para recuperarme. Que justo mi cáncer haya sido en la sangre era una nueva ironía, ya que, aunque ciertamente es menos desagradable que un vómito, no deja de ser un fluido que me cuesta ver fuera de una película de acción. De allí que, cada vez que me sacaban sangre —y ya era algo rutinario que sucedía más de una vez por semana— yo miraba para otro lado, cosa que sigo haciendo. Dicho esto, volvamos a la señora y su vómito.

Ilse, que me conoce mejor que yo mismo, de inmediato me dijo que nos cambiásemos de silla de manera de que mirásemos para otro lado. Mientras nos parábamos para hacer esto, la señora, no conforme con haber vomitado, se desmayó. Ya para este momento, mi humanidad pudo más que mi sensibilidad y nos acercamos al puesto de las enfermeras para avisar, pero ya estas estaban en actividad. Por los altavoces se escuchó que había un "Code Blue" en el piso 4 (donde estábamos) y un montón de gente en bata se acercó para ver qué le pasaba a la señora. En ese momento, alguien salió a buscarnos para decirnos que podíamos pasar.

—¿La señora va a estar bien? —quiso saber Ilse antes de pasar a otro lado.

La enfermera miró hacia el lugar al que ya venían trayendo una camilla antes de decirnos con muy poca convicción.

—Sí...

—¿Que la gente se vomite y se desmaye en medio de la sala de espera es normal? —quise saber yo.

—No... —respondió con la misma falta de convicción.

Afortunadamente, en los meses siguientes, aunque vimos muchas cosas y escuchamos diversos "Codes Blues", algo así no nos volvió a pasar. Al menos no en la sala de espera. En cualquier caso, en ese momento, nos condujeron a otra área en la que, antes de seguir adelante, me pesaron en una balanza que decía tu altura y tu peso en voz alta. Nuevamente me atrevería a decir que, con un margen de error del 1 %, el 99 % de las personas no están satisfechas con su peso. ¿Hace falta que una máquina lo grite cuando todavía tenemos ropa y acabamos de desayunar? Le pregunté a la enfermera si la máquina no tenía un botón de "mute". En lugar de responderme, me sonrió y nos invitó ahora a pasar a una habitación mucho más privada y cómoda en la que iba a recibir mi "infusión". Luego de tomarme la presión y la temperatura me explicó que primero me iban a dar unas medicinas que incluían antialérgicos y corticoides y que, cuarenta y cinco minutos después iba a empezar la infusión que, si era por sangre, es decir, si se daba en un suero y entraba por una vena, podía durar hasta ocho horas, mientras que si era inyectada era cuestión de minutos. Literalmente, ya que una de las sustancias era tan densa que demoraba al menos cinco minutos en pasar por la aguja para ser inyectada. Después, por ser primera vez, me iban a dejar en observación un par de horas para asegurarse que todo estuviese bien antes de mandarme a casa.

—¿Puedo escoger si es inyectada o por sangre?

A juzgar por la reacción de la enfermera, esta vez sí hice un chiste.

—No, eso lo decide su médico. Normalmente los pacientes que la reciben por sangre son personas mayores, pero vamos a ver qué dice la orden.

Al rato me dijeron que me iban a inyectar. Me volteé listo para que la enfermera procediera a apretarme y posteriormente pincharme una nalga, pero esta me dijo que la inyección era en la barriga.

—¿Cómo en la barriga?

—¿Qué parte de "en la barriga" es la que no entiende?

Me volví a sentar mientras me explicaban que se había demostrado que inyectar en la barriga era mucho más eficiente que hacerlo en la nalga. El detalle es que cada vez que me agarraban la barriga como para sostener un pliegue de piel y proceder con la inyectadora, me daba cosquillas, me reía y me movía. Finalmente, la enfermera me apretó de tal modo que logró que el dolor fuese suficiente como para que no me volviese a dar cosquillas nunca más. En total, esa primera vez nos demoramos unas cuatro horas por el par de horas extras en las que me dejaron "en observación". Regresamos a la casa agradecidos de que ninguno de nuestros temores se hubiese concretado que, en el caso de Ilse implicaba cualquier tipo de malestar y, en el mío, era una sola cosa: vómito. Ilse fue a su oficina y yo me quedé en casa.

Dormí una siesta, luego de la cual noté que estaba algo inquieto. Me extrañó que empecé a escuchar los latidos de mi corazón. Mi iWatch me indicó que tenía las pulsaciones algo aceleradas. Por el hecho de correr, mi pulso en reposo suele estar entre sesenta y setenta pulsaciones por minuto. Estaba en ciento dieciocho. Nada grave, pero un tanto incómodo. Luego me dio hipo, cosa que suele ser divertida cuando da por algunos minutos, pero que en mi caso se extendió por varias horas. Probé aguantar la respiración, tomar agua boca abajo, respirar en una bolsa de papel e incluso le pedí a mi suegra que me dijese que se iba a mudar para mi habitación, pero ni siquiera ese susto logró eliminarme el hipo. Cuando las pulsaciones llegaron a ciento cuarenta y el hipo no se había ido se me ocurrió llamar al teléfono que nos habían dado para hacer consultas en caso de emergencia.

—Buenas... hip... Tengo las puls... hip... saciones un poco altas para... hip... mí. Están en... hip... ciento cuarenta.

—Y además tiene hipo, ¿no?

Tuve suerte, me tocó una enfermera que prestaba atención. Me mandaron a tratar de relajarme, poner los pies en alto y probar meditar. Si nada de esto funcionaba, tenía que esperar cuarenta minutos y volverlos a llamar. Poner los pies en alto fue fácil; meditar no. Especialmente teniendo hipo. Reto a cualquiera a tratar de controlar la respiración cuando cada quince segundos te da un espasmo en el diafragma. Cuando pasaron cincuenta minutos, las pulsaciones iban por ciento cincuenta.

—Veo en su historia que usted ha tenido infartos antes, ¿verdad?

—Bueno, tanto así... hip... como "in... hip... fartos", no. Tuve "infarto"... hip... uno solo.

—Vaya a la emergencia —me dijeron esta vez.

Le dije a Ilse que no valía la pena que me acompañase porque con las restricciones del Covid no la iban a dejar entrar y que me iba en Uber. Me respondió que ese era un problema de ella y no mío y fuimos los dos a la emergencia del Baptist, que está casi enfrente del edificio en el que me habían dado la quimiote... perdón, quise decir, la "infusión", pocas horas antes. En efecto, Ilse se quedó afuera mientras a mí me permitían pasar. La sala de espera de la emergencia del hospital no se parecía nada a la que recordaba. Gracias al Covid, había un montón de cortinas con camillas que separaban a cada paciente y en lugar del ambiente Zen que caracterizaba al MCI, aquí se respiraba tensión y urgencia. Me dijeron que no me preocupase, que ya se habían puesto en contacto con Dr. Michaelcaine y que había medicinas que iban a reducirme la taquicardia, pero que antes, para descartar otras opciones, me iban a hacer una placa de tórax.

—Mientras... hip... la placa que me manden a hacer sea... hip... de tórax y no... hip... de mármol... hip... todo bien.

De nuevo, ni una sonrisa. Le eché la culpa al hipo que me arruinó el remate del chiste. Seguí a una enfermera que usaba pantalones al menos dos tallas más pequeñas de lo que debía y fui a hacerme la placa. Me dejaron frente a una máquina mientras todos se ponían detrás de un vidrio. Como de costumbre, los nervios me daban por hacer más chistes que no ayudaban a relajar el ambiente. Empecé con "¿Por qué se alejan, huelo mal?", seguí con "Pueden volver, les prometo no soltar ningún gas" y terminé con "¿Por qué puerta va a entrar el león?", pero entre el vidrio y el hipo los resultados se mantuvieron nulos. Me explicaron que solo debía agarrarme de una barra que estaba ligeramente más arriba de mi cabeza y quedarme quieto. Fácil decirlo. El detalle es que mi hipo parecía reaccionar cada vez que me repetían "quédese quieto" por lo que algo que debía ser sencillo, rápido y rutinario, no lo fue. Como entre hipo e hipo corrían al menos unos quince segundos, les propuse que les iba a avisar cuando tuviera hipo para, en ese momento, tomar aire y hacer la placa. Funcionó. Al segundo intento. De allí me mandaron a esperar, ya que, como me indicaron, en mi caso no podían hacer nada que no fuese autorizado por Dr. Michaelcaine. Al poco rato, el hipo se fue. El iWatch indicaba que las pulsaciones seguían en ciento cuarenta y cinco, pero al menos ya podía llamar a Ilse y quedarnos conversando mientras esperábamos. Finalmente, la enfermera reapareció y me dijo que me podía ir a mi casa.

—Pero... ¿y la taquicardia?

—Su médico nos dijo que mientras no fuese un riesgo para su corazón no nos preocupemos y la placa muestra que está todo bien. Eventualmente, se le va a pasar.

—¿Eventualmente? ¿Pero no que tenían una medicina que me iba a ayudar?

—Su médico no quiere que le demos ninguna otra medicina, no vaya a ser que cause un nuevo efecto secundario.

Me di cuenta de que el cáncer era el rey de las enfermedades. A su lado, todas las otras eran secundarias. Y también me di cuenta de que mi médico era implacable. Como Michael Caine en *"A bridge too far"*[25]. Lo bueno es que tenía razón. Eventualmente, la taquicardia se fue. En este caso, el "eventualmente" fue a las cuatro de la madrugada. Las siguientes veces que me dieron "infusiones", aunque el hipo y la taquicardia se mantuvieron, se fueron haciendo más breves y, ya para la tercera sesión, no hubo más taquicardia. Hipo, sí, a lo que se sumaron unos súbitos calambres que me daban en las manos o los dedos de los pies y que en más de una oportunidad hicieron que se me cayera un bolígrafo (nada grave) o un vaso de jugo encima (puta madre).

Pero la verdadera sorpresa sucedió gracias al Zometa, que recibía una vez al mes. Unos diez días después de la primera dosis, que sí se daba vía

---

[25] Perdón.

vena, empecé a sentir ciertas molestias en varias partes del cuerpo, pero especialmente en mi pierna derecha. Como ya para ese momento estaba más tranquilo con el tema de las taquicardias y habían pasado tantos días desde que me administraron el Zometa, no entendía bien por qué pudiese ser. Para la noche, la "molestia" se había convertido en un dolor intenso que llegaba por oleadas durante las cuales sentía como si me estuviesen triturando la pierna. Como era fin de semana y no quería ni llamar al servicio de emergencia ni asustar más de lo debido a mi familia, traté de disimular y, para que no me vieran mientras me retorcía, decía que tenía sueño y me iba a acostar. Pero era difícil de ocultar. Como lo único que me autorizaban tomar era Tylenol, tomé la máxima dosis posible, pero nada que se iba. El lunes, mientras estaba en una reunión de trabajo, me dio tan fuerte que en un momento apagué la cámara y mi micrófono y me tiré al piso del dolor. Una vez pasada la oleada, volví a la reunión y traté de seguirla como si nada hubiese pasado. A juzgar por la reacción de los demás, lo logré. Así estuve hasta el martes cuando, milagrosamente, el dolor desapareció. Dr. Michaelcaine me dijo que mientras el dolor pasara, no debía preocuparme. No fue hasta muchos días después cuando una enfermera dio con el diagnóstico y también con la solución.

—Eso es por el Zometa —afirmó.

—Pero eso me lo dieron hace muchísimo tiempo.

—Sí, eso pasa...

—No leí eso en la lista de efectos secundarios.

—Van a tener que actualizarla, porque eso es lo que más vemos. ¿No le dijeron que se tomase un Claritin después de cada infusión de Zometa? —me preguntó.

—No. ¿Lo que tengo es una alergia?

—Ni idea. Lo que sabemos es que lo único que quita ese dolor es Claritin. Ni Tylenol ni ningún otro lo van a ayudar. Y tuvo suerte que le dio en la pierna, hay gente que llega con dolores en el cráneo. De ahora en adelante, cada vez que le den Zometa recuerde tomarse un Claritin y ya está.

Dicho y hecho.

Ya para ese momento empezaba a ir a mis citas solo. Entendimos que esto iba a ser un proceso largo y que no tenía sentido que Ilse siguiera perdiendo reuniones o atrasándose en su trabajo cuándo no teníamos mucha idea de por cuánto tiempo más iba a ser. Prometí que si me llegaba a sentir demasiado mal iba a dejar el carro en el hospital e iba a regresar a casa en Lift o Uber y empecé a organizarme mejor para poder hacer cosas en los tiempos de espera: trabajar, jugar Candy Crush, leer, jugar Candy Crush o ver películas mientras jugaba Candy Crush. Luego, en la casa, me acostaba rodeado de mis gatos y me dormía un par de horas. Al despertar, todo parecía estar bien.

Fue por estos días cuando falleció el ex secretario de Estado Colin Powell por "complicaciones con el Covid" mientras estaba siendo tratado por Mieloma Múltiple. El hecho de que tuviese ochenta y cuatro años no hizo nada por quitarnos el pánico a que me diese Covid. Eugenia, con quien pasaba largas horas viendo tele, justo había empezado a trabajar en un T.J. Maxx y, aunque estaba en la caja que es donde menos contacto con otras personas tenía, estaba con pánico de acercarse. Me miraba llena de culpa desde la puerta de la habitación, me hacía un par de preguntas genéricas y luego se alejaba. Ilse trataba de evitar a toda costa ir para su oficina y, cuando lo hacía, regresaba directo a bañarse y echarse Lysol antes de acercarse. Claro que el cambio más radical vino de parte de Gladys, mi suegra, quien como ya comenté vivía con nosotros desde que falleció su esposo, unos cinco años atrás. Y esto amerita hacer una nueva digresión.

Gladys, una mujer buena, solidaria y con una capacidad de hablar que haría palidecer a cualquier político, tiene tres pasiones: la televisión, jugar buraco y los médicos. Hasta hace poco había una cuarta pasión, Roger

Federer, pero desde que se retiró, fue sustituido por diferentes galanes de telenovelas turcas a quienes cada tanto les habla mientras ellos, dolorosamente indiferentes a sus comentarios o advertencias, siguen con sus escenas. Al igual que mis padres, Gladys forma parte de una generación para la cual "cáncer" y "muerte" son prácticamente sinónimos (su madre murió de cáncer de colon). Además, tiene una tendencia al morbo y al dramatismo que explica, entre otras cosas, esa pasión por las telenovelas turcas. A principios de año, por ejemplo, le encontraron "algo" y le hicieron una biopsia. Asumió que tenía cáncer y lloró por una semana hasta que llegaron los resultados indicando que todo estaba bien o, para ser más específico, que lo que vieron no era cáncer. Por otra parte, su pasión por los médicos y la medicina hacen que vea charlas especializadas en YouTube y son los parámetros de su agenda, siendo que, en una ocasión, cuando le propusimos que visitara a la única hermana que seguía con vida y que vivía en San Diego, dijo que no podía porque "ese mes" había logrado que la viese un oculista del Bascom Palmer Institute, al cual le había hecho un detallado seguimiento. Cuando el Jackson abrió un hospital nuevo cerca de mi casa en un moderno edificio que se mercadeaba como "El Hospital del Futuro" aprovechó que tenía una tos seca recurrente, se maquilló y arregló como si fuese para una fiesta y se instaló en su Emergencia. Volvió contenta, aunque todavía con tos. Poco después, el Baptist también abrió un centro a pocas cuadras al que Ilse acudió cuando tenía un dolor fuerte en la espalda. Al regresar, Ilse comentó lo mucho que le había gustado la atención y el lugar, cosa que inevitablemente despertó la curiosidad de mi suegra. A los pocos días, de nuevo con tos, Gladys se volvió a maquillar y arreglar para conocer esta nueva Emergencia. Al regresar, por supuesto que todavía con tos, anunció que le gustó más esta que la primera que había visitado.

En cualquier caso, algo que sí tiene diagnosticado es un problema en las rodillas que hace que evite en la medida de lo posible subir y bajar escaleras. Como las habitaciones en mi casa están en el segundo piso, cada vez que baja en las mañanas hace una mini mudanza, llevándose todas las cosas que considere pueda necesitar en el día de manera de no tener que volver a subir hasta la noche. Sin embargo, cuando se enteró de mi diagnóstico empezó a subir y bajar varias veces al día para preguntarme si quería algo, traerme frutas o por si necesitaba agua. Todo esto con los ojos aguados y hablando bajito como para no incomodar al cáncer. Que Gladys subiera y bajara escaleras con esa frecuencia era un verdadero milagro de la enfermedad.

Y no era la única que estaba pendiente de "cuidarme". Aunque todavía nada en mí había cambiado, Ilse y Eugenia trataban de evitar que yo cargase hasta las compras del mercado, no les gustaba que saliera a caminar en las mañanas y trataban de que pasara la mayor cantidad de tiempo posible en reposo. Lo peor, es que, siendo absolutamente honesto, eso es lo que me nacía hacer. Eran muchos los días en los que no quería despertar y prefería que pasaran las horas mientras iba avanzando en las diferentes etapas del tratamiento sin que me diese cuenta. Me sentía cansado, partes del cuerpo se iban turnando para ver cuál me iba a doler ese día y solo recibía llamadas de personas que, como corresponde, me hacían hablar de mi enfermedad y mi tratamiento. Me di cuenta de que seguir por esa vía era el camino de menor resistencia y no me gustaba lo que se vislumbraba al final del mismo: una depre del tamaño del ego de un cantante de reggaetón. En un mundo en el que había perdido control sobre mi cuerpo, mi agenda y mi entorno, me di cuenta de que una de las pocas cosas que todavía podía manejar era mi actitud. Así que en eso me concentré.

Pedí que no me hicieran más atenciones a menos que las pidiera. Agregué que, desde ese momento en adelante y muy a pesar de mi suegra, no se iba a hablar más del cáncer, salvo que alguien tuviese alguna pregunta concreta o hubiese surgido algún cambio que amerite mencionarse.

Además, me propuse que cada día iba a dedicar tiempo para hacer algo que me entusiasmase: ver un episodio de una serie, leer un libro, armar rompecabezas, disfrutar de un partido de fútbol y, por supuesto, jugar Candy Crush. Me hice una agenda en función de esto, de manera de que cada día tuviera un motivo que me animase a pararme, bañarme y vestirme.

A pesar de lo noble y lógico que tenía este planteamiento, al principio encontró resistencia. Desde el "¿Por qué tienes que estar inventando si tienes la pierna mal?" al "Simplemente cállate y déjate atender", cuando se daban cuenta que estaba haciendo un esfuerzo mayor para prender el carbón y hacerme una carne a la parrilla que, dicho sea de paso, es mi comida favorita.

—Porque puedo —respondía—. Y prometo que cuando no pueda, se los voy a avisar.

Yo sabía que estaba enfermo, lo que no quería es que me tratasen como a un enfermo.

La diferencia entre la perseverancia y la terquedad es que el perseverante tiene éxito. Con el tiempo, mi terquedad se convirtió en perseverancia y logré que me dejaran en paz, aunque eso implicase que, en nuestras conversaciones, mi suegra tuviese que privarse de hablar sobre su tema preferido: las enfermedades. De paso, a las dos semanas terminé mis sesiones de radioterapia y pude tocar mi primera campana. Para esa última sesión, usé unos *boxers* de superhéroe que fueron celebrados por el equipo, aunque no tanto como la caja de donas de Salty Doughnuts que les llevé. Al salir, me dieron un certificado y una medalla, y toqué la campana con una fe y una alegría dignas de un argentino celebrando la copa del mundo. Seguía cojeando, pero me dijeron que eso era normal porque los "verdaderos efectos de la radioterapia se iban a empezar sentir luego de unos diez días".

Mientras tanto, me iba volviendo cada vez más experto también para mis sesiones de quimi... perdón, para mis "infusiones". Trataba cada sesión como si me fuera de viaje en avión: escogía un libro, me bajaba una buena película, llevaba snacks y, dependiendo la hora en la que me tocase, pedía comida a una amabilísima señora brasilera que siempre la traía con una sonrisa. Si ese día sentía que tenía los ojos particularmente irritados[26], en lugar de libro usaba un audiolibro. De paso, las sesiones se iban reduciendo y ya era normal que, si todo marchaba bien, en poco más de dos horas estuviese listo. Luego iba a mi casa donde, como de costumbre, dormía por otro par de horas y me sentía listo para el resto del día, siempre y cuando no tuviese hipo[27]. Por estos tiempos me apareció un efecto secundario que no encontramos en ningún folleto y que llamé "Maluquera".

—¿Qué sientes? —preguntaba Ilse.

—Maluquera.

—No entiendo.

—Es... no sé... Maluquera.

—Si estuvieras en mi equipo de escritores, te mandaba a sacar.

—A ver... Es como cuando estás mareado, pero tienes una sensación ácida en la parte de atrás de la garganta y te arden los ojos y no es un malestar gigante como para que te paralices, pero sí jode y es constante.

Descubrí que los sabores fuertes me ayudaban. Empecé a comer paletas de helado de limón varias veces al día. Además, la comida picante, especialmente la thai y la india, eran de las que más saboreaba y, no siempre, pero sí de vez en cuando, empecé a ponerle a mi carne una sal mezclada con Ghost Pepper que era una maravilla.

---

[26] Otro efecto secundario.

[27] Sí. El hijoeputa hipo fue el efecto secundario más persistente de todo el tratamiento. Lo peor es que cada vez que contaba que algo me daba hipo el escucha no podía evitar sonreír.

En otra oportunidad y como era de esperar, me dio fiebre el día que me tocaba que me hicieran la quimio[28]. Lo primero que hice, fue hacerme una prueba casera de Covid. Negativa. Luego de una mini-celebración interna por el resultado, pero consciente de que con temperatura no me iban a dejar entrar al hospital, llamé para preguntar que hacía.

—Tómese un par de Tylenol una hora antes de entrar —me sugirió una asistente.

—¿Y si eso no es suficiente?

—Esperemos que sea suficiente.

No me confié. Decidido a seguir con mi tratamiento, además de las pastillas, me puse una bolsa de hielo en la frente en el camino para asegurarme que tuviese la temperatura baja. Al estacionarme, me toqué la frente y enseguida me arrepentí. Estaba helada. Si me medían la temperatura en ese momento iban a pensar que estaba muerto. Cambié de estrategia y pasé a frotarme la frente tratando de que la fricción crease calor. Seguía helado y el tiempo tampoco me ayudaba porque ya me tocaba entrar. Finalmente, me bajé del coche listo para jugármela cuando sucedió algo completamente inesperado. Justo ese día, no estaban tomando la temperatura.

Mientras tanto, todo lo que iba sintiendo, además de cualquier pregunta que se me fuese ocurriendo, las anotaba en un cuaderno para luego hacérsela a Dr. Michaelcaine... o al médico que me tocase. Esta práctica no la abandoné nunca y en gran medida sirvió de base para estas páginas que ahora comparto. En un momento, mientras seguía recibiendo instrucciones, pregunté si no había algo que yo pudiese hacer.

—¿Hacer para qué?

—Para ayudar a mi cura. Entiendo que ustedes llevan el control, pero no hay algo... cualquier cosa, que yo pueda hacer para estar mejor.

---

[28] Suficiente con lo de "Infusión".

Notaron que era sincero y, por primera vez conmovido y como Michael Caine en "Children of Men", mi médico me dijo:

—No. Solo siga siendo un buen paciente.

Los pacientes somos el camino del tratamiento, no los protagonistas. En la sala de espera comenzaba a conversar con otros pacientes y me daba cuenta de que, a pesar de todo, era afortunado por lo "bien" que estaba tolerando el tratamiento. Podía seguir así. Ya incluso había creado mis propias y nuevas rutinas. Empezaba a descubrir la verdad en esa genial frase de Dostoyevski: "El hombre es vil, a todo se acostumbra".

En otras palabras, había alcanzado mi "nueva normalidad".

CAPÍTULO 10

EL PAN DE CADA DÍA

Don't stay in bed unless you can make money in bed.

GEORGE BURNS

C uriosamente, las enfermedades crónicas o los tratamientos largos tienen muchas sorpresas diarias, sin embargo, en el amplio espectro, hay poco que reportar. Todo se va volviendo rutina, hasta los malestares. A pesar de ello, muchos amigos llamaban constantemente y se alegraban cuando les decía que no había ninguna novedad. Julio Cabello lo hacía todos los miércoles, ya que sabía que ese era el día que recibía quimio en el hospital. Michel Vega, José Vicente Scheuren, Mary Black, Sebastián Jiménez, Emilio Lovera, Borja Voces, Emiliano Hernández, Alejandro Pimentel, Pilar Urrutia y Jerry Benavides, (quién me sigue llamando El Llanero Solitario, por lo de "Quimiosabe") lo hacían al menos cada dos semanas. Otros como Eli Bravo, Nani Echeandia y mi cuñada May De La Rosa preferían hacerlo escribiéndole a Ilse. Amigos que fueron cercanos en otras épocas de mi vida, como Santiago Levín, Carlos Lamus, José Félix Luzón y José Edelstein, se volvieron a acercar. Incluso artistas con los que coincidí por trabajo en diversos momentos, como Javier Poza, Rafa Araneda y Miguel Varoni, una vez se enteraron de mi diagnóstico, se tomaban el trabajo de escribirme cada tanto para ver cómo seguía. Mi hermana Andrea, que vive en Argentina y a quien no había visto en seis años, finalmente viajó a Miami para verme, no una sino dos veces. Mi hermano Andrés, que tenía varios negocios en Miami, aprovechaba sus viajes para visitarnos constantemente. Otro Andrés, Andrés González y Candice, su esposa, que además de buenos amigos eran vecinos, se aparecían cada tanto con cajas con comida congelada de un lugar que nos encantaba para que no tuviésemos que cocinar. Alejandra Espinoza me mandó siete rompecabezas como para que estuviese ocupado a lo largo de todo el tratamiento. Tengo la suerte de que la lista sea larga y de que falten muchos por nombrar. Aunque a veces no tenía la energía para ponerme a hablar con ninguno y no les atendía la llamada, su solo nombre en la pantalla del teléfono o en un mensaje de WhatsApp me hacían sentir acompañado.

Los días empezaban a ser previsibles y empecé a establecer nuevas rutinas. Trabajaba en las mañanas y al final de la tarde; a la hora del almuerzo, veía un episodio de una serie. A la tarde, leía y descansaba (es decir, dormía) un rato y, tempranito a la mañana, salía a caminar, actividad en la que constantemente me encontraba a vecinos que antes me veían corriendo.

—Me están haciendo un tratamiento y por un tiempo no voy a poder correr —explicaba.

—Bueno, tampoco es que el mundo del atletismo va a sufrir una gran pérdida —me recordaron con mucha razón un día.

Verlos correr me ponía nostálgico, pero también me daba ánimos. "Pronto también voy a volver a correr", me repetía hasta convencerme.

Mi entorno también se iba adaptando. Las primeras semanas traté de "ser sano". Dejé los dulces y cualquier comida que supiera no fuese particularmente sana. Mi intención era hacerlo de allí en más, el detalle es que cuando los tratamientos se van alargando y no puedes beber para no sobrecargar al hígado, o ir a la playa porque las medicinas pueden hacer que te salgan manchas permanentes por el sol, o ir a cines, teatros o restaurantes porque no tienes defensas por si te agarra un resfriado, la comida y las pantallas se convierten en refugio, consuelo y, a veces, también en placer. De paso, como me seguían dando esteroides dos veces por semana porque en teoría ayudaban a que una de las medicinas (Valcaid) hiciera mejor efecto, cuando no estaba con "maluquera", estaba con hambre. El resultado fue que, contra todo pronóstico, empecé a aumentar de peso.

—¡Qué bien! —me decían las enfermeras luego de que la balanza gritaba mi aumento al resto del piso.

—No, no "que bien". Ya la ropa no me queda.

—No piense en eso. Que esté fuerte es bueno.

—Ser gordo no es lo mismo que estar fuerte.

Dr. Michaelcaine no solo no parecía preocuparse, sino que además me dijo que no valía la pena luchar contra los esteroides porque esa batalla sí la iba a perder y agregó que tenía una historia divertida sobre eso. "En realidad —aclaró—, tengo muchas historias divertidas". En todo caso, la que me tocó escuchar estaba relacionada con la época en la que su hijo estaba en la universidad (¡Stanford!) en la que le tocó compartir habitación en una residencia donde había muchos atletas y todos se metían esteroides.

—En esos tiempos, eso era normal y no era delito —aclaró—. El punto es que mi hijo empezó a tomar esteroides también y la primera vez que regresó a casa después de haberse ido estaba hecho... ¡un monstruo!

Para ilustrarlo mejor se infló los cachetes, con lo que tanto el médico como su asistente estallaron en carcajadas. Definitivamente estábamos en dimensiones del humor diferentes. Por otra parte, como era la primera vez que los veía tan divertidos no me atreví a llevarles la contraria y hasta traté de reírme yo también. Luego de tomar aire, agregó:

—En todo caso, en este momento, que subas de peso no nos preocupa.

Claro que el problema no era nada más el peso, sino una hinchazón general. Aunque todo el mundo me decía que me veía fantástico porque "no parecía que tuviese cáncer", en las fotos empezaba a no reconocerme. Los ojos estaban hinchados (al igual que el resto de mi persona), mientras mi cara y mi cintura se iban poniendo circulares. Aun así, Ilse y yo manteníamos el consuelo de la comida. Mi prioridad eran aquellas cosas como, por ejemplo, los sorbetes de limón que me quitaban la "maluquera" y me daban felicidad. No fue hasta muchos meses después cuando descubrí que en los tratamientos que no tienen un final cierto, no es conveniente dejarse llevar por los antojos por muy atractivos que parezcan. Pero no nos adelantemos.

En esta etapa conocí a un nuevo médico a quien para que no queden dudas de cuál será su papel, llamaremos Dr. Fémur, quien como podrán intuir es uno de los traumatólogos del MCI. El doctor llegó con una asistente que era idéntica a una bailarina que solía estar en nuestros shows, que a su vez tenía una hermana gemela que también era bailarina. ¿O serían trillizas y esta era la tercera? En cualquier caso, el parecido era insólito. Mientras yo iba pensando todas estas estupideces, Dr. Fémur iba haciendo consideraciones muy importantes sobre mi pierna, dado que ya había estudiado a fondo tanto mi resonancia como mis placas.

—¿Alguna pregunta? —quiso saber luego de una explicación que me había perdido y de la cual no tenía a quién preguntar.

—Sí —dije, pero mirando a la asistente—, ¿tú por casualidad no tienes unas hermanas o unas primas o algún pariente que son bailarinas?

Considerando la pregunta, el doctor volvió a revisar el MRI como para asegurarse que mi cáncer no estaba también en el cerebro, mientras la asistente, extrañada, me respondía que no.

—Me refería a si tienes alguna pregunta sobre el procedimiento que te haríamos —aclaró Dr. Fémur.

—¿Procedimiento?

Ahí fue que me di cuenta de que, aunque ya no estuviese cojeando, mi fémur derecho tenía un hueco importante en el medio que lo hacía muy débil. Para el especialista tenía un 50 % de probabilidades de quebrarse y, por ello, pensaba que había que poner una viga de titanio dentro del hueso para evitar que eso pasara.

—¿Y en la medida en la que yo mejore eso no podría irse arreglando también?

—A lo mejor sí, a lo mejor no. El problema es que mientras eso no pase vas a tener un riesgo alto de fractura. Es un procedimiento sencillo, aunque como toda intervención, tiene sus riesgos porque hay que tocar músculos y en casos muy, pero muy raros, no se pegan igual y podrías quedar con una mínima cojera.

—Cuando pase por los detectores de metales en los aeropuertos, ¿voy a sonar?

—Sí. Seguramente te van a hacer pasar por el lugar donde te escanean, pero tendrías la seguridad de tener una pierna fuerte.

Le dije que lo iba a pensar, entendiendo por tal cosa que iba a hablarlo con Dr. Michaelcaine, quien me respondió con un rotundo "No".

—Que te operen implica interrumpir el tratamiento justo cuando lo estamos terminando. Yo no creo mucho en eso de los porcentajes. Sigue teniendo cuidado.

Su seguridad inspiraba seguridad. Y, milagrosamente, en todo ese tiempo no me había caído ni una vez. Quien quita y lograba mantener el récord unos meses más.

Por otra parte, a medida que en mi entorno disminuía la sorpresa y comprobaban que seguía siendo un ser humano funcional, pasé a tener un papel nuevamente activo en mi trabajo. En principio, la necesidad más urgente venía de parte del reality NBL o Nuestra Belleza Latina. La experiencia me enseñó que además de saber escribir bien, un escritor de variedades tiene que ser alguien con quien estés dispuesto a pasar muchas horas de tu vida. En otras palabras, son compañeros de trabajo con los que vas a compartir tanto tiempo que no deberían tener un estilo de vida que te espante demasiado. Una vez, por ejemplo, me tocó despedir a un buen escritor porque a media tarde le daban "ataques de sueño" como al gato Garfield y sacaba un colchón inflable de su mochila y unos tapaojos, se insertaba tapones en los oídos y se acostaba a dormir en medio de la oficina. El problema no era que él no trabajase durante ese tiempo, sino que nadie más podía hacerlo porque, además de distraer, roncaba.

Pero me distraigo yo. A lo que quería llegar era a que en los programas de competencias o los realities, los horarios de trabajo están en un lugar a medio camino entre lo desconocido y lo improbable, lo que obligaba a reuniones y correcciones en los momentos menos pensados. Y, aunque el equipo trataba de "molestarme" lo menos posible, como seguía sintiendo que ellos eran mi conexión con una realidad más grata, trataba de mantenerme pendiente de cuánto pasaba.

El otro show que sucedía de manera casi que simultánea era el Latin Grammy, un evento especialmente complicado porque allí, no solo hay que responder con las expectativas del canal, sino también con las de la Academia Latina de la Grabación, que no siempre son las mismas. Así, por ejemplo, mientras unos esperan excelencia, otros esperan ratings. En un mundo ideal, lo excelente debería tener una gran audiencia, pero el solo hecho de que yo tenga cáncer nos indica que el mundo no es ideal. Al menos no para mí. La gran ventaja que tenía aquí era, en primer lugar, que contaba con César Muñoz, Sandra Aragón, Manuel Álvarez Justo y Gabo Ramos, salvo Gabo que se unía por primera vez, los demás ya me habían acompañado en otros Latin Grammy y conocían perfectamente la dinámica tanto de Univisión como de la Academia. De paso, José Tillán, el Productor Ejecutivo de ese show, además de ser un tipo sensible y creativo, es ligeramente hipocondríaco, cosa que en este caso actuaba a mi favor, ya que mientras el Covid estaba presente, él hacía todo lo que podía desde su casa, con lo que durante varias semanas el hecho de que yo no estuviese yendo a la oficina ni siquiera se sintió. Todo se acomoda; nadie es imprescindible.

Como venía sucediendo desde hacía ya muchos años, la entrega del Latin Grammy se haría en Las Vegas y yo me preguntaba si para ese momento (mediados de noviembre) podría viajar. Con su tendencia a no querer dar nunca malas noticias, Dr. Michaelcaine no llegaba a decir del todo ni "sí" ni "no".

—¿Dónde va a ser eso?

—En Las Vegas.

Apretó los labios.

—¿Y cuántos días?

—Usualmente nos vamos por unos diez días, pero si usted considera yo iría por menos.

Ahora, además de apretar los labios, frunció la frente

—Vamos a ver... —decía con un suspiro.

—Pero obvio que va a ser "no" —me fue advirtiendo Ilse.

Algo me hacía negar esa posibilidad. Se supone que yo estaba muchísimo mejor, ya no cojeaba y, en palabras nada más y nada menos que del Dr. Michaelcaine, estaba teniendo una "mejora dramática". De todas maneras, al final Ilse tuvo razón.

—El peor lugar al que podrías ir cuando tienes el sistema inmunológico débil es el Strip de Las Vegas —me dijo el médico.

Aparentemente el único que tenía expectativas diferentes era yo, ya que cuando se lo dije a la gente de mi oficina nadie se sorprendió.

—Menos mal que fuiste tú el que dijo que no venía, porque si no te lo hubiésemos tenido que decir nosotros —fue la respuesta de Nacho.

Aun así, tuve la suerte de poder participar en casi todas las reuniones. Los anfitriones de ese año fueron los mexicanos Ana Brenda Contreras y Carlos Rivera, además de la puertorriqueña Roselyn Sánchez. Con todos había trabajado antes y cada uno de ellos había sido anfitrión del Latin Grammy al menos en una oportunidad previa, cosa que simplificaba aún más todo el proceso. Ana Brenda, antes de salir a dar la bienvenida el día del evento, tuvo la delicadeza de mandarme un mensaje diciéndome que me dedicaba el show. Ya propiamente durante la transmisión, logré conectarme al *prompter* y hacer los ajustes que iba pidiendo Producción en vivo. Lo que hicimos fue que, cada vez que yo cambiaba algo, le sacaba una foto a la pantalla y se la enviaba al resto de los escritores que iban corriendo de un lado a otro para compartirla con los anfitriones o los presentadores de manera de que el *prompter* no los sorprendiese con algo que no conocieran. La estrategia funcionó.

También en esos días se hicieron presentes los productores que esperaban las propuestas para los programas de los peloteros dominicanos y para la diva mexicana que, aunque los menciono al mismo tiempo, eran entidades diferentes. Aunque en un principio ambos me dijeron que me tomase el tiempo que fuese necesario y que, a pesar de mi sugerencia, se negaron a la posibilidad de buscar otro escritor, a medida que pasaban las semanas, empezaron a preguntarme si ya podían pedirme fechas estimadas de entrega. Con cada uno fui cumpliendo y me sentía agradecido cuando, a la hora de criticar o pedir cambios, me trataban con naturalidad y la sangre fría que siempre los había caracterizado. Yo era el primero en decir que a la audiencia no le importa si cuando estábamos grabando algo nos duele la barriga o si se nos acaba de perder el perro. El entretenimiento es implacable.

Así llegué a Thanksgiving o Día de Acción de Gracias, una fecha que siempre me gustó porque me parece que tener una celebración solo para agradecer es el equivalente a hacer una pausa maravillosa que obliga a contemplar todo lo que nos rodea con ojos más amables. Sin embargo, en este año en particular, me preguntaba si realmente tenía razones para sentirme "agradecido". Pues sí, la quimio parecía estar funcionando y, lo mejor de todo, seguía vivo. Sin ir más lejos, todo indicaba que iba a estar bien, pero... ¿no hubiese sido mejor que no me diera cáncer? Siempre me molestó el dicho de "Todo lo que viene, conviene" o, peor aún, el que reza que "Todo pasa por algo". Una cosa es que de cada evento se puede sacar un aprendizaje y otra muy diferente pensar que todo lo que pasa, en el fondo, es bueno. No me imagino, por ejemplo, a los generales franceses tratando de venderle a Napoleón la "buena noticia" de que perdieron en Waterloo.

—Imagínense todas las lecciones que estamos sacando de esta derrota —le diría alguno de sus comandantes.

Napoleón, por un instante, se olvidaría de su úlcera, se sacaría la mano de la boca del estómago y la daría una sonora bofetada al imbécil que habló.

—Espero que hayas sido el único que pensaba así. ¿No te das cuenta de que ahora ya no tenemos futuro?

—Se equivoca, Emperador. Estoy seguro de que en el futuro el Duque de Wellington, aunque nos haya vencido, no será sino una forma más o menos original de preparar un lomito, mientras que su nombre sobrevivirá como un delicioso brandy. Es más, ese sombrero del que tanto nos burlamos será un símbolo que lo identificará por siempre.

—¿Cómo dice? ¿Quién se burlaba de mi sombrero?

—Con todo el respeto, Emperador, acaba de perder más de un tercio de sus tropas, ¿le parece que es momento de señalar a unos pocos inocentes? Además, piense que luego de esta derrota, Europa tendrá un largo período de paz —diría el comandante que, al igual que yo, trata de cambiar de tema.

El punto es que una cosa es aprender de un evento negativo y a partir de allí hacer todo lo posible porque no se repita, y otra muy diferente pensar que todo tiene su lado positivo. Ciertos eventos como el Holocausto, el calentamiento global o cualquier reality de los Kardashians simplemente no son redimibles. Lo anterior no quiere decir que no podamos ser optimistas y pensar que todo puede mejorar. En ese sentido, yo sí me sentía (y me sigo sintiendo) agradecido por mi familia y porque hasta ese momento el tratamiento al que estaba siendo sometido estaba teniendo buenos resultados. Mi batalla seguía siendo por tratar al cáncer como una circunstancia y no como una condición que define a quien la padece. No somos y nunca seremos el cáncer. Con nuestras virtudes y defectos, para bien o para mal, con o sin enfermedad, siempre seguimos siendo nosotros. No hay excusas.

Antes de concluir el año me faltaba un último evento: el Teletón USA, un maratónico que los primeros años era de veintisiete horas, pero que desde hacía unos cinco era de "apenas" diecisiete, que busca recoger fondos para mantener un centro de rehabilitación infantil ubicado en San Antonio, Texas. Este tipo de programa, tradicionales en América Latina y particularmente exitoso en Chile, donde se inició, tienen una meta monetaria hacia la que se avanza muy, pero muy lentamente, a lo largo de las primeras horas y que va mejorando con el pasar de la jornada. Esa tónica nunca cambiaba, pero no por ello dejábamos de empezar a las diez de la mañana para concluir a las tres de la madrugada del día siguiente con todo el equipo exhausto y la esperanza de una celebración. En mi experiencia en el Teletón USA, hasta ahora solo una vez no alcanzamos la meta.

—¿Qué va a pasar ahora? —me aterré—, ¿los niños van a tener que comer salteado?

—Por supuesto que no —me aclaró Fica Soriano, la directora ejecutiva de la Fundación Teletón USA—. Vamos a seguir trabajando a lo largo del año para buscar otros medios y nos iremos ajustando para el año que viene.

Confieso que siempre tuve mis diferencias con el formato del Teletón. Me parece demasiado largo y repetitivo. Más de una vez sugerí tratar de modernizarlo.

—Busquemos otras formas, como el "Ice Bucket Challenge" que se hizo para el ALS[29] o hagamos programas trimestrales de cuatro o cinco horas en diferentes ciudades tratando de recoger un poco menos, pero poniendo a competir a una ciudad contra otra. Por ejemplo, hacemos el primero en Nueva York vemos cuánto recogemos allí y en el siguiente, digamos en Chicago o Los Ángeles, decimos: "En el pasado en Nueva York recogimos tanto, ahora tenemos que superar ese monto". Y así sucesivamente.

Fue la animadora y veterana en los Teletón de México y Estados Unidos, Galilea Montijo, quien me sacó de mi ilusión.

—Ay, Sergito, no estás entendiendo nada —me dijo—. La gente empieza a donar no porque se dé cuenta de que falta poco tiempo, sino porque ve cómo estamos de hechos mierda nosotros. Por eso es que tú ves que en los períodos de descanso que me dan yo no me acuesto a dormir ni me maquillo demasiado. Porque cuando ven que aunque estemos agotados seguimos echándole ganas, es que se dan cuenta que de verdad estamos comprometidos. Ahí es cuando se les afloja el corazón... y la cartera. Tu propuesta está muy bonita y muy moderna y todo eso, pero... Es pa' otra gente, mi *Serge*.

Antes de que concluyera el año, Univisión me sorprendió con un bono que se le daba a aquellos empleados que se hubiesen destacado en sus responsabilidades. Ulises Chang, el Productor Ejecutivo de gran parte de nuestros *shows* en vivo, me había nominado diciendo que "mi actitud, tanto personal como profesional, era un ejemplo para toda la empresa". Aparentemente, mi disposición de hacer lo mismo, acompañado de la

---

[29] Siglas de "Amyotrophic Lateral Sclerosis" (en español Esclerosis Lateral Amiotrófica) que, de más está decir, la mayoría de la gente que contribuyó sigue sin saber lo que significa.

intención de "seguir siendo yo" y la fortuna de no morirme, era una inspiración para otros.

Con la llegada de las fiestas, Ilse, que es la persona más navideña que existe, se las arregló para que celebrásemos, aunque mi baja inmunidad implicase que tuviese que seguir en aislamiento. Lo bueno es que teníamos lo que necesitábamos. Aurora estaba de vuelta luego de su primer período universitario. Eugenia, luego de su descalabro amoroso y del desencanto que le había dejado el Sarah Lawrence College, en Nueva York, había decidido retomar las riendas de su vida. Lo demostró cuando bajó todo el peso que había subido durante la pandemia en tiempo récord y retomó los estudios inscribiéndose y siendo aceptada en la Florida International University. Era como si todo estuviese recuperándose. Como para comprobarlo, en los primeros días del siguiente año toqué mi segunda campana, ahora celebrando la conclusión de mi cuarto y último ciclo de quimioterapia. Hasta el técnico que me hizo la biopsia de médula me felicitó.

—Las células cancerígenas se redujeron a 0,004% —dijo un exultante Dr. Michaelcaine.

—¿Y en cuánto estaban?

Esta vez habló algo incómodo, como si tuviese que confesar algo que no había querido decir.

—Tu médula estaba comprometida en más del 80 % —dijo por fin—. Yo te di el tratamiento máximo pensando que, aunque más adelante tuvieses efectos secundarios severos y te lo tendría que reducir, tenía que aprovechar el momento en el que te veía fuerte. Pero nunca te quejaste, así que lo mantuve.

Empezaba a entender por qué Dr. Michaelcaine no había querido entrar en detalles y siempre actuaba con tanto sentido de urgencia. Luego de esta confesión, me mostró un gráfico que indicaba la abrupta mejora que había tenido. La línea hacía una bajada digna de una buena montaña rusa y luego se mantenía muy cerca de la línea que los matemáticos llaman el "Eje de las Abscisas"[30].

—A partir de este momento yo dejo de ser tu médico y quien pasa a ser el director de orquesta es el encargado del trasplante —me dijo Dr. Michaelcaine—. Él tiene que estar pendiente de ti por un año, porque durante ese período todos los tratamientos tienen que estar en función del trasplante. Después, volverías a mi consulta.

Sentí que estaban terminando conmigo. Solo le faltó agregar que durante ese tiempo íbamos a "seguir siendo amigos".

—¿Y no lo voy a ver por todo un año? —alcancé a decir.

—Y cuando vuelvas va a ser muy cada tanto porque va a ser solo para control. Estás bien.

Nos dimos la mano, acto que, en el contexto del Covid, tenía una significación muy especial porque nunca lo habíamos hecho, y nos despedimos. Lo vi alejarse, sí, como a Michael Caine en *The Dark Knight Rises*, con lágrimas en los ojos.

Más allá de todo, ahora sí me sentía agradecido. Infinitamente agradecido. Y poderoso. Y pleno. Me di cuenta de que por primera vez en muchísimo tiempo no tenía miedo. El cáncer había dejado de ser una amenaza y se había convertido en un recuerdo. Esa noche, Ilse y yo nos abrazamos y así, descansados y enamorados, por fin, dormimos.

¡Qué bonito sería terminar esta historia aquí! ¡Qué ganas dan de escribir "Fin" y dejar que haya una realidad que concluya justo en ese instante!

No hace muchas páginas dije que la decisión de terminar una historia depende absolutamente del autor, por lo que esta decisión podría

---

[30] O sea, la horizontal.

justificarse. Pero estaría engañándolos a ustedes y a mí mismo. Conmigo tengo confianza, pero a ustedes recién empiezo a conocerlos y los respeto. Decirles que no hay nada más que contar sería mentirles y crearles unas expectativas falsas para una enfermedad muy real. Porque, como pudimos comprobar a los pocos días, mi aventura con el cáncer no había concluido. Es más, la parte más compleja ni siquiera había comenzado.

INTERMEDIO

¿LA MEJOR MEDICINA?

Struggle is the enemy but weed is the remedy.

KID CUDI

ADVERTENCIA: A lo largo de este capítulo me estaré refiriendo a las personas que me rodeaban como "un amigo" o "una amiga", no porque no me sepa sus nombres, sino por razones de privacidad.

D esde que se enteraron de que estaba cojeando y luego de saber que tenía cáncer, gran parte de mis amigos cercanos se obsesionaron con dos permisos que *tenía* que sacar cuanto antes: el de discapacitados para mi carro y el que permite comprar marihuana medicinal en el estado de la Florida.

En el caso del primero debo reconocer que era un gesto generoso de su parte. Si íbamos en coche a cualquier sitio, luego de estacionarnos y mientras cojeaba hasta el lugar al que íbamos invariablemente me preguntaban qué estaba esperando para sacarme el permiso.

—Se supone que la cojera va a pasar.

—Sí, pero hasta entonces qué. Yo siempre quiero estacionarme en esos puestos.

—Entonces sácate el permiso tú.

—¡Yo no cojeo! Piensa cuando vayas a la playa y estén todos los puestos ocupados, menos el de los discapacitados.

—No puedo ir a la playa.

—Entonces piensa en cuando Ilse vaya a la playa. O cuando vaya yo. Es más, una vez tengas el permiso, te alquilo el carro los fines de semana.

Afortunadamente, esta insistencia no duró mucho en primer lugar, porque dejé de cojear y, en segundo, porque durante el tratamiento prácticamente no salía, así que no se daban cuenta. En cambio, lo de la marihuana medicinal pasó a ser un tema inevitable y recurrente. Uno llegó al extremo de mandarme estudios en donde se citaba a otros estudios que habían demostrado que la marihuana no solo ayudaba con los síntomas, sino que en ocasiones había reducido el tamaño de los tumores.

—¿No entiendo qué carajo esperas? —me dijo uno ya claramente molesto.

Buena pregunta. Sobre todo, porque no tengo absolutamente nada en contra de la marihuana. No me gusta fumarla, pero porque no me gusta fumar nada entre otras razones porque, aunque sea un viejo, cada vez que lo hago toso y termino molesto y con dolor de cabeza. Con los comestibles la cosa era diferente porque, en principio, me gusta todo lo que venga en gomitas (vitaminas, fibra, melatonina, nazis... lo que sea), pero en mi circunstancia donde estaba alejado de situaciones sociales iba a terminar usándola solo y en mi casa lo cual me parecía, entre muchas otras cosas, depresivo.

Por otra parte, mi relación con la marihuana y otras drogas fuertes es bastante menos cercana de lo que mi trabajo y estilo de vida pudieran sugerir. Como le sucede a cualquier persona —especialmente si trabaja en los medios—, las drogas siempre estuvieron presentes, pero en mi entorno inmediato lo que siempre había era alcohol. Y cuando hablo de alcohol, hablo de cantidades épicas de alcohol. Voy con un ejemplo para que entiendan mejor a qué me refiero.

Corría el año 2004, en Caracas, Venezuela. Radio Rochela, el programa de *sketchs* para el que escribía desde hacía nueve años y del que era Jefe de Escritores desde hacía cuatro, cumplía cuarenta y cinco años ininterrumpidos al aire. Lo celebramos haciendo un show en vivo en un gran salón del Hotel Caracas Hilton. La idea era hacer el programa y, una vez concluido, quedarse allí para celebrar. Para este evento, fue toda la plana ejecutiva del canal y varios invitados especiales. Digamos que había unas ciento cincuenta personas. Exageremos, digamos que eran doscientos cincuenta personas. Carlos Lamus, el Productor Ejecutivo del programa y el encargado del evento, dio instrucciones para que no se sirviera alcohol hasta que terminase la grabación, es decir, hasta las nueve de la noche. A partir de ahí, iba a haber música y, para la bebida, había comprado doce cajas de *whisky* Etiqueta Negra. Supongamos que, aprovechando el tipo de evento, el servicio de catering se robase una caja. Es más, digamos que se robaron dos y que, para las nueve de la noche, quedaban "apenas" ciento veinte botellas para este grupo de doscientas personas. A los cuarenta minutos Carlos tuvo que mandar a comprar más whisky porque las botellas se habían acabado. Y nadie se extrañó. No en vano Venezuela es el primer consumidor de whisky premium del planeta... y un par de actores de la Rochela murieron de cirrosis hepática. Recuerdo incluso que, mientras campaneaban su trago, era normal escucharlos decir: "No, yo no me meto drogas porque eso es malo".

—Pero estás tomando whisky.

—Bueno, sí, pero esto es un "whiskycito". Es medicina, para la tensión.

El humorista Emilio Lovera lo expresa de manera genial cuando explica que las casas en Venezuela no necesitan botiquín de primeros auxilios porque para eso tienen un bar. Pero mejor dejo que lo cuente el mismo Emilio:

> *En principio, el venezolano nombra en diminutivo todas las cosas a las que les tiene cariño y a las que le quiere quitar cualquier tipo de peligrosidad. O sea, uno no puede decir una botella de ron porque suena muy rudo, pero "un roncito" es aceptado hasta por la mujer de uno. Aunque te tomes dos botellas siempre vas a decir que "me estaba tomando un roncito... o un whiskycito". Nosotros no es que decimos "salud" para brindar y ya. No. El alcohol es salud. Para el dolor de*

cabeza nos tomamos una cervecita, para una subida de tensión un whiskicito, para una baja de tensión un brandicito o un roncito. Para problemas intestinales, un anicito. Si se siente ahuevoneado, un vinito Sansón. Si tiene frío, un vinito tinto. ¿Dolor de huesos? Un vodkita. ¿Resfrío? Roncito con limón y miel. ¿Mocos? Un brandycito. ¿Te duelen los riñones? Una ginebrita o una cervecita. Las viejas para las várices se echan un aguardiente San Tomé con marihuana. Y si no quieren beber un coño, les das un Ponche Crema.

En cualquier caso, amparado en que la marihuana también se trataba de una medicina, decidí sacar el tema con alguien que me temía fuese particularmente conservador al respecto: Dr. Michaelcaine. Al principio, traté de parecer casual.

—Me dicen que una de las... —¿digo "medicinas", digo "drogas", digo "tratamientos"?—, "cosas", que más ayudan con los efectos secundarios del tratamiento es la marihuana.

Dr. Michaelcaine me miró extrañado. Incluso diría que había cierta decepción en su mirada.

—Me acabas de decir que no tienes grandes efectos secundarios.

—Yo y mi bocota —me dije a mí mismo. Pero lo que le dije al médico fue:

—Bueno, no, *todavía* no los tengo.

—¿Y qué tal si esperamos a tener los síntomas primero?

—Lo que pasa es que tengo un gusto amargo en la boca. No es mucho, pero...

No llegué a completar la frase. El médico esperó un rato. No recuerdo un silencio más incómodo. Finalmente, con la boca seca, decidí terminar de arriesgarme.

—Es que me comentaron de ciertos estudios en donde dice que la marihuana ayuda a reducir el tamaño de los tumores.

—¿Qué? No.

—Lo que pasa es que...

—No.

—Incluso un amigo me dice que...

—No, no —interrumpió. Y por si no me quedó claro, agregó—: No. ¿Alguna otra pregunta?

No volví a sacar el tema, pero como tampoco me iba a quedar con la duda, al salir me fui a una de las oficinas de un profesional que había escrito muy grande en un letrero en la puerta: "Marihuana Doctor". El lugar estaba absolutamente impecable y completamente vacío. Lo primero que noté es que, solo con el olor que había en la recepción, si pasaba más de cinco minutos allí me iba a drogar absolutamente gratis. Por fin, de algo que estaba al fondo, apareció un joven que podría haber sido mi hijo, pero que me trató como si el menor de edad fuese yo.

—Esto es un consultorio médico —me dijo.

—Eso leí, sí. Quería saber cómo era el proceso para sacarse el permiso de marihuana medicinal.

El joven suspiró largamente para luego mirarme con cara de profundo fastidio. Saqué la carta que nunca falla.

—Lo que pasa es que hace poco me diagnosticaron con cáncer y estoy en pleno tratamiento.

Éxito inmediato. El joven cambió la cara de "te odio" por la que la mayoría de la gente pone cuando ve un cachorrito, una mezcla de ternura con lástima y alegría, esta última porque sabía que yo iba a ser un buen cliente. Espero.

—Yo hablé con mi oncólogo, pero...

—No, no —me interrumpió—, este permiso no lo da un oncólogo sino un médico autorizado por el Estado de Florida. Es muy sencillo, necesitas dos permisos: uno es del Estado y cuesta ciento cincuenta dólares por ocho meses, y otro es la consulta con el médico, que cuesta ciento setenta dólares y es válida por seis meses. Las dos cosas te las puedes sacar aquí, pero para la consulta necesitas hacer cita. En general, el doctor viene los sábados y a veces los jueves. Si no puedes hacer cita, no hay problema, igual puedes venir el sábado, aunque quizás te toque esperar un poquito.

Toda la información era muy eficiente, pero me quedé pegado en el tema de los meses.

—¿Por qué los permisos se vencen en tiempos diferentes? ¿No se puede pagar un extra y que ambos sean por un año?

—No. Ese es el acuerdo que hay en el Estado de la Florida. Si me preguntas a mí te diría que es para hacer negocio.

"Qué bueno que no pienso preguntarte", pensé. Quise asegurarme el tema de los costos. El chico se olvidó de su empatía y me volvió a tratar como a un niño. Agarró una tarjeta y escribió atrás cada cifra con números grandes mientras repetía lentamente lo que iba poniendo: "Per-mi-so $150 / Con-sul-ta $170. To-tal 320 dó-la-res".

Le expliqué a mis amigos que, considerando mis hábitos previos, me salía mucho mejor mantener mis métodos de consumo normales y esporádicos, donde escasamente llegaba a gastar cuarenta dólares en un año.

—No sabes lo que estás diciendo —me dijo uno—. La calidad de la marihuana medicinal es otra cosa. Es muchísimo mejor.

—Son gomitas, ¿qué tanto me voy a dar cuenta de la calidad? Es como tratar de reconocer un vino en un vaso de sangría.

—Ay, Sergito, tú no entiendes nada —dijo al mejor estilo Galilea Montijo.

—¿Para qué quieres que entienda? Sácatela tú. Dices que sufres de migraña y ya.

—Lo que pasa es que pensaba sacarme un permiso para porte de armas y creo que si tienes lo de la marihuana medicinal no te lo dan. ¿Sabes qué? Ve. Yo te lo pago.

Y sin más me hizo la transferencia por Zelle.

Así pues, amparado en el Compassionate Use Act (Acta de Uso Compasivo) que permite la venta de marihuana para "residentes de Florida que sufran de cáncer o epilepsia", hice la cita y me presenté un jueves en el local. Cuando llegué, era la única persona que había llamado previamente, por lo que me dijeron que me iban a pasar de primero "una vez llegase el médico".

Mientras esperaba llegaron unas tres personas más. Lo que más me sorprendió, era que yo era el más joven de todos los que se encontraban allí. Y como para terminar de subir el promedio veo que se acerca hacia la puerta un viejo a quien voy a tratar de describir usando las palabras más apropiadas posibles. Digamos, para empezar, que estaba absolutamente hecho mierda. Llevaba un bastón colgando del antebrazo (en lugar de usarlo para apoyarse dada la clara evidencia de que lo necesitaba) porque las manos las tenía ocupadas abrazando tres vasos de metal de diferentes tamaños. La joroba era tal que estaba a pocos años de poder hacerse su propio felatio y la cabeza tenía más manchas que un dálmata. "Pobre viejo —pensé—. A este sí que necesitan sumergirlo en marihuana a ver si llega, aunque sea a las seis de la tarde". Entre conmovido y preocupado, me apresuré para abrirle la puerta para ayudarlo a entrar, cosa que me agradeció con una muy amable sonrisa. Ya una vez adentro, el joven se apuró a saludarlo.

—¡Doctor, por fin llega! ¡Hay muchísimos pacientes! —le dijo.

Sí, ese era el doctor. Le indicaron que yo era el primero y me pidió que lo siguiera mientras se acomodaba. Lo hice y entramos a un cuarto donde él se sentó detrás de un inmenso escritorio mientras le daba los *containers* al joven y le explicaba que, "como siempre", quería uno con agua con hielo, otro con agua sin hielo y el tercero con café. El muchacho se despidió llevándose todo y le di algunos minutos al viejo para que, luego de tantas frases seguidas, recuperase el aire. Los usó sabiamente mientras simulaba acomodar algún papel que estaba sobre su escritorio. Finalmente, me explicó que él tenía veinte años de experiencia como médico familiar, quince como médico de adicciones y que por eso se encargaba de entrevistar a las personas que buscaban este tipo de permisos. A menos que tuviera otros cuarenta años de experiencia en otra profesión, los números no cuadraban. A lo mejor se estaba quitando edad para impresionarme. En lugar de preguntar más, lo dejé ser. Yo empecé a sacar los papeles que había llevado, cosa que pareció impresionarlo mucho[31].

—Yo estoy diagnosticado con Mieloma Múltiple. Aquí tiene mi agenda de las quimioterapias, los exámenes que me han hecho y mi diagnóstico por el Miami Cancer Institute.

El viejo se llevó la mano al pecho y se le aguaron los ojos, mientras decía "¡No puede ser!". Puso su mano sobre la mía. Por un instante, los dos temblamos al unísono.

—Lo siento mucho. No necesitas mostrarme ningún otro papel. ¿Cómo te llamas?

Le mostré el nombre que aparecía en los papeles.

—Sergio Jablon.

Me soltó y con mano temblorosa anotó mi nombre en una agenda.

—Ser-gio Ja-blon... —repitió. Luego me miró a los ojos—. A partir de este momento vas a estar en mis oraciones.

Lo amé.

Luego anotó un número de teléfono en una tarjeta y me dijo que lo podía llamar cuando quisiera, ya sea que tuviese cualquier consulta del cáncer o de lo que sea.

—Simplemente pregunta por Dr. Beat.

—¿Dr. Beat?

—No, no. Dr. B.

---

[31] Ahora que lo pienso yo era la única persona en la sala de espera que estaba llevando una carpeta. Y que además tenía un libro para leer mientras esperaba.

La plancha y el cansancio lo habían traicionado y gracias a ello, la letra "B" a la que se refería, que en inglés, el idioma en el que estábamos hablando, suena "Bi", se había convertido en "Beat". La canción de Miami Sound Machine que ni siquiera estaba al tanto de que me la sabía, entró en mi cerebro y no se fue más. Mientras el adorable doctor seguía explicándome cosas seguramente importantísimas yo solo escuchaba:

> *Doc, doc, doc, doc, Dr. Beat*
> *Won't you help me, Dr. Beat?*
> *Doc, doc, doc, doc, Dr. Beat*
> *Won't you help me, Dr. Beat?*

—No te preocupes —me decía mientras sacaba unas planillas—. Yo voy a llenar esto por ti. No quiero que te canses.

—No hace falta, doc, doc, doc... Perdón, no hace falta, doctor, yo puedo hacerlo.

—Y tartamudeas también. ¡Qué desgracia esa enfermedad! Escúchame bien, no quiero que estés yendo mucho a los dispensarios. Tienes que quedarte en tu casa. Yo te voy a autorizar para que retires una cantidad sumamente generosa de manera de que no tengas que ir seguido.

—Gracias —creo que dije yo, mientras seguía escuchando...

> *Doc, doc, doc, doc, Dr. Beat*
> *Won't you help me, Dr. Beat?*
> *Doc, doc, doc, doc, Dr. Beat*
> *Won't you help me, Dr. Beat?*

El médico empezó a llenar planillas en voz alta diciendo lo que iba completando como, por ejemplo, "el paciente ha bajado de peso en los últimos meses". Lo vi tan concentrado que me sentí incapaz de corregirlo o llevarle la contraria. En medio de todo esto regresó el joven con los containers y le pidió al doctor que se apurase porque estaba llegando más gente. Una vez que se retiró, Dr. Beat me volvió a tomar la mano: "No te preocupes. Aquí nadie está apurado", me dijo.

Apenas salí, llamé al amigo que me había girado el dinero para decirle que me habían autorizado para comprar el equivalente a doscientos gramos al día.

—Se me paró —fue su respuesta.

Antes de salir, me dieron un montón de cupones para que usara en los dispensarios y me explicaron que el permiso me iba a llegar por correo en los siguientes quince días. Por las dudas, me dieron un papel por si necesitaba comprar producto "de emergencia".

En menos de los supuestos quince días me llegó un permiso que se parecía a una licencia de conducir y enseguida llamé al amigo que había financiado toda la gesta y lo invité para que me acompañase a cualquier dispensario para hacer nuestra primera compra y celebrar.

—Yo invito —agregué.

—Es que por ahora ya tengo. No necesito más.

—¿Y no quieres tener para el futuro? El permiso es solo por seis meses.

—No importa. Lo hice por un tema de principios.

Mis amigos podrán ser drogadictos, pero que nadie dude de su integridad.

Como insisto en que para mí la droga es un tema social, busqué otro amigo y fuimos a hacer mercado a un dispensario. Allí, como era mi primera vez, me dieron una charla donde me explicaban las características de cada hierba y el modo de uso de cada producto. De allí pasamos a anotar lo que queríamos en un iPad mientras dábamos vueltas por la tienda. Viendo esto, la persona que nos había atendido me llamó aparte para darme un consejo legal.

—Es importante que sepa que cada producto que le damos está registrado bajo su nombre. Eso quiere decir que, si lo que compra se lo encuentran a otra persona, pueden rastrear el producto hasta usted y acusarlo por distribución —luego bajó aún más el tono—. Lo que tiene que hacer es sacarle las etiquetas a cualquier cosa que se lleve y ya está.

Me pregunté si todas las personas relacionadas con el mundo de la marihuana serían tan sensibles y amables. Y qué pasaría entonces si esas personas pasaban a gobernar el planeta. ¿Se acabarían los abusos y las guerras? Claro que el punto de este libro no es determinar si un mundo drogado sería mejor y más pacífico, sino qué tan bien me hizo durante mi tratamiento y si me ayudó. En este sentido, me temo que mi respuesta es particularmente ambigua, entre otras razones, porque una vez te hacen el trasplante de médula te dejan muy claro que no puedes usar ningún tipo de alcohol o drogas por seis meses que es, básicamente, lo que duraba el permiso. Es decir que, justo cuando te advierten que vas a sentir mareos, náuseas, falta de apetito y todas las cosas por las que se supone deberías estar permanentemente consumiendo monte, no puedes hacerlo. Y como me saqué el permiso cuando ya el tratamiento estaba bastante avanzado, no hubo mucho que pudiese hacer.

En resumen, los pocos resultados que pude obtener fueron sabrositos, pero no conclusivos. Cada quien sabe lo que le conviene y lo que lo ayuda. En mi caso, como no puedo decir con seguridad hasta dónde contribuyó a mi bienestar o a mi cura, no me atrevo a escribir sobre esto en el libro.

Por suerte existen los Intermedios.

SEGUNDA PARTE

CAPÍTULO 1

¡BIENVENIDOS A MI SEGUNDO CÁNCER![32]

Illness is the night-side of life, a more onerous citizenship.

SUSAN SONTAG

E l tiempo es indomable y caprichoso. Podemos tratar de cercarlo con esferas y agujas, mientras él se burla de cada intento. El tiempo tiene su propio ritmo, que varía de persona a persona, de día a día y, en el colmo de la paradoja, de minuto a minuto. Implacable, travieso e irónico, pasa con la velocidad de una estrella fugaz cuando queremos apreciarlo y se arrastra como una angustia cuando queremos que pase rápido. Pero le seguimos dando oportunidades. No nos queda otra, estamos en sus manos. Hasta que haya una nueva medida que nos permita planificar y entender, somos sus prisioneros.

Yo me sentía más que preparado para pasar la página. Para empezar a decir "tuve cáncer" así, en pasado y con una sonrisa. Era enero. Empezaba un nuevo año y estaba listo para mi trasplante. A la distancia, el tratamiento no había sido tan malo. Podía seguir adelante. Me ponía metas y me permitía soñar.

---

[32] O quizás a mi primero. Nunca lo sabremos.

—No estoy tan seguro de haber terminado con todo para el día de nuestro aniversario, pero estaba pensando reservar para irnos una semana a San Miguel de Allende como para mediados de abril, o sea, unos quince días después del final del tratamiento —le dije a Ilse, esperando que se uniera a mi entusiasmo porque estaba planificando un viaje que ella siempre había querido hacer.

—¿Qué tal si esperas a ver qué te dice el nuevo médico?

—Las fechas son las fechas —le respondí todavía seguro y confiando en ese ente tan endeble que es el tiempo—. Yo hago la reservación y cualquier cosa, cancelamos.

—Como prefieras —me dijo con cautela.

Así lo hice. Reservé mientras googleaba diferentes lugares de San Miguel de Allende. Paseos, restaurantes, posadas, pueblos cercanos… ya estaba viajando, viviendo lo que algunos han dado en llamar "estrés positivo", que es el que se siente ante el advenimiento de algo bueno, como el nacimiento de un hijo, la expectativa de una fiesta o el final de una presidencia. Con ese ánimo llegué a la cita con el que sería mi médico principal por el siguiente año, un joven tímido, de profundos ojos verdes y con cabello de galán turco a quien perfectamente podríamos llamar Dr. McDreamy, pero siendo que ese nombre ya está tomado asumo que necesito otro. Dado que este médico en teoría tenía un carácter temporal, algo así como una escala en mi viaje por el cáncer, lo llamaré —erróneamente como se verá en las siguientes páginas— Dr. Paréntesis.

En general, antes de dar una respuesta a cualquier pregunta, Dr. Paréntesis, se quedaba unos segundos en silencio, como consultando con la biblioteca de su cerebro, mientras murmuraba "Hummm" como una suerte de mantra. Dr. Paréntesis también llegó con dos asistentes. Uno de ellos decidió que el inglés mío y de Ilse no era suficiente y se encargaba de darnos los titulares de lo que iba diciendo el médico en español por sí, a pesar de que íbamos asintiendo, algo no nos había quedado claro.

Dr. Paréntesis comenzó explicando que antes de realizar el trasplante teníamos que hacer unos *"clearances"* (autorizaciones) para asegurarnos que todo estuviese bien.

—Queremos que todo esté bien —explicó el Asistente/Traductor.

Me explicaron que saber que todo "estaba bien" incluía someterme a varias pruebas incluyendo electrocardiogramas, una nueva resonancia magnética de todo el cuerpo, otra ronda de rayos X y, la joya de la corona, una colonoscopia.

—La colonoscopia es la que te hacen por atrás —agregó el Asistente/Traductor, siempre en español.

—Estos procedimientos suelen demorarse más o menos un mes y, como no queremos que el cáncer vuelva a crecer durante ese tiempo, vamos a seguir con la Quimio como medida preventiva.

—Pero... ¿qué tanto podría crecer en un mes? —pregunté.

—Para qué arriesgar.

—Lo que pasa es que... O sea, yo ya me despedí de las enfermeras de Infusión, toqué la campana y todo.

—No te preocupes, a ellas no les importa.

—Pero a mí sí.

Puse la cara de "tengo cáncer" que era una maravilla para lograr que me den más tiempo para la entrega de un trabajo o en mi casa cuando me veían comiendo Oreos con gomitas como desayuno. Como era de esperar, esta cara tuvo cero efecto en un oncólogo. Dr. Paréntesis se encogió de hombros como diciendo "qué lástima" y el Asistente/Traductor agregó:

—Vuelves a Quimio.

Lo que quedaba de la consulta, Dr. Paréntesis la usó para explicarnos el resto del camino a seguir:

—Una vez tengamos las autorizaciones y sepamos que todo está bien, vamos a aprovechar que en tu caso se puede hacer un autotransplante y te vamos a poner tu propia médula. Para eso, ahora que el cáncer está bajo control, te vamos a sacar células madre de tu médula, que son las que producen los glóbulos blancos, los rojos y las plaquetas. Esas células las vamos a limpiar y te las vamos a volver a poner, de manera de que construyan una médula nueva y podamos resetear tu sistema inmunológico. Sacamos suficientes células madre como para dos trasplantes por si surgiera cualquier eventualidad. La limpieza de las células se puede demorar unas dos semanas y, finalmente, te las volvemos a poner. Ese es el único momento en el que vas a estar hospitalizado.

—Hospitalizado, sí... —iba repitiendo como un autómata—. ¿Por cuánto tiempo?

—Eso es imposible saberlo porque depende de cuándo empiezas a producir tu propia médula otra vez. Lo mínimo son diez días, aunque pueden llegar a ser unas tres semanas. O más. Pero no te preocupes porque tenemos un área del hospital que es solo para pacientes inmunocomprometidos, que es cómoda y en la que vas a estar bien.

—Voy a cambiar la reserva de San Miguel de Allende para junio —le dije con resignación a Ilse que cerró los ojos en actitud de "pobre, no entiende nada".

Por si me quedaban dudas, Dr. Paréntesis se pasó la mano por el copete y nos miró con sus ojos verdes antes de agregar:

—Los días de mayor cuidado son los cien siguientes al trasplante, porque, entre otras razones, todas las vacunas que te has puesto hasta ahora se van a borrar.

—¿Las del Covid...?

—Y las de sarampión, la viruela, el polio... todas. Vamos a hacer un calendario para ir viendo cómo y cuándo te las volvemos a dar.

—No vas a tener defensas —acotó el cada vez más irritante Asistente/Traductor.

Mientras regresábamos al estacionamiento, Ilse, en tono casual, me comentó que le había gustado el nuevo médico.

—No necesariamente como profesional, pero me gustó.

Pues sí, Ilse también hacía chistes. Mientras tanto, yo seguía negando la realidad con una testarudez que, si no fuese tan estúpida quizás hubiese sido conmovedora.

—Para salir de dudas, voy a mover el viaje para septiembre.

—¡Qué importa si nos vamos de viaje! —ya se desesperó Ilse.

—Es que... no sé cómo explicarlo, pero hacer planes, implica también asumir que voy a estar sano para hacerlos. Eso me ayuda.

—Pero cuando no hay una fecha segura, angustia. San Miguel de Allende va a seguir ahí. ¿Qué tal si nos enfocamos en curarnos primero?

El plural me desarmó; no dije más.

Mi quinto ciclo de Quimio empezó luego de la semana de descanso correspondiente al cuarto, como si nunca hubiese parado. De paso, como mis ojos seguían particularmente irritados, llorosos y a veces a la mañana me costaba abrirlos por la cantidad de lagañas, también me mandaron a ver un oftalmólogo.

—No creo que esté relacionado ni con el cáncer ni con el tratamiento, pero nunca está de más hacérselos revisar y que vean eso que me estás contando de las lagañas —explicó Dr. Paréntesis.

Dr. Paisano, es decir, el oftalmólogo, que siempre me atendió con una kipá sobre la cabeza, me dijo que, en principio, además de tener la fórmula incorrecta en mis lentes porque mi miopía había disminuido[33], tenía una bacteria en mis lagañas que era muy común y que se iba a mejorar si me limpiaba los ojos un par de veces al día con unos pañitos que se sumaron a la larga lista de tareas médicas diarias que debía hacer.

---

[33] Sí, ¡disminuido! ¡Ja! Enfermedades 120, Sergio 1.

Además, me mandó un antibiótico en gotas que debía aplicarme también un par de veces al día y que me advirtió "los primeros segundos te va a arder muchísimo". Me fui tranquilo y obediente, pero a Dr. Paréntesis no le gustó nada escuchar la palabra "bacterias". Aparentemente, para él ese era un término tan aterrador como "alopecia". Se pasó la mano por su copete una vez más y me preguntó qué tipo de bacterias.

—Ni idea... ¿Quiere que le hagan una biopsia a mis lagañas?

Respetuosamente, no me dijo nada. La respuesta me la dio el oftalmólogo cuando, ante mi propuesta, soltó una carcajada. Definitivamente, aún estaba lejos de entender el sentido del humor médico.

—Tienes blefaritis —me dijo como si estuviésemos hablando de un amigo mutuo—. Molesta, pero no hace nada.

—Como mis gatos —acoté.

Nada. Tome nota mental: "Biopsia, carcajada; gatos, cero reacción".

Mientras tanto, Ilse, se empezó a acercar a grupos de apoyo para personas con Mieloma Múltiple. Las reuniones eran de poco más de una hora y una sola vez al mes. Me decía que eran súper motivadoras y que "tenía que participar", pero yo seguía pensando que prefería estar rodeado de gente sana. Mi apreciación cambió una tarde en la que me dijo que lo que estaba sintiendo en mis ojos era "muy común y es un efecto secundario del Velcade que te están dando en tus sesiones de Quimio". Ella había contado mi caso en una de las sesiones del grupo y aparentemente varios de ellos habían pasado por lo mismo.

—Se te va a pasar una vez termine el tratamiento —me explicó—. Creo que deberías hacer un esfuerzo y entrar a la siguiente reunión. Ya la gente me pregunta por ti.

Le dije que lo iba a pensar porque mi orgullo en ese momento no me permitía decirle que tenía razón y que por suerte al menos uno de nosotros estaba yendo a esas sesiones.

Mientras seguía con los exámenes me enteré de que, en mi caso —es decir, en el caso de personas que previamente habían tenido un infarto—, para que me pudieran hacer la colonoscopia y darme la autorización gástrica, primero me tenía que ver un cardiólogo. La idea era obtener una autorización cardíaca que le garantizara al gastroenterólogo que no me iba a dar un infarto mientras me metían lo que sea que me iban a meter por el ano.

—¿Tienen miedo de que me dé un ataque al corazón de la felicidad? —se me ocurrió preguntar.

—No, es por un tema de protocolo —me explicaron haciendo nuevo caso omiso de mi chiste.

Así pues, fui a ver al cardiólogo a quien me rehúso llamar Dr. Corazón porque, aunque sería correcto, le daría una imagen que no correspondería en lo más mínimo con la realidad. Uno piensa en Dr. Corazón y se imagina una suerte de cupido adulto, paciente y siempre sonriente, que no hace sino buscar los aspectos positivos de cada ser humano. Mi cardiólogo, en cambio, era un ser al que parecía que acababan de sacar a rastras de un bar y le habían puesto una bata de médico para que disimule la borrachera cuando llegase a su casa. Despeinado y con cara de aburrido, era mi médico desde hacía años cuando lo heredé una vez que mi cardiólogo inicial, el que me trató cuando tuve el infarto y me puso tres *stents* en las arterias, decidió que ya no aguantaba más el calor de Miami y se fue a pasar frío a alguna de las Carolinas. Quizás fue precisamente este aspecto de "dejemos las operaciones para otro día" lo que más me atrajo de quien a partir de ahora pasaré a llamar Dr. *SportsBar* y a quien consideraba mi "Médico Primario".

Dr. *SportsBar* me hizo un electrocardiograma, pero ya mientras lo hacía, me comentó que mientras saliera del tema del cáncer bastaba con que llamase a su oficina y le dijera qué necesitaba.

—Ya nos ocuparemos de tu corazón y del prolapso ese que tienes en la válvula mitral más adelante[34]. Lo bueno es que se mantiene estable así que todavía todo está bien.

Así llegué a Dr. Asquito, esto es, al gastroenterólogo especializado en meter cámaras y otros objetos en cavidades por las que usualmente solo transitan comida o mierda, diciendo que ya estaba listo y que esperaba me pudieran hacer el procedimiento lo más rápido posible. Una secretaria buscó y buscó en su computadora. Estaba a punto de preguntarle si necesitaba ayuda cuando me dijo:

—¿Qué tal te suena el lunes 14 de febrero?

—Romántico —respondí pensando en el Día de los Enamorados.

—Sí, por eso casi nadie quiso hacerse la colonoscopia ese día. Eso y que tendrían que pasar el domingo del *Superbowl* en el baño.

Empezaba a entender el porqué de la vacante.

—El *Superbowl* se juega el...

—13 de febrero.

—¿La siguiente opción para cuándo sería?

Buscó un rato otra vez.

—Mediados de marzo.

—Vamos con el Día de los Enamorados. Pondré el "*bowl*" en "*Superbowl*" —dije.

Se rio. ¡Por fin!

Si bien no pretendo entrar en detalles sobre la colonoscopia, el solo hecho de que me haya sucedido todo en medio de fechas tan icónicas es suficiente preámbulo como para dejar el resto a su imaginación. Sin

---

[34] Pues sí, también tengo un prolapso en la válvula mitral que es una condición imbatible si alguna vez juegan Mímica de Enfermedades. Por otra parte, no es más que un goteo en una arteria. Suena horrible, pero no es nada que deba preocuparse si está siendo observado.

embargo, sí quisiera hacer una sugerencia a nombre de los pacientes. Entiendo que en todos esos procedimientos el paciente es lo menos importante y que, especialmente cuando el mismo incluye que te metan una cámara por el culo, es un poco raro que quienes lo realizan simulen preocuparse por tu comodidad. Aun así, es curioso que este procedimiento suela practicarse en las mañanas. Lo digo porque, hacerlo a esas horas implica que nosotros los pacientes tenemos que pasar el día previo tomando unas merengadas que muy apropiadamente saben a culo, para luego pasar la noche en el baño, llegar a la mañana a que nos hagan el procedimiento y de allí quedarnos el resto del día adoloridos y soñolientos. En otras palabras, los pacientes dedicamos dos días de nuestras vidas a esta humillación. He aquí mi sencilla y quizás revolucionaria propuesta: hagan las colonoscopias a la tarde. Quizás sea ligeramente más inconveniente para los médicos, pero miren todo lo que ganamos los pacientes. Nos levantamos temprano, tomamos la merengada pre-diarrea, dedicamos el resto de la mañana a meditar y/o llorar en el inodoro, de allí vamos a la tarde a que nos hagan el procedimiento y regresamos a pasar el dolor y el sueño en nuestra cama para despertarnos como nuevos al otro día. En otras palabras, perdemos un solo día. Ahí se los dejo. De nada.

Antes de que se cumpliera la semana de la colostomía, Dr. Asquito me contó que me habían encontrado un par de pólipos que me extrajeron y a los cuales les habían hecho una biopsia, cuyo resultado había sido negativo.

—No tienes nada de qué preocuparte por este lado. Nos vemos en cinco años.

Nos despedimos seguros de que ninguno de los dos iba a extrañar al otro.

El resto de lo que tenía que hacer era más sencillo e incluía que me sacaran veintitrés tubos de diferentes tamaños de sangre para que hicieran todo tipo de pruebas, otra biopsia de médula, otro pet scan y volver a orinar durante veinticuatro horas en un pote. Para esto último decidí no volver a impresionar a la enfermera y tomármelo con más tranquilidad y menos líquido. Aun así, la impresioné. No por la cantidad, sino porque cuando llevé el pote, que para que se mantuviera frío estuvo en una cava con hielo camino al laboratorio, la enfermera lo agarró aterrada y me preguntó si eso mojado que se veía por fuera del pote "también era meado".

—Por supuesto. Lo primero que hice fue llenar una cava de orine y luego, como todavía tenía ganitas, eché lo demás en este delicado *tupperware* anaranjado fosforescente —no fue lo que dije, aunque me provocó. O esto otro: "¿Que no iba el hielo adentro del pote y el orine afuera?". Pero no. En lugar de todo esto solo respondí:

—No, eso es agua. El orine está adentro. Espero.

Lo dejamos hasta ahí.

En el caso del pet scan, aunque ya estaba tan acostumbrado a que me metieran dentro del tubo magnético que hasta llegué a quedarme dormido en él más de una vez, me pasó algo curioso, de nuevo por tratar de hacerme el simpático. Como ya era costumbre, antes de darte la dulcísima merengada que se supone permite que el resultado se llene de vívidos colores para que el médico haga sus interpretaciones, te miden el azúcar en la sangre. Para ello, la enfermera me pinchó el dedo y luego constató en el aparato que mi resultado era "normal".

—¡Qué bien! —dije—. Antes quería ser diferente o especial, pero ahora cada vez que me dicen que soy "normal" en lo que sea, me alegro.

Era un comentario simpático, nada más. No llegaba a chiste. Pero para mi sorpresa, sin poder evitarlo, la enfermera empezó a llorar.

—Sí, es cierto, yo antes también quería ser especial —reconoció, probablemente pensando en sueños propios y ajenos.

Entendí que el peso de quienes trabajan con personas con cáncer también es terrible. Ellos nos ven entrar y salir, pero nunca logran que sea un trabajo rutinario. Traté de consolar a la enfermera, pero lo hice tan mal

que terminé llorando con ella e insultándome a mí mismo por mi imposibilidad de quedarme callado y siempre hacer algún comentario. A pesar
de todo, todavía le agradezco esa hermosa muestra de humanidad.

Mientras todas estas actividades llenaban de regocijo mis días, me
extrañaba que seguían sin darme fecha para mi trasplante. Y mientras esto
no sucediera, mis ciclos de Quimio se extendían. Cuando concluimos el
sexto ciclo, ya me sentía cada vez más cansado y mis ojos lloraban en cualquier circunstancia, se me ocurrió pedir algún tipo de explicaciones.

—Disculpen, pero se supone que iba a hacer solo cuatro ciclos de
Quimio y ya estoy a punto de empezar el séptimo.

—Lo que pasa es que queremos mantener el cáncer en el mínimo
—repitió Dr. Paréntesis.

—Que crezca el cáncer es malo —agregó en español el Asistente/
Traductor.

—Sí, pero también me imagino que es importante que yo llegue lo
más entero posible al trasplante que tengo entendido es un proceso ago-
tador y con todo esto estoy cada vez más cansado. ¿Qué tanto va a crecer
en un par de semanas?

Dr. Paréntesis se quedó un rato en silencio. Pensando. Se escuchó
un largo "Hummm...". Pensé en sugerir que los demás nos fuésemos
para que él pudiera pensar más tranquilo, pero habló antes. Dijo que iba
a suspenderme el Revlimid, que era el que seguramente más me estaba
afectando en ese sentido, y a mantener los otros.

—¿Pero por qué no estamos avanzando? —quise saber.

—Es que hay un problema con tu seguro —dijo finalmente.

Me quedé esperando a que el Asistente/Traductor agregase algo como
"Tu seguro es una mierda" en perfecto español, pero por una vez tuvo
la delicadeza de quedarse callado. Me explicaron que todo se debía a que
mi empleador, es decir, Univisión, había cambiado de seguro para los
empleados. Pasamos de Aetna a UnitedHealth, en teoría dos compañías

buenas y similares, con una ligera diferencia: Aetna permitía que me hiciera el trasplante en el Miami Cancer Institute y UnitedHealth, no. La excusa, de paso, era muy buena: el Miami Cancer Institute no tenía Certificado de Excelencia y, para este procedimiento, ellos querían que sus clientes estuvieran en un lugar que fuese reconocido con esa certificación. Como el único hospital en el sur de la Florida que lo tenía era el Sylvester Comprehensive Cancer Center, me tenía que ir a ese hospital a hacerme el procedimiento. Sentí que me traicionaba una novia.

—¿Y por qué no tienen Certificado de Excelencia? —quise saber.

Me explicaron que ellos no podían tener ese certificado todavía porque no tenían los suficientes años operando.

—Nos faltan unos dos años para lograrlo —me dijeron—. Pero el otro hospital es muy bueno y seguramente te van a atender tan bien como aquí.

—Es que... Yo estoy viniendo aquí todo el tiempo. Y mis médicos están aquí. Y ya me siento cómodo...

—Y nosotros queremos atenderte y créeme que estamos haciendo todo lo posible para que eso suceda. Lo que pasa es que si en los próximos días no logramos resolver la situación lo más importante es que tú sigas adelante con tu tratamiento. Además de que las autorizaciones que te mandamos a hacer tienen una validez de treinta días. Máximo sesenta. Si el trasplante no se hace en ese tiempo vas a tener que repetir todos los exámenes. —Me vio la cara de susto y luego de otro "Hummm..." agregó—: Todos, menos la colonoscopia. Esa tiene una validez más larga.

—Sigo sin entender. Si no me iban a dejar hacer el trasplante aquí, ¿por qué me permitieron hacer el tratamiento?

Para eso no tuvieron respuesta. Ni ellos ni la gente del seguro. Quiero pensar que si hubiese empezado mi tratamiento en el Sylvester tampoco hubiese aceptado que me hicieran el procedimiento en MCI. Más allá de la familiaridad que se va generando cuando vas a un sitio extremadamente seguido, había algo que me preocupaba particularmente en caso de cambiarme: que se diluyeran las responsabilidades. Pensaba que iba a ser muy fácil que, si algo salía mal en Sylvester, le echasen la culpa al MCI, y viceversa, cuando regresara al MCI luego del trasplante. Algo así como los presidentes que en las primeras semanas de ejercicio culpan al gobierno anterior por todos los fallos. En este sentido, cambiar de hospital para mí era como cambiar de mecánico o electricista, el anterior siempre había dejado todo mal. Les estaba sirviendo la excusa en bandeja de plata: "Claro que el trasplante no fue bien, porque el tratamiento que le dieron en MCI era insuficiente", dirían los oncólogos del Sylvester. O, una vez regresara a MCI, ante cualquier dificultad mis médicos regulares se escudarían porque: "El trasplante que te hicieron allá no fue suficiente. Vamos a tener que volver a la Quimio".

Okey, quizás exagero comparando a los médicos con los electricistas, entre otras razones, porque los electricistas suelen ser mucho más eficientes y rápidos. En cualquier caso, decidí sumarme a la pelea y ponerme en campaña. Dediqué un par de horas diarias a llamar al seguro (siendo que los primeros cuarenta minutos los pasaba escuchando una música de ascensor mientras esperaba que me atendieran), le pedí a la gente de Recursos Humanos de Univisión que enviara cartas, me puse en contacto directo con el agente de parte de la empresa de seguros que se supone era responsable de la cuenta corporativa y hasta me hice amigo de la encargada de finanzas en el Baptist que estaba a cargo de mi caso. Llovieron las peticiones y los emails. Un buen día, cuando pensaba que con mis esfuerzos finalmente había logrado algo, me llamó la encargada de finanzas del Baptist para decirme que nada de lo que habíamos hecho había funcionado, pero que, en el caso de cambio de póliza, los seguros estaban obligados a reconocer los beneficios que venían del seguro previo y que, basada en eso, había logrado la excepción.

—¡Lo logramos! —gritó con tanta emoción que parecía que nos esperaba algo mucho más divertido que un trasplante de médula—. Eso sí, para que esto suceda el trasplante tiene que hacerse en menos de un año, porque si no, ese beneficio ya no cuenta.

—Por ese lado estamos tranquilos, porque esto se va a hacer lo más rápido posible —dije mientras algún calendario se reía de mí.

Para la siguiente cita con Dr. Paréntesis fui listo para quedarme hospitalizado. Dr. Paréntesis, que tenía la misma actitud cuando daba una noticia buena que una mala, me miró, murmuró "Hummm" un par de veces y luego dijo:

—Hay un detalle... Llegaron los resultados de MRI y encontramos que hay algo en tu tiroides. Lo más seguro es que no sea nada, pero por protocolo tenemos que hacer una biopsia.

Me quedé en la primera oración.

—¿Cómo que "algo" en la tiroides?

—El MRI marca que allí todavía hay actividad. Esto no es raro e insisto en que lo más seguro es que sea un nódulo o algo por el estilo, pero el protocolo nos obliga a hacer la biopsia. Al salir de esta consulta, te vamos a hacer la cita con la cirujana que se encarga de hacer esa biopsia.

Así llegué a la doctora NoTePreocupes, una joven bonita y amable que me cayó bien de inmediato porque se me parecía mucho a una prima y además porque pensé que hubiese hecho muy buena pareja con Dr. Paréntesis. Seguro hubiesen tenido hijos lindos y médicos. Me pregunté si se conocerían. A lo mejor mi enfermedad servía para que lo hicieran. Mientras iba elaborando una compleja telenovela médica en mi cabeza, la doctora explicaba lo que iba a hacer.

—No te preocupes —comenzó—. Es un procedimiento muy sencillo.

Y luego me explicó cómo me iba a cortar el cuello con un bisturí. La idea era sacarme un pedacito de tiroides, que luego analizarían. Hasta hablaba igual que Dr. Paréntesis: "Lo más seguro es que sea un nódulo, pero nunca está de más revisar".

Aparentemente lo único complicado de todo era conseguir lugar en el quirófano, porque para hacerme la biopsia tenía que esperar otras dos semanas. Mientras tanto, sentía el tic tac de mis *clearances*. Varios rompecabezas más tarde, fui al edificio del complejo médico que aún me faltaba conocer — Miami Cardiac and Vascular Institute— para que me hicieran la biopsia. Todo se sentía como un trámite, con ese aroma de costumbre y demora que tienen los instantes que se atraviesan en otros momentos y que no tienen significado per se. Ya tenía cáncer de médula. En mi cabeza, eso me protegía de tener otro tipo de cáncer. Tan confiado estaba que fui a la consulta de los resultados sin Ilse. Cuando me recibió, el rostro de la Dra. NoTePreocupes no le hacía justicia a su nombre.

—Okey —dijo y luego dio un largo suspiro—. Llegaron los resultados de la biopsia. Es positivo.

Siempre me confunde cuando se identifican las malas noticias como "positivas", y viceversa. Juro que en ese momento todavía no entendí lo que me quería decir. La doctora se dio cuenta.

—Eso quiere decir que tienes cáncer de tiroides.

—No entiendo —le dije con sinceridad—. ¿Se pueden tener dos *cáncers*? ¿O se dice cánceres? ¿Esa palabra tiene plural? No debería.

Asintió antes de agregar:

—Pero no te preocupes, está en un solo lado de la tiroides. Podemos sacar esa mitad y lo que queda compensa lo que se perdió. La mayoría de las personas que tiene media tiroides ni siquiera necesita tomar pastillas para compensar.

—Pero... ¿por qué no se dieron cuenta antes?

—Los MRI previos indicaban que tu cáncer estaba en todo el cuerpo. Se asume que es el mismo.

—Sí, pero...

Ya no sabía qué más decir ni qué preguntar. Hice silencio mientras Dra. NoTePreocupes seguía con su explicación:

—Una vez que saquemos esa mitad hay que volver a hacer una biopsia para identificar exactamente qué tipo de cáncer es y hay una remota posibilidad de que, dependiendo de cuál sea, haya que sacártela toda. También puede pasar que, una vez que abra, si veo que algo que no me gusta en el otro lado, igual la saque completa. Pero no te preocupes, eso no es lo que suele pasar. A menos que prefieras sacarte toda la tiroides de una vez.

Me costaba hablar.

—¿Qué... qué me recomienda?

—Es tu decisión.

—Creo que prefiero sacarme solo la mitad, ¿no?

—Me parece una buena decisión —me dijo—. Mira, el cáncer de tiroides es muy común, lo que pasa es que es como el de próstata que suele avanzar muy lento. Si no hacíamos todo esto, lo más seguro es que hubiesen pasado muchísimos años sin que te hubieses dado cuenta. Pero que lo hayamos encontrado es bueno porque lo vamos a resolver.

En principio, me parecía que poner a la tiroides y a la próstata en un mismo lugar, o al menos en una misma categoría, era de mal gusto. Pero no dije nada, ni el chiste.

—¿Y el trasplante?

Dra. NoTePreocupes suspiró antes de responder.

—La verdad es que nunca hemos tenido un caso como el tuyo. Sucede mucho que hay dos tipos de cáncer de seno, por ejemplo, que se pueden atacar simultáneamente, pero mieloma múltiple y cáncer de tiroides es primera vez que lo vemos. Igual, no te preocupes porque los médicos nos comunicamos para decidir cuál es el mejor camino a seguir. En este caso, ese camino incluye tratar primero la tiroides y luego lo demás.

"En otras palabras, el trasplante va a tener que esperar", pensé.

Llegué a mi casa como un autómata. Contaba las respiraciones mientras manejaba para no quebrarme y cuando mi suegra me saludó al llegar a casa y me preguntó cómo me había ido, me limité a responderle con un "Ahí vamos...". No quería decirle que, en ese momento, sentía que todo mi cuerpo era una gran frustración. Cerré la puerta de mi habitación y abracé una almohada mientras me acostaba en la cama en posición fetal. Sentí que no me podía curar porque yo mismo me estaba saboteando. Cuando comencé mi viaje pensaba "Si supero este cáncer todo va a estar bien". Ya no era así. Estaba constatando que siempre se puede estar peor. El límite es la muerte. Estaba harto de mí mismo. Si yo mismo me daba lástima, ¿qué podía esperar de los demás?

La enfermedad había retomado el control. No me consolaba pensar que "esta vez" se trataba de un cáncer sencillo. La normalidad volvía a alejarse. Sumergí la cabeza en la almohada. No quería que nadie me escuchase, que nadie tocara la puerta para hacerme preguntas. Y así, por segunda vez, lloré como si hubiese perdido algo querido para siempre. Yo seguía allí, pero la esperanza me había abandonado.

CAPÍTULO 2

PORQUE SÍ

*An explanation of cause is not
a justification by reason.*

C. S. LEWIS

—**N**o puedo creer que te hayas puesto así por esta pendejada —me dijo Ilse luego de que le explicase todo lo que me estaba pasando—. Yo no sé cuál es tu empeño en ponerle fechas a todo. Va a haber un día en el que vas a estar curado y ya está.

Mi hermana Andrea, que había estudiado medicina y me servía de segunda opinión con más frecuencia que el Dr. Juan, estaba de acuerdo.

—No es que desee ninguna enfermedad —me dijo—, pero si tuviera que escoger un cáncer sin duda sería el de tiroides. Es súper controlable y fácil de resolver. Son un par de semanitas extras y listo.

Mi mamá, en cambio, se tomó todo con más cautela.

—¿Y cuándo te sacarías la otra mitad? —quiso saber cuándo le expliqué que solo me iban a remover media tiroides.

—Bueno, la idea sería que nunca. Además, me explicaron que la mitad que queda compensa lo que producía la otra. Si no, tendría que tomar pastillas de por vida.

—Todo el mundo toma pastillas de por vida.

—Sí. Yo voy a tener que tomar muchas, la idea sería tomar una menos. En todo caso, si cuando me abren ven algo malo, me la sacarían toda. O más adelante, si la biopsia indica alguna otra cosa.

—¿Pero para qué vas a arriesgar? Mejor sacarse todo de una vez.

—Ya tomé la decisión, ma.

—Como prefieras... —dijo con temporal resignación.

Estaba decidido a seguir adelante, pero seguía incómodo. Entendía que los altibajos anímicos eran inevitables y, aunque no pensaba negarlos, tampoco quería quedarme pegado. Sin embargo, empezaba a hacerme preguntas que hasta entonces no me había hecho y la principal era: "¿Por qué a mí?". Siempre he pensado que uno de los más evidentes signos de madurez es aceptar que el mundo es injusto. No nos merecemos todo lo que nos pasa y, en general, gran parte de las personas exitosas o millonarias tampoco se merecen serlo. Somos imperfectos, como personas y como comunidad. Eso no impide que sigamos buscando lo mejor y creyendo en el trabajo. La ética es el norte, pero la realidad es el este, el oeste y el sur. Yo quería ser solo una estadística, al menos en lo que respecta a una enfermedad que había demostrado que le podía pasar a cualquiera y que tiene más víctimas que culpables. ¿Pero dos cánceres[35] al mismo tiempo a los cincuenta y tres años? ¿Qué había hecho para ganarme esa lotería?

Reconozco que vengo de una generación que hacía de la inconsciencia un modo de ser. Cuando era pequeño, comía cualquier cosa porque, como decíamos los niños de aquel entonces "Lo que no mata, engorda". Sabíamos que el helado de uva tenía un vivaz color violeta altamente sospechoso. De paso, la marca más popular de este helado incluía, al fondo del mismo, un chicle que tenía la contextura y la forma de un tumor, casi que como una premonición. Ni hablar de los dulces que eran más amarillos que un pollo recién nacido. Aun así, si podíamos tener acceso a cualquiera de

---

[35] Sí, el plural es "cánceres".

ellos, los comíamos. No es que fuésemos temerarios, éramos simplemente inconscientes. O idiotas. O ambas cosas. Cuando tirábamos algo en una papelera era porque nos gustaba que la calle estuviese limpia, no porque queríamos salvar al planeta. Si estábamos en contra del racismo y la discriminación no lo hacíamos para solventar un error ancestral, sino porque nos parecía que tener otra actitud era una soberana estupidez. Y puedo generalizar y hablar con cierta autoridad del tema porque crecí entre Argentina, Brasil y Venezuela, donde los mismos principios se aplicaban. En ese sentido, pensaba que no me convenía buscar un culpable porque, lo más seguro era que fuese yo mismo.

Con relación al mieloma múltiple, Ilse, que sí se preocupa por conocer los orígenes de cada cosa, por un tiempo aseguró que la causa de mi cáncer venía de cuando, durante la pandemia, quise replantar la grama del jardín. Para eso, siguiendo tutoriales de YouTube, primero usé un producto que eliminaba lo que quedaba de la grama previa llamado RoundUp que se vende libremente y que fue el que me recomendó lo que asumo era un especialista porque vestía un chaleco anaranjado en Home Depot. Desde que Ilse me vio usándolo sin guantes y en chancletas me reclamó, aunque yo insistí en que lo estaba haciendo con sumo cuidado y que nada del producto estaba tocando mi cuerpo porque, además, lo manipulaba con una manguera. A pesar de ello, una vez que me diagnosticaron, me dijo que deberíamos demandarlos o al menos sumarnos a demandas contra RoundUp que ya existían. El jardinero que arregló el desastre que yo había dejado en el jardín, nos comentó de un vecino que se había comprado una casa con lo que le habían pagado por esa misma demanda. Mi argumento en contra era que, aunque concedía que quizás lo hubiese hecho mal, lo había usado muy pocas veces y apenas si había gastado un pote y medio. Ilse no estuvo de acuerdo y lo dejamos hasta ahí. Sin embargo, una noche mientras estábamos acostados, Ilse se espantó mientras leía algo en su teléfono.

—No me lo vas a creer —me dijo.

Y luego me mostró una foto en la que, en primer plano, se veía, el protector solar que siempre usaba: Neutrogena Beach Defense, seguido de un artículo en el que se los estaba demandando por tener "Benceno" como uno de sus componentes. El Benceno, explicaban, era un elemento que podía generar, entre otras enfermedades, mieloma múltiple. Afortunadamente estaba acostado, porque sentí que me fallaban las piernas. Yo había usado ese bronceador en cantidades industriales. Cuando hacía mucho calor (cualquier día del año en Miami), pero especialmente en verano, en lugar de correr iba a la piscina del condominio donde vivo, a nadar. Para eso tenía unos audífonos que me permitían escuchar música bajo el agua y, justamente para evitar cáncer de piel, primero me duchaba con el "protector" Neutrogena Beach Defense. Lo usaba tanto, que todavía tenía varios paquetes sin abrir que compraba en el mayorista Costco. Algunos meses atrás había recibido unas cartas de parte de Costco indicándome que tenía que llevar los bronceadores de vuelta porque la propia Neutrogena había mandado a retirarlos del mercado. Me había propuesto devolverlos, pero siempre que iba a Costco, que no era tan seguido, me los olvidaba. Lo que sí había hecho, era dejar de usarlos. Mientras leía el artículo en detalle me iba preguntando si sería posible. Llegué incluso a preguntarle al médico, quien se limitó a negar con la cabeza.

—No pienses en eso —me dijo como cerrando el tema.

Pero ya era imposible no hacerlo. La posibilidad de que lo que estaba pasando fuese culpa de algo o de alguien diferente a mí mismo era tanto un motivo de paz como de indignación. Por una parte, estaba tranquilo conmigo mismo porque la enfermedad no era consecuencia de mis propias decisiones, ni era un castigo que, de alguna manera, me merecía. Sí, ya sé que esto nunca es real, pero a lo largo de un tratamiento tan extenso es imposible que más de una vez este pensamiento no aparezca disfrazado de excusa. Por otra parte, pensar que una empresa y, como ya he dicho, las empresas son las personas que la representan, haya sido capaz de utilizar un químico que se sabía podía ser cancerígeno era absolutamente indignante. ¿Cuántos más iban a pasar por lo mismo? ¿Cuántos más lo hubiesen hecho si alguien no levantase la bandera? Mi destino era ser el próximo Erin Brockovich, aun si mis queridos doctores estuviesen en mi contra. Quería justicia y quería venganza, dos motivaciones que la historia nos demuestra no deberían combinarse jamás, pero no me importaba.

No fue muy difícil encontrar demandas en Internet. Llamé a una que me pareció seria y al rato me pasaron con uno de los abogados que estaban "manejando ese caso". Luego de hacerme varias preguntas relacionadas con el uso de los productos, los testigos y demás, parecía que todo iba bien. De paso, se quedaron particularmente impresionados porque aún tenía varios de los productos en su empaque original y por el hecho de que, siendo que solía comprarlos siempre en el mismo lugar, iba a ser fácil obtener las facturas de compra. Me dijeron que me iban a enviar un cuestionario y que me tendrían al tanto. Pero yo quería más. Les dije que trabajaba en una empresa de medios y puse a la orden al departamento de noticias. Todos estábamos entusiasmados. Bueno, quizás yo más que ellos, que me dijeron que fuésemos por partes y que empezara completando el cuestionario.

No sé qué esperaba, pero ciertamente un formato de casi cuarenta y cinco páginas no era una de ellas. Aun así, con paciencia, llené cada línea y anexé todo lo que tenía sobre mi tratamiento que eran casi doscientas páginas para ese momento y lo envié lleno de fe. Cuando tenía una pregunta, los llamaba y ellos con diligencia me respondían. A los pocos días recibí una llamada.

—¿Tú usabas un protector con SPF 75?

—Sí. Como no tenían esa opción, los llamé y uno de sus abogados me dijo que colocase esa alternativa a mano entre los protectores con SPF de cincuenta y de cien, que eran los que figuraban en la hoja.

—Ya... Lo que pasa es que esa demanda ya se introdujo y no pusimos el setenta y cinco.

Hubo un silencio incómodo. Al menos para mí.

—¿Y no les da tiempo de ponerlo? —pregunté.

—Lamentablemente ya no. Se nos pasó.

—Pero todavía están a tiempo de iniciar otra demanda, ¿no? Debemos ser muchos los que usamos el setenta y cinco.

Otro silencio. Este ya no era incómodo, era vergonzoso.

—Entiendo, lo que pasa es que no. Quiero decir, que me temo que no podemos aceptar tu caso.

No lo podía creer. Busqué una segunda opción. Mi amigo Michel me recomendó un equipo de abogados famosos por manejar demandas de este tipo. Los llamé y resultó que, en efecto, ellos también tenían una demanda contra Johnson & Johnson, que era la casa matriz de Neutrogena. ¡Y su demanda incluía el SPF 75! De nuevo, llené un larguísimo formulario y envié todos los papeles que me solicitaron incluyendo fotos de los empaques de protector que todavía tenía conmigo. Una vez más, me puse a la orden para ser más que un cliente. Quería ser un vocero de la causa.

—Además de que si sigo engordando pronto voy a tener hasta el escote de Erin Brockovich —dije con entusiasmo.

—Deje que primero revisemos los papeles —me respondieron.

Casi un mes más tarde me llegó un enorme sobre en el que me enviaban de vuelta todo lo que yo les había mandado con una pequeña carta en la que me explicaban que "lamentablemente no podían tomar mi caso". No me dieron mayores explicaciones. Ni siquiera por teléfono. A pesar de las negativas, tener una idea de la causa brindaba la tranquilidad que da el razonamiento.

Pasé entonces a tratar de entender el porqué del cáncer de tiroides, que resultó ser el más oscuro y el más "ninguneado" de todos los cánceres. En términos humorísticos, viene siendo el Rodney Dangerfield de los cánceres, nadie lo respeta. Es tan poco lo que se conoce con relación a sus orígenes que, por ejemplo, la Mayo Clinic lista como uno de los factores de riesgo "ser mujer", algo bastante difícil de resolver una vez que se nace, simplemente porque hasta ahora se ha diagnosticado más en mujeres que en hombres. Otras instituciones igualmente reconocidas, como cancer.org, listan como posibles causas "condiciones heredadas, elementos ambientales o una combinación de ambos". En otras palabras, si estás vivo y resides en alguna locación del planeta Tierra, pudiera darte cáncer de tiroides; más si eres mujer. Lo bueno es que, en efecto, es un cáncer sumamente tratable, especialmente si se diagnostica a tiempo. Sin ir más lejos, la tasa de supervivencia de personas diagnosticadas con este cáncer que alcanza los cinco años o más de vida es de 98 %. El tratamiento suele limitarse a la extracción de la tiroides y a la toma de una pastillita en ayuno para que el cuerpo ni se dé cuenta de que tiene una glándula menos. Y listo. Realmente no tenía por qué sentirme deprimido.

Mejor dicho, como cualquier ser humano sí tenía razones para estar depre, pero el cáncer de tiroides no era una de ellas. Nos fuimos relajando al punto que, la noche antes de la operación, Ilse y yo decidimos hacerle una fiesta de despedida a mi media tiroides.

Para ello, invitamos a mis hermanos de escritura, César y Sandra, y a un periodista amigo, Borja Voces, que siempre estaba pendiente de mi estado de salud y a quien le debíamos una invitación a la casa desde hacía meses. Los tres eran particularmente cuidadosos con el tema del Covid, así que podíamos relajarnos y disfrutar de un momento social que tanta falta nos hacía. Encargamos una paella y un arroz negro de *Bon Picat*, un lugar que nos encantaba y me di permiso para tomarme un par de copas de vino. Ya para el final de la noche, me ponía una mano en el cuello y mientras la movía hacía la voz de mi tiroides que se despedía. Ahora que lo escribo, me doy cuenta de que suena terrible, pero les pido que me crean cuando les digo que, al menos esa noche en particular, fue divertido.

A la mañana siguiente, todavía animados, fuimos al quirófano donde la Dra. NoTePreocupes pasó a saludar, cosa que suelen hacer los cirujanos como para dejar claro que sí estaban el día de la operación en el hospital. Digo esto porque, una vez anestesiados, no tenemos ni idea de qué pasó ni de quién hizo qué. En cualquier caso, para cuando desperté, ya estaba con media tiroides menos. Luego, una asistente nos dijo que nos esperaba la semana siguiente para sacarme los puntos y darnos los resultados de la biopsia.

Lo mejor de que te operen la tiroides es que te da una excusa perfecta para no tener que hablar ni explicar nada. Hice una nota que fui copiando y pasando a diferentes chats de WhatsApp y textos y luego me acosté. No fue hasta la mañana siguiente que vi la cicatriz. La doctora había tomado un extra de piel de cada lado antes de la sutura, con lo que parecía que tenía unos labios recién inyectados en el cuello. Sin embargo, más que lograr que eso se pareciera a una boca, el resultado era bastante cercano a una vagina.

—Tengo un chocho en la garganta —le dije a Ilse mientras miraba mi reflejo con horror.

—Eso no es nada. Ni se ve —trató de tranquilizarme.

—No sé si ponerme una venda o una toalla sanitaria.

—Ya deja el drama. Seguramente lo hizo para que cicatrizara mejor.

—Estás siendo solidaria porque ahora los dos tenemos vagina.

—No empieces.

—No voy a discutir, porque precisamente gracias a mi vagina, ahora te entiendo mejor. Es más, me doy cuenta de que muchas de las cosas que me decías que antes me parecía que no tenían sentido, de repente me resultan perfectamente lógicas.

Se rió, pero conociéndome, agregó: "No te des cuerda".

Imposible no hacerlo. Especialmente porque además ya empezaba a reanudar ciertas actividades sociales. Podía, por ejemplo, ir a comer a lugares abiertos y ver a amigos en grupos pequeños. En febrero, aprovechando que todas las personas que estaban en las grabaciones estaban usando máscara, pude ir a varios de los ensayos de Premio Lo Nuestro, donde ese año tuvimos como anfitriones a Yuri, David Bisbal, Gabriel Soto y, una vez más, a Alejandra Espinoza. Simultáneamente iba haciendo los libretos de Tu Cara Me Suena, un show de competencias, en el que volví a trabajar con Rafa Araneda y Ana Brenda Contreras. Ya para ese momento mi enfermedad dejaba de ser una novedad. Las posibilidades de pasar la página parecían cercanas. Fue entonces cuando la Dra. NoTePreocupes decidió preocuparme.

—Okey —me explicó luego de que una de sus asistentes me sacara los puntos con una pinza que me dolió más que la operación—. Llegaron los resultados de la biopsia —suspiró, miró hacia abajo como buscando palabras—. Resulta que el tipo de cáncer que tienes en la tiroides es de una modalidad particularmente agresiva.

Mi nuevo (o viejo) cáncer tenía uno de esos nombres largos y pomposos dignos de una protagonista de telenovela de los años sesenta: Carcinoma Papilar de la Tiroides con Características de Células Altas. Me explicaron que, en este tipo de cáncer, tenían que asumir que, aunque no hayan notado nada sospechoso al abrir, estaría también en la otra mitad de la tiroides y en la garganta.

—¿Me van a sacar la garganta? —pregunté antes de darme cuenta que lo que estaba diciendo no tenía sentido.

Negó con la cabeza.

—Lo que tenemos que hacer es volver a abrir para sacar la otra mitad y luego vas a tener que hacer radioterapia para eliminar cualquier vestigio que quede. Pero no te preocupes, porque todos estos procedimientos son sencillos y comprobados.

—Ya va, un momento. ¿Me van a tener que volver a cortar la garganta?

—Vamos a hacerlo por el mismo lugar donde está la herida para no hacerte más cicatrices.

—¿Y el trasplante?

—Hablé con Dr. Paréntesis y estamos de acuerdo en que tenemos que resolver esto primero.

Ajá, así que se conocieron. Me preguntaba si la conversación habría sido por teléfono o con un café de por medio. A lo mejor luego quedaron en ir al cine o a cenar. Dra. NoTePreocupes me sacó de mis fantasías mientras me seguía explicando.

—Normalmente te daríamos más tiempo entre las dos cirugías y esperaríamos tres meses antes de hacer la radioterapia. Pero como la prioridad en tu caso es resolver este cáncer para poder seguir con el tratamiento del otro, vamos a tratar de hacer todo lo más rápido posible. Ahora mismo mi asistente se encarga de hacerte las citas para la cirugía y para que te vea el radiólogo.

Le agradecí y pasé con su asistente, quien muy sonriente me dijo que la doctora no tenía disponibilidad hasta dentro de un mes. "Cosa que es buena —explicó— porque así le damos tiempo a esa herida para que sane".

—Pero me acaba de decir que va a tratar de hacer todo lo más rápido posible.

—Exacto. Y eso es dentro de un mes.

—Y... ¿no hay alguien más que me la pueda hacer?

—¿No te gustó la Dra. NoTePreocupes? —me preguntó algo seca.

—No, no, no es eso. Lo que pasa es que por el seguro tengo que hacerme el trasplante pronto y esto se va atrasando.

—Se va a atrasar. Luego tienes que hacer la radiación con yodo, que requiere tiempo de preparación previo y posterior. Apurado y todo, el procedimiento se va a tomar por lo menos un par de meses. Pero si aparece una vacante antes, te aviso.

Bastaron esas pocas palabras para que volviese la depresión. A veces hay que dejarse caer. No sé si es sano, pero es inevitable. Volví a mi cama, a rodearme de mis gatos y a prender la televisión puesta en cualquier cosa. Por esos días, Rusia invadió Ucrania iniciando una guerra que todos pensamos iba a durar pocas semanas, pero que recién empezaba. Las noticias mostraban a miles de personas desplazadas, a centenares muertas. Familias se amontonaban en refugios donde se imponían el frío y la injusticia. Cientos soñaban con reencuentros que lucían imposibles. ¿Qué derecho tenía yo de quejarme por una enfermedad que todavía me permitía pensar, soñar y escribir? ¿Por qué no me consolaba saber que el solo hecho de que estuviesen hablando de un tratamiento que se alargara en el tiempo también implicaba que yo iba a estar vivo durante todo ese tiempo? ¿Qué clase de ingratitud me impedía aceptar o ver la parte buena en todo lo que me estaba pasando? Mi situación era injusta, pero no tanto como la de cualquiera de las víctimas o los desplazados por una guerra inesperada, y al menos yo tenía recursos más claros para combatirla. Mi futuro era incierto, pero al menos mi cotidianidad era predecible.

Por otra parte, también era cierto que mi vida se iba reduciendo. Ya no hacía lo que *quería* hacer, hacía lo que *podía* hacer. Sí, ya podía vestirme sin que me doliera la pierna, no cojeaba y podía sentarme en una mesa en una pizzería y compartir con un par de amigos; pero todavía seguían siendo más las cosas que no podía hacer que las que sí. ¿Hasta qué punto las ganas de hacer cosas tienen que ceder ante la realidad? ¿Por qué tenía que ser natural que la enfermedad se impusiera al deseo?

Hernán, el segundo esposo de mi mamá que fue más cercano a un papá que a un padrastro, sufría de depresión. A veces se quedaba el día entero en la cama porque le faltaba fuerza para ponerse de pie. De allí pasaba a momentos donde lo dominaba la manía y hacía planes que llegaban al delirio. A pesar de todo esto o quizás a razón de ello, Hernán me enseñó que se podía ser dulce en la tristeza y generoso en las fantasías. Su preocupación principal, al menos así lo sentía yo, era el bienestar de los demás y cuando la posibilidad de lograrlo se alejaba, se echaba a morir en una cama o creaba planes imposibles con los que logró entusiasmar a más de uno. Hernán falleció en Bogotá, Colombia, años después de divorciarse de mi mamá, luego de pasar un par de semanas en las que puso en pausa todos sus problemas y se dedicó a disfrutar y también a beber y por qué no a comer. Sabía que no debía hacerlo porque andaba con severos problemas médicos y no estaba tomando su medicación, pero lo hizo de todas maneras. O quizás lo hizo precisamente porque conocía su condición. Durante una noche, mientras dormía, tuvo un infarto fulminante. Eso fue lo que nos contaron. Todavía lo extraño.

Con Hernán aprendí que la generosidad solo cuenta cuando es una acción y no una intención, y que la felicidad son momentos y no un estado permanente. Mi intención desde que me diagnosticaron el primer cáncer seguía siendo poder ser feliz durante el proceso y, al menos para mí, la felicidad es imposible sin la alegría de quienes me rodean. Quería disimular mi tristeza y, en la medida de lo posible, superarla antes de que se convirtiese en una clara depresión. La parte del disimulo era fácil porque tenía la ventaja de que si pasaba el día entero en la cama nadie se iba a extrañar o sorprender. Podía terminar cualquier conversación con la excusa de que me sentía mal y encerrarme en mi habitación. Empecé a tomar pastillas más fuertes antes de acostarme para garantizar que iba a pasar más tiempo zombi. Pronto me di cuenta de que la espiral podría tragarme y ya Eugenia, que es particularmente perceptiva, empezaba a mirarme echado y no podía disimular la tristeza.

Tenía que poner de mi parte si quería evitar que a las catorce pastillas que me tomaba al día se agregara un antidepresivo y, como había notado, pensar que cada día iba a hacer al menos una cosa que me gustase ya no era suficiente. Necesitaba más. Me puse una alarma para obligarme a salir todas las mañanas, aunque sea para dar una vuelta por la cuadra. Hice muchos *playlists* con canciones que me encantaban y que normalmente no tenía tiempo de escuchar, bajé audiolibros, planeaba cosas ricas que podía comer y empecé a salir para ir al mercado a buscar los ingredientes a las diez de la mañana o alguna otra hora en la que supiera estaría casi vacío para no correr riesgos. Empecé a leer cosas que normalmente evitaba, como poesía y descubrí que sí podía gustarme y, sobre todo, escribí. A veces lo que ponía sobre el papel no tenía mucho sentido, otras veces no pasaba de un par de líneas, lo importante era llenar mi tiempo con actividades que me hacían sentir que el tiempo valía la pena.

Aun así, no me confiaba.

—Si ves que paso todo el día echado, dímelo —le pedí a Ilse.

Me miró extrañada. Para ella pasar el día en la cama viendo películas o leyendo era más bien un símbolo de felicidad. Me besó con cariño.

—Te prometo que, si veo que pasas todo el día acostado, voy y me acuesto contigo.

CAPÍTULO 3

"C" DE COVID

Mickey, tu mamá es una rata.

GRAFFITI EN CARACAS

Pues sí, hay otras palabras que empiezan con "c", muchas de ellas enfermedades bastante humillantes como la Clamidia, la Culebrilla, la Cirrosis y, la de moda, el Covid. Confieso que aunque a estas alturas es bastante evidente que soy proclive a los cánceres[36], hasta hace poco estaba convencido de que era inmune al Covid. Durante la época más dura de la pandemia, yo era el encargado de hacer las compras. Al principio, cada vez que salía me tapaba tanto que cuando llegaba al supermercado la gente no sabía si iba de compras o a asaltarlo. Con el tiempo me fui relajando, aunque siempre me cuidaba de cambiarme, bañarme y pasarle desinfectante a cada cosa, entre otras razones porque no quería que nadie en mi casa se contagiara, especialmente mi suegra que es asmática y a quien, si yo le pegaba el Covid, nadie iba a creer que no fue a propósito.

En el trabajo, no nos quedaba otra que seguir haciendo algunos shows (Premios Juventud 2020 fue la primera entrega de premios que se hizo en vivo durante la pandemia a nivel mundial). Por más que tomásemos

---

[36] Sigo sin acostumbrarme a este plural. ¿Qué tal si hacemos como con "salud", "sed" o "caos" y la llamamos siempre igual?

todas las previsiones posibles al final de cada evento (y en algunos casos durante) quedaba un grupo importante de personas contagiadas. A veces me mandaban a hacer pruebas adicionales a las que nos hacían cada dos o tres días, porque habíamos estado en contacto directo con alguna de las personas que habían dado positivo. Durante el Latin Grammy del 2020, tuvimos que cambiar a uno de los anfitriones, Carlos Rivera, dos días antes del espectáculo porque su manager, que obviamente se la pasaba con él, dio positivo y aunque él mismo era negativo, los protocolos que manejábamos nos impedían correr riesgos. De más está decir que para comprobar mi teoría de la inmunidad me hubiese tenido que rodear de personas con Covid y, como una cosa es ser optimista y otra ser idiota, no lo hice y seguí cuidándome, aunque siempre muy confiado.

Cuando empezaron a darme Quimio y me advirtieron que mi sistema inmune iba a estar "comprometido" me cuidaba mucho más, incluso de los resfriados. "Evite contacto con niños porque siempre suelen tener algo", me recomendó una asistente una vez. Por las dudas, antes de empezar el tratamiento, Dr. Michaelcaine me mandó a vacunarme contra la gripe y a darme la tercera dosis de la vacuna contra el Covid cosa que, para mi sorpresa, hicieron el mismo día. "Son dos vacunas y tienes dos brazos", me dijo la farmaceuta de CVS antes de aplicármelas, argumento sólido que no permitía discusiones, pero que espantó a mi médico. Luego pasé a estar cada vez más tiempo aislado y a trabajar y ver a mis amigos de manera remota. Lo bueno: meses y meses de pandemia me habían preparado para este período; lo malo: estaba harto.

A medida que se acercaba mi aniversario de bodas con Ilse (2 de abril) íbamos pensando qué podíamos hacer. Yo insistía en que quería irme de viaje "adonde sea". Entendía que subirme a un avión no era una buena alternativa, ya que no hay mejor lugar para agarrar un virus que un aeropuerto y, además, no era prudente irnos muy lejos de mis médicos. En este sentido, por ejemplo, San Miguel de Allende, estaba lejos y en un país donde no cubría mi seguro, por lo que había dejado de ser una opción. Teníamos que buscar un lugar que nos gustase y al que pudiésemos llegar manejando. El detalle es que viviendo en Miami la mayoría de estos sitios incluían playa, que era otro de los lugares a los que no debía ir, a menos que me quedase en la habitación del hotel de diez de la mañana a cuatro de la tarde. Así llegamos a una ciudad algo arriesgada, pero que cumplía con el objetivo: Orlando, siendo más específico, Kissimmee, donde queda el "lugar más feliz del mundo": Disney World. Dar vueltas por Epcot es como pasear por las vidrieras de muchos países y, lo mejor, casi todo es al aire libre. Claro que una vez que se van a comprar entradas, aunque sea de Florida Resident, un solo día empieza a parecer mal negocio porque por veinte dólares más agregan un segundo día, y por diez más el tercero y así sucesivamente. Terminamos comprando para cuatro días, de manera que Ilse pudiera repetir la experiencia que más le gustaba, Avatar, en Animal Kingdom al que yo nunca había ido, y yo pudiese conocer el mundo Star Wars, en Hollywood Studios. De paso, finalmente íbamos a usar un resort que compramos en un momento de debilidad y que pagamos durante ocho años sin haberlo usado jamás.

Por otra parte, había mucho que celebrar: estábamos juntos, estamos vivos y las fechas coincidían con la pausa entre las terapias. Daba tiempo de ir, celebrar y regresar para que me sacasen la otra mitad de la tiroides. Entre los dos eventos, íbamos a recibir a mi mamá, quien finalmente había logrado que le dieran una segunda vacuna reconocida por el CDC y la OMS e iba a pasar la semana de la operación con nosotros. Pero como diría un caníbal al encontrarse un muerto con sobrepeso, vayamos por partes.

Previo al viaje, cumplí mi promesa y compré los anillos de boda que Ilse y yo nos debíamos desde hacía casi quince años y celebramos mientras seguíamos preparando nuestro viaje como dos novios. Según la página de Disney, ellos ofrecían un Disability Access Service que iba a ayudarme a hacer menos cola o evitar estar rodeado de gente en ciertas circunstancias. Para eso había que completar un cuestionario en su página web y luego pasar por una entrevista. Llenar el cuestionario fue un paseo, hacer la entrevista, imposible. Traté de usar un servicio en el que ellos llamaban, me quedé esperando frente a la computadora por horas y ni siquiera así. Finalmente, se me ocurrió llamar a un número de ayuda como si fuese a comprar entradas y le expliqué mis dificultades tratando de utilizar el sistema.

—Sí, ese número es imposible —reconoció el operador en una actitud bastante poco "Disney"—. Es mejor si lo hace en el parque de una vez, porque si lo hace por aquí es limitado, mientras que si lo hace en el parque, no.

—¿Cómo que limitado?

—Hágalo en el parque. Es mejor.

Por las dudas, llegamos temprano al parque y nos pusimos en una fila que parecía un casting para una película de Fellini. Allí estábamos los enfermos, los desdentados, los mancos y los cojos a la espera de actos caritativos de parte de una empresa famosa por explotar comercialmente cualquier cosa que tuviera a mano. Mientras esperábamos ser atendidos, una señorita con orejas de ratón iba pasando y preguntando por qué cada persona estaba allí. Al que no podía caminar le dijo que había carritos disponibles (para alquilar, claro), al del sobrepeso, que ya había alquilado un carrito y que era obvio que no podía dar demasiados pasos sin sufrir un infarto, lo excusó explicándole que podía hacer cualquier fila sin salir del carrito; y a un niño que estaba inmovilizado le puso un prendedor antes de despacharlo deseándole un feliz día. Todo parecía indicar que Ilse y yo no teníamos ninguna posibilidad de recibir algún tipo de trato especial. Yo ni siquiera era capaz de lucir enfermo justo cuando más lo necesitaba. Para colmo de males estábamos haciendo una fila cuando nuestra excusa principal para pretender trato especial era que yo *no podía* hacer filas. A medida que la joven se acercaba nuestra esperanza se iba disipando. Íbamos a ser descubiertos y humillados públicamente. Pensé en huir, pero las filas en Disney son tan laberínticas que no sabía cómo. Además, la joven ya nos había visto. "Nos van a expulsar del parque por descarados", pensé. Finalmente llegó hasta nosotros.

—¿Y usted por qué está aquí? —dijo estudiándonos y tratando de encontrar nuestra falla.

Saqué las carpetas que había llevado y hablé avergonzado y con voz temblorosa.

—Bueno, es que yo tengo cáncer y...

—Okey —me interrumpió—, quédese en la cola.

—Lo que pasa es que justamente las colas...

—Si quiere puede esperar adentro —interrumpió otra vez, dejando claro que era una persona tan ocupada que no podía estar perdiendo tiempo con oraciones completas.

Fue así como descubrimos que, si tienes cáncer, Disney sí puede llegar a ser el lugar más feliz del planeta. Quizás este no sea un slogan que los ayude especialmente a promocionar el parque, pero no por ello deja de ser cierto. Sin querer saber mucho sobre qué es mieloma múltiple o siquiera hojear los papeles que les habíamos llevado, una aburrida chica que estaba detrás de un igualmente aburrido mostrador, nos cambió las entradas por otras que lucían iguales, pero que resultaron ser muchísimo mejores. En un tono monótono nos explicó que, en lugar de hacer las temidas filas, nos anotábamos en la aplicación de la atracción que nos interesara y, a partir de ese momento, se consideraba que estábamos en cola. Si, por ejemplo, la atracción decía que había treinta minutos de espera, nos anotábamos, llegábamos a la media hora y pasábamos directo. La única condición necesaria era que yo fuese una de las personas que iba a usar la atracción. En otras palabras, si Ilse quería subirse a algo por su cuenta, tenía que hacer fila como un ser humano saludable cualquiera. Y como si todo esto no fuese suficiente, además, nos dieron un prendedor.

También descubrimos que ir a Disney sin niños es mejor que ir con niños[37] y que recorrer los parques luego de comer una gomita de marihuana medicinal es notablemente superior a hacerlo bueno y sobrio[38], especialmente cuando no puedes tomar. Sentarse a la sombra y en un banco en el mundo de Star Wars mientras pasan familias completas disfrazadas de soldados imperiales bajo el sol inclemente de Florida, es algo que se aprecia mucho más bajo los efectos de cualquier sustancia psicotrópica. Lo único preocupante era que los únicos seres con máscara en todo el parque éramos Ilse, Mickey y yo. Pero ya estábamos ahí y decidimos sacar el máximo provecho a nuestras primeras vacaciones en casi dos años. Subimos en todo lo que quisimos, comimos todo lo que nos provocó y caminamos hasta donde nos dieron las piernas. Cuando veíamos que había mucha gente, buscábamos un lugar más vacío. Solo nos quitábamos la máscara para comer (ni modo), pero siempre la teníamos puesta. Era lo más que podíamos hacer.

Un martes, después de tres días que cumplieron con la promesa de "mágicos" y luego de considerar la posibilidad de alquilar mis servicios como enfermo a personas que quisieran visitar los parques, estábamos lo suficientemente agotados como para decidir no usar el último día visitando más atracciones y simplemente almorzar en un sitio bonito y de allí regresar a casa.

A los dos días de regresar, un jueves para ser exacto, ambos nos hicimos las pruebas de Covid que dieron negativo. Lo habíamos logrado. Habíamos podido divertirnos responsablemente, como lo piden las propagandas de cerveza. O por lo menos eso era lo que creíamos. En cualquier caso, mi operación estaba pautada para el miércoles siguiente y

[37] Otro slogan que dudo lleguen a usar.

[38] Este sí que ni de casualidad.

con ese test no era necesario hacerme nada más, ya que tenía validez de una semana.

Mientras todo esto sucedía, mi mamá llegó de visita y parecía un tanto confundida —por no decir decepcionada— porque yo estaba bien.

—Es que me suspendieron el tratamiento —le expliqué.

—Sí, pero... no estás bien —afirmó sin dejar de estudiarme.

—Lo que pasa es que, aunque ahora me cansó más que antes, como vos te cansás antes que yo, no te das cuenta[39].

Siguió sin estar convencida. Como ese día me hacían una nueva biopsia de médula, aproveché para que me acompañase al hospital y viera que tampoco el lugar debía preocuparla. Luego de que me acompañase durante todo el procedimiento me preguntó si me había dolido mucho.

—Es incómodo, pero me pusieron anestesia.

—Sí, pero ¿no te duele?

—Más tarde seguro me va a doler —dije para tranquilizarla.

—¿No deberías pedir tranquilizantes?

—Ya me dieron. Tengo Tylenol y si me siento muy mal tengo un montón de OxyContin que me sobraron de la primera operación de tiroides.

Okey, el OxyContin es un opiáceo altamente adictivo, por lo que este punto amerita una explicación aparte. En efecto, luego de sacarme la primera mitad de mi tiroides, me recetaron este medicamento "en caso de dolor muy fuerte". La sorpresa fue que había una cantidad suficiente para que me tomase uno cada ocho horas durante siete días. De acuerdo con el Center for Disease Control and Prevention, los opiáceos pueden convertirse en adictivos luego de apenas tres días. Otras fuentes dicen que se requieren al menos cinco. Adicionalmente, según la Mayo Clinic las posibilidades de que este medicamento se vuelva adictivo aumentan si se lo combina con alcohol o si se lo golpea hasta pulverizarlo para aspirarlo

---

[39] A mi mamá le hablo en "Argentino". No sé por qué.

o inyectarlo, que son dos opciones que jamás se me hubiesen ocurrido si no fuera porque las leí justo antes de escribir esta línea. En Estados Unidos, el país que más receta el uso de estas medicinas, las muertes por sobredosis de opiáceos superan las cuarenta mil al año desde hace más de dos décadas. Convengamos en que, más allá del dolor, si había algo que no necesitaba era una adicción nueva. De paso y siendo honesto, tampoco me dolía tanto.

Sin embargo, la curiosidad pudo más que la prudencia, así que me tomé una pastilla y me quedé a la expectativa. Nada. No hubo ninguna experiencia extrasensorial, pero, hay que reconocerlo, tampoco hubo dolor. Mi experimento llegó hasta ahí. Desde entonces, durante otras facetas del tratamiento, volvieron a recetarme opioides, siempre advirtiéndome que los tome solo en "casos extremos" y siempre dándome una cantidad que, por calificarla de alguna manera, la llamaré "generosa". Más allá de la advertencia, la naturalidad con la que se los receta es realmente sorprendente, sobre todo considerando todo lo que se sabe sobre los mismos. Entiendo que se trata de una opción cómoda tanto para el médico como para el paciente, pero hay otras alternativas para combatir el dolor y esas raramente se mencionan. Así, por ejemplo, se ha demostrado que la acupuntura, la meditación y el ejercicio moderado son sumamente efectivos para los dolores crónicos. Una publicación de Harvard Medical School llega a incluir el pensamiento positivo, el yoga y la "respiración profunda" como otras técnicas alternativas de comprobada efectividad. Más allá de que uno quiera creer en ellas o no, la realidad es que estas opciones no son discutidas y rara vez (eufemismo de "nunca") están cubiertas por el seguro, cosa bastante poco práctica porque las consecuencias de una adicción a un opioide son ciertamente más costosas tanto para el paciente como para el propio seguro. Así, por ejemplo, en MCI hay un área de acupuntura en la que las agujas son aplicadas por un médico extremadamente amable y asiático. Lamentablemente, cada sesión había que pagarla aparte, por lo que solo tuve unas pocas y eso fue al principio del tratamiento.

Con esto no quiero decir que no deban recetarse medicinas más fuertes en ningún caso. Estoy seguro de que para muchos son una opción inevitable. Mi punto es que las otras opciones también tienen que estar sobre la mesa, sobre todo cuando la adicción a los opioides en Estados Unidos se considera una epidemia. Ciertamente el objetivo sigue siendo que el paciente no tenga dolor, pero ¿qué tal si buscamos una opción que no requiera nuevos tratamientos en el futuro?

Y ahora volvamos al viaje de Alicia, es decir, a mi mamá.

Una vez superada su frustración de no haberme visto postrado en la cama para poder consentirme mostrándome series de televisión que a ella le gustan (no vayan a pensar que iba a cocinar) y comprobado que estaba en buenas manos ("¡Qué suerte poderte atender en un lugar así! ¡Qué bien que te viniste a Estados Unidos!", fueron sus palabras al salir del hospital), se relajó un poco y empezamos a pasarla mejor. Entendí que a nadie le gusta estar lejos de sus hijos, mucho menos si están enfermos. Más allá de tranquilizarla, quería, en la medida de lo posible, consentirla. Para que paseara un poco la llevamos a uno de los pocos lugares de Miami que suele estar bastante vacío: un museo. Fuimos al Rubell, que es fantástico, y de allí a un monumento que tiene aún menos gente: el Holocaust Memorial de Miami Beach. Quizás sea políticamente incorrecto decir que es hermoso, pero lo es. Depresivo y hermoso, una combinación irresistible para mi mamá. Fue por ese entonces cuando Ilse comenzó a quejarse de dolor de cabeza.

—Es que no estás acostumbrada a tanta cultura —le dije.

No se rio. A lo mejor fue que el dolor de cabeza no le permitió entender el chiste[40]. En cualquier caso, al llegar a la casa se acostó. Al día siguiente,

---

[40] Como habrán notado, cada vez que una de mis bromas fracasa busco una excusa.

domingo, amaneció peor. Mi mamá, aunque dijo que estaba perfecta, también estaba algo mocosa. Eugenia, en cambio, estaba destruida. Si antes trataba de evitarme porque tenía miedo de alguna bacteria que pudiese traer del trabajo, ahora casi que nos comunicábamos por texto, aunque estuviese en la habitación de al lado, y pasó el domingo encerrada en su habitación. El lunes, Ilse seguía sintiéndose mal, por lo que, antes de entrar a su oficina, se hizo una prueba de Covid.

—Positivo —me dijo.

—¡Qué cagada! —le respondí.

—Ningún "qué cagada" ve ya mismo a hacerte la prueba tú también.

Fui y también resulté positivo. Compré varias pruebas para el resto de la casa. Gladys y Eugenia resultaron positivas también. Solo faltaba mi mamá. Le mostré el kit que había comprado y le expliqué cómo funcionaba.

—No —me dijo.

—¿Cómo "no"?

—No me voy a hacer la prueba. Me vacuné hace poco, no me va a pasar nada.

—Sí, pero hay que saber si tenés Covid o no.

—¿Por qué? ¿De qué me sirve saber que tengo Covid?

—Bueno, al menos para que tomes previsiones y no contagies a los demás.

—Yo trabajo por Internet, no voy a contagiar a nadie.

—Se supone que en cuatro días te vas a subir a un avión.

—¿Y?

—Y hay que retrasar tu viaje.

—¿Estás loco? De ninguna manera, yo tengo pacientes.

—A los que acabás de decir que podés atender por Internet.

—Tengo compromisos. Va la muchacha a limpiar.

—Bueno, si tenés Covid, la muchacha tampoco debería ir, ¿no?

Cada cosa que decía la irritaba más. Al final, como para callarme la boca y demostrar que sus mocos eran porque había desarrollado una nueva y desconocida alergia aceptó hacerse la prueba. Positiva. Hasta la pobre Aurora, que estaba en Chicago, solidaria como nadie, resultó dar positivo al Covid esa misma semana. Lo único bueno era que, en nuestro caso, como todos éramos positivos, no teníamos que usar máscara dentro de la casa. A Aurora, en cambio, siguiendo los protocolos de Northwestern University, la asilaron en un cuarto de un edificio aislado, al que le llevaban algún tipo de comida dos veces al día y en el que el novio cada tanto se paraba debajo de su ventana para saludarla como si fuesen el Romeo y la Julieta de la insalubridad.

—Ahora tengo que decirle al médico —le dije a mi mamá.

—Pero entonces no te van a operar —me advirtió ella—. Y uno puede dar positivo por semanas.

—Bueno, sí, pero no debo contagiar a los médicos.

—No vas a contagiar a nadie. Ahí todos usan barbijos[41]. Si les decís, vas a atrasar esto por meses…

Tenía razón. Ni siquiera me iban a pedir otra prueba. De repente no estaba tan convencido de hacer lo que obviamente debía hacer. Por suerte, Ilse, que como no pudo ir a su oficina también estaba en casa, trajo un poco de sentido común.

—Tu médico tiene que saber que tienes Covid porque no sabemos cómo te pueda afectar.

Punto para Ilse. Dr. Paréntesis se preocupó y me mandó una medicina que para ese momento aún estaba en estado experimental, llamada Paxlovid, que automáticamente me convirtieron en la envidia de todos mis amigos que no podían creer que ya tenía "la medicina de la que todos

---

[41] Barbijo = Máscara, en "argentino"

estaban hablando". El detalle es que, justamente por ser de las primeras personas en recibir el medicamento, el mismo venía con demasiadas advertencias. No conforme con eso, a los pocos minutos de recibir el paquete, me llamó una enfermera para contarme de los posibles efectos secundarios que, como de costumbre, tenían el potencial para ser mucho peores que la enfermedad. Le dije que iba a esperar a tener síntomas más fuertes antes de tomármelo, pero que, si llegaba a sentirme muy mal, lo iba a hacer. Por su parte, la Dra. NoTePreocupes me dijo que no me preocupara y que me iba a hacer la cirugía en quince días, ya que para ese momento, aun si seguía dando positivo, no iba a ser contagioso.

Curiosamente, ni la asmática ni el canceroso, esto es, ni mi suegra ni yo, mostramos mayores dificultades con el Covid. Fue apenas un resfrío. Ilse y Eugenia, en cambio, aunque tenían las mismas vacunas que nosotros, pasaron un par de días sintiéndose pésimo y tuvieron dolor de cabeza por semanas. Les ofrecí el Paxlovid como si fuese un tesoro, pero ambas se negaron a tomarlo por si yo lo llegaba a necesitar. Además, Claudia Letelier, la productora ejecutiva de Tu Cara Me Suena —show en el que estaba trabajando en ese momento—, que tiene una actitud maravillosamente maternal con su equipo, me mandó té y shots de jengibre como para un regimiento, con lo que estábamos cubiertos. Así llegamos al jueves y al supuesto día en el que mi mamá debía volver a Buenos Aires.

—Todavía no llamaste para cambiar tu vuelo —le recordé.

—No lo voy a cambiar. Mirá lo que le pasó a Andrés.

Se refería a mi hermano, a quien durante la pandemia le cancelaron un vuelo de regreso a Buenos Aires y pasaron casi cuatro meses hasta que logró a encontrar otro.

—Ya las cosas no son así —le dije.

—Uno no sabe. Lo bueno es que ya no piden pruebas de Covid para subir al avión —me respondió antes de estornudar.

—¿Lo bueno? No deberías subir al avión.

—No va a pasar nada. Igual, ahí nadie se saca el barbijo[42].

—Deberías al menos usar doble máscara —insistí.

—No, no, porque si no van a sospechar que tengo algo y capaz no me dejan subir al avión —se sonó la nariz—. Además, que seguramente esto lo trajeron ustedes de Disney y ya pasaron más de cinco días. Ni siquiera debo ser contagiosa.

—Lo que cuenta no es cuándo se contagió el que te contagió, sino desde cuándo te hiciste la prueba vos. Además, no sabemos si lo agarramos en Disney.

—Ilse dice que sí.

Cierto. Aunque yo defendía nuestro paseo diciendo que las pruebas a las cuarenta y ocho horas habían dado negativas, Ilse me recordó que, en caso de contagio, el positivo *empezaba* a dar a las cuarenta y ocho horas, pero que podía estarse incubando hasta por cuatro días. Gracias a eso, con mi mamá habíamos entrado al territorio de los supuestos, en donde ninguna discusión se gana.

—Aunque sea esperá a que el resto del avión coma antes de sacarte la máscara, quiero decir, el barbijo —le pedí.

—¿Estás en pedo? Me va a dar hambre.

—Bueno, comés cuando los otros se hayan puesto el barbijo otra vez.

—¡Ay, qué exagerado!

Se fue en sus condiciones. Los días siguientes revisamos los periódicos argentinos esperando que hablaran de un nuevo brote de Covid con epicentro en mi señora madre, pero no pasó nada. Al menos mi hermana Andrea logró convencerla para que esa semana la muchacha que iba a limpiar no fuese y hasta ahí llegó el asunto.

---

[42] Ya sé que es correcto, pero me desespera que los argentinos le digan a la máscara "barbijo". Lo escribo porque eso fue lo que dijo, pero cada vez que lo hago me quiero un poco menos.

El viernes recibí una llamada de Dr. Paréntesis.

—El miércoles no te operaste, ¿verdad? —me preguntó.

—No, ¿se acuerda que tengo Covid? Me mandó unas pastillas que por cierto no tomé y...

—Es bueno que no te hayas operado porque estaba pensando que... humm... habría una posibilidad de que... —me lo imaginaba mirando hacia abajo, buscando las palabras que se le habían caído—, si te sacásemos la tiroides del todo, eso afectaría tus niveles de calcio, lo que a su vez podría afectar la médula y dañar la recolección de células madre.

¿Cómo? ¿Recién ahora se daban cuenta? Creo que sintió mi preocupación del otro lado de la línea.

—O sea, eso es apenas una posibilidad, pero es mejor evitarla —agregó.

—¿Y entonces qué vamos a hacer?

—Bueno, lo primero es esperar a que te cures del Covid. Luego vamos a hacer el procedimiento para sacarte las células madre. Una vez terminemos, vas con la operación de tiroides y con la radiación con yodo. Cuando concluya eso hacemos el trasplante.

Le agradecí que se hubiese dado cuenta y me despedí. En mi mente solo pensaba "¡Menos mal!".

—Pudieron haber hecho una cagada épica —dijo Ilse cuando le expliqué—. Al final el Covid fue una bendición.

¿Tendría razón? ¿Tenía que agradecerle a un ente superior la aparición de un virus que prácticamente no me había afectado y que quizás me había salvado la vida porque me había dado en el momento perfecto? Meses más tarde, Eugenia me confesó que ese había sido uno de los eventos que la llevó a convencerse de la existencia de Dios. Muy a mi pesar, quizás por malcriado, quizás por malagradecido, no puedo evitar seguir atribuyéndoselo a la casualidad. Si hay algo en lo que creemos tanto los agnósticos como los ateos es en las casualidades. Como todos, he pasado por muchísimas de ellas, unas buenas, otras malas. Lo que me resulta innegable es que, de todas, esta había sido la mejor.

CAPÍTULO 4

CABLE GUY

You know you're pretty good at this.
You could be a cable guy yourself.
JIM CARREY EN "THE CABLE GUY"

A veces, un ejemplo puede también ser un consuelo. Ahora que estaba, aunque con muchas precauciones, regresando a algunos ensayos y grabaciones, en diferentes momentos, dos compañeras de trabajo se me acercaron a decirme que querían hablar conmigo. Una vez estuvimos aparte, ambas me confesaron que habían sido diagnosticadas recientemente con cáncer de seno. Una de ellas se quebró porque, además, me contó que no había compartido la noticia con nadie más. La otra, aunque tampoco había hablado de eso con nadie, se lo tomaba con más estoicismo. Poco después, un buen amigo que estaba viviendo en México también me contó que lo acaban de diagnosticar con cáncer de pulmón. Los tres eran más jóvenes que yo y los tres tenían hijos. Era evidente que todos esperaban, además de compartir una mala noticia, que les diera algún tipo de consejo. Lo que era igualmente cierto es que no tenía ni idea de qué decirles. Porque tener cáncer es como escuchar música con los ojos cerrados, es una experiencia absolutamente personal. Les dije que no creía en los secretos y que en mi experiencia compartir una mala noticia era la mejor forma de sentirse acompañado.

Les recomendé que buscasen un método de cura en el que confiasen y que lo siguieran hasta donde les fuera posible. Les recordé que la medicina había avanzado muchísimo y que lo seguía haciendo. Los abracé.

Sin entrar en detalles, me permito saltar en el tiempo y contarles que para el momento en el que escribo estas líneas los tres están bien y en remisión. Cada uno de ellos tuvo un viaje diferente e incluso tuvieron la suerte de terminar sus tratamientos mientras yo seguía en el mío. Seguimos en contacto; ahora tenemos muchas más cosas en común.

Mientras tanto, casi todas mis autorizaciones para sacarme las células madre se habían vencido, por lo que me tocó repetir casi todos los exámenes que ya me había hecho. Lo asumí como algo de rutina de la misma forma en la que alguien podría asumir que acostarse todas las noches en una cama de clavos es algo rutinario. Simplemente quería ir pasando obstáculos hasta llegar a la meta. El detalle es que seguía dando positivo al Covid, por lo que entrar al hospital se convertía en todo un evento. A pesar de que supuestamente ya los diferentes médicos a los que iba viendo le avisaban a la recepción sobre los detalles de mi caso, cada vez que iba me hacían una nueva prueba y me mandaban a esperar los resultados en un jardín o en mi coche o donde me diera la gana siempre y cuando no fuese dentro de sus instalaciones. Estos resultados podían llegar a tomarse hasta cuarenta minutos y, luego de verificar que seguía dando positivo, revisaban las fechas para estar seguros de que no fuese contagioso y me dejaban pasar.

—Si me van a dejar pasar por las fechas, ¿por qué me siguen haciendo la prueba? —se me ocurrió preguntar.

Me respondieron el equivalente al consejo que dan los técnicos de informática cuando no saben qué hacer para reparar una computadora y simplemente te dicen "Resetéala". El equivalente hospitalario es "Protocolo", palabra que les permite hacer cualquier cosa que no pareciera lógica y que, de paso, es ideal para dar por terminada una conversación.

Aun así, había sorpresas. Aparecieron citas nuevas, una de las cuales fue con un trabajador social del hospital al que todos los futuros clientes de trasplante de médula teníamos que ver. Usando una habitación que, aunque era bonita y apacible estaba identificada con el aterrador nombre de "Flebotomía", me explicó que una de las "ventajas" de mi cáncer era que "es uno de los que tiene más plata", refiriéndose a que podía aplicar a diferentes ayudas financieras.

—De aquí y de allá puedes llegar a obtener hasta seiscientos dólares mensuales que no creo que vayan a hacer una gran diferencia, pero que son algo y te pueden ayudar a pagar algunas cuentas del mes.

Pensé en la cuenta del seguro que ya iba por el millón de dólares y en lo afortunado que era por poder contar con esa ayuda. De paso, yo seguía trabajando. Me imaginé la angustia de los muchos que, además de tener que padecer todo el proceso, tenían que ir sacando una y mil cuentas para poder seguir el tratamiento. Yo podía darme el lujo de ser generoso.

—Preferiría que se lo den a alguien que lo necesite más que yo.

—¿Estás seguro?

Por un momento dudé de si su pregunta se debía a una genuina preocupación o porque había visto el estado de cuenta de mis tarjetas de crédito. Aun así, ya había tomado la decisión.

—Yo sigo teniendo trabajo. Voy a estar bien.

—Esto es largo —insistió, y ahora no sabía si se refería al tratamiento o a nuestra conversación que ya se me antojaba eterna, y que seguía—. La otra cosa que te iba a ofrecer es si quieres hablar con alguien que se haya hecho el trasplante para que te cuente de la experiencia.

Me acordé de mis amigos y de lo bien que me había hecho a mí mismo hablar. También recordé a aquellos recientemente diagnosticados a quienes esperaba los hubiese ayudado haber hablado conmigo. Le dije que eso sí me interesaba y me dio un teléfono que guardé para cuando el trasplante estuviera más cerca, pero que, por supuesto, perdí.

De allí pasé a una nueva consulta que esperaba fuese de rutina con Dr. Paréntesis, quien pasó largo rato mirando los resultados de mi MRI.

—Estem... Hummm... Hay algo allí —me dijo con esa actitud solo suya que no permitía adivinar si lo que venía después era una noticia buena o una mala.

Pensé en lo mal que le iría a Dr. Paréntesis si en alguna oportunidad lo torturaban para sacarle información. Lo imaginé en un sótano oscuro, colgando de una viga en el techo, un hilo de sangre que le sale de la comisura de los labios, el copete hecho un desastre, mientras los típicos villanos vestidos de negro tratan de que confiese algún código.

—¡Danos el código! —le gritarían acercándole unos cables de los cuales saldrían aterradoras chispas.

—Estem... Hummm...

—¿Acaso no nos lo piensas dar?

—Claro que sí. El código es... estem... hummm...

Lo matarían por desespero. La pobre Dra. NoTePreocupes quedaría viuda y sin nadie que le murmure, porque obvio que, a esas alturas y en mi fantasía, los dos médicos ya se habrían casado luego de una muy incómoda ceremonia en la que la respuesta al "¿Acepta usted a Fulana NoTePreocupes como esposa?" sería positiva, aunque llegaría cinco minutos más tarde de lo esperado luego de unos muy tensos "Estem..." y "Hummm". Por suerte, aún no tendrían hijos.

Pero volvamos a la igualmente incómoda realidad en la que Dr. Paréntesis no era una víctima sino apenas el portador de noticias quizás buenas, quizás malas. Resultaron ser malas. Muy. Me dijo que, probablemente a raíz de que había parado el tratamiento, el mieloma múltiple estaba regresando más rápido de lo esperado. Aparentemente, en mi interior, más cosas de las que pensaba tiene el potencial de ser sorprendentemente agresivas. Específicamente, había un tumor en mi costilla que estaba creciendo y que había pasado de 1,9 cm a 2,2 cm.

—Otra vez hay un tumor —me confirmó el Asistente/Traductor quien, si bien a esas alturas ya debía sospechar que el médico y yo nos entendíamos en inglés, quería asegurarse.

La noticia me resultó tan inesperada que no supe cómo reaccionar. Por su parte, Dr. Paréntesis hizo un esfuerzo sobrehumano y trató de ser optimista.

—Todavía podemos sacar las células madre —dijo—, pero si sigue creciendo luego de que te hagas todo lo de la tiroides, quizás hagamos un par de ciclos extras de quimio para que llegues mejor al trasplante. En todo caso, lo vamos a observar.

Miré la pantalla como para acompañarlo en la "observación", pero me di cuenta de que estaba usando los tiempos verbales en un sentido médico, que es cuando usan el presente para referirse a algo que va a suceder en el futuro. Como cuando dicen: "vamos a estudiarlo", "hay que operar" o "puedes estar tranquilo". Luego me explicaron que normalmente la extracción de las células madre y los trasplantes de médula suelen suceder seguidos, de allí que a los pacientes se les pone un "puerto", entendiendo por tal un catéter que va directo a una arteria importante de manera de poder administrar medicamentos más eficientemente. Esos puertos requieren bastante cuidado y como yo iba a pasar tanto tiempo entre que me sacaban las células madre y me hicieran el trasplante, me iban a poner uno "temporal". Los puertos fijos los había visto en diferentes pacientes en mis idas y venidas a MCI y solían ser una suerte de cuadrado pequeño del cual salían unos cables cortos, que les veía a las personas en el pecho cuando llevaban una camisa más abierta o escotada, siempre tapado con alguna venda. Me imaginé que lo mío sería algo parecido. Para que me lo pusieran tuve una nueva visita al quirófano, luego de la cual me sorprendí al despertar y notar varios cables que me salían del cuello y que estaban pegados con vulgar tirro como si fuese una antena que me saliera de la clavícula.

—Tiene que tener cuidado porque eso va quince centímetros por dentro de la aorta —me advirtieron—. En caso de que vea una irritación o tenga fiebre, tiene que avisar de inmediato.

La intención ciertamente era más sofisticada que el recurso. Si la idea era hacer un "puerto", lo que me habían hecho escasamente llegaba a "muelle". El tirro que sostenía los tres cables que me salían del cuello, se me pegaban al cabello y no había forma de acomodarlo para poder acostarme o dormir. Incluso estando de pie sentía una sombra a mi costado que me atormentaba. Josef Mengele hubiese estado orgulloso de ese diseño que en pocas semanas le hubiese quitado las ganas de vivir al más alegre. Se me ocurrió quejarme con mi amigo Emilio, que imaginé podría entenderme por qué había tenido que padecer una bolsa de colostomía por meses. Lleno de sabiduría, Emilio se limitó a decirme:

—Lo que pasa es que tener quince centímetros adentro nunca es fácil.

Lo bueno es que se supone iba a padecer esta maravilla médica por poco tiempo. Me lo habían puesto un jueves, a partir del sábado y hasta el lunes me iban a dar unas inyecciones que se supone iban a multiplicar mis células madre para que hubiera más los días de la extracción. Si todo iba bien, iban a recolectar las células madre entre martes y miércoles. En caso de que todo no fuese lo bien que esperaban, el martes me iban a poner una inyección de otra cosa que sí iba a hacer que se multiplicasen mis células madre sí o sí, de manera que los días siguientes me iban a poder sacar el mínimo de seis millones de células madre que requerían sin ningún problema.

—¿Y qué tal si me inyectan con el segundo producto de una vez? Digo, para ir sobre seguro —sugerí.

—Es que ese puede ser un poco doloroso o traer otras consecuencias.

—¿Como cuáles?

—La más normal es dolor de huesos.

—¿Cómo el Zometa?

—Un poquito más fuerte. Piensa que va a haber mucha actividad dentro del hueso. Lo ideal es tratar de evitarlo.

Estuve de acuerdo. Durante toda la conversación, la asistenta miraba hacia los cables como si yo tuviese una segunda cabeza. Finalmente dijo con más curiosidad que preocupación:

—¿Te parece bien si limpiamos "eso"?

La limpieza, que se repitió los siguientes días, consistía en sacar los parches que tenía pegados, sorprenderse por la irritación que tenía en la piel (nos enteramos de que soy alérgico a la goma de las vendas), probar con vendas de otra marca que nunca tenían el resultado esperado, revisar y limpiar cada catéter, y finalmente decir "nunca había visto uno así" refiriéndose al "muelle" que tenía en el cuello, porque todos los que estaban en tratamiento tenían uno permanente o, para utilizar los términos de las enfermeras que asumo debe ser médico, uno "más normal".

A todas estas, me permito hacer una mínima digresión para hablar del tema de los parches, vendas, curitas y demás herramientas que utilizan los médicos para sostener algo o tapar un corte. Hay una primera percepción errónea a este respecto que es que nosotros —y por "nosotros" me refiero a los seres humanos peludos— somos fuertes precisamente porque somos gente de pelo en pecho y que podemos aguantar dolor sin problema alguno cuando se nos arranca uno de estos adhesivos en lo que constituye una depilación inesperada y no deseada. No es así. Duele. Mucho. Al menos en mi caso, tengo que hacer un enorme esfuerzo para no gritar, llorar, patalear y/o insultar al agresor. La segunda percepción errónea es que sacar las cosas rápido es lo mejor porque así "duele menos" o "molesta, pero por un segundito nada más". Falso. No es así. Eso es cómodo para quien saca la curita, pero no para el que tiene la curita pegada a sus rebeldes y sensibles pelos. Cada vez que me inyectaban en la barriga se empeñaban en ponerme una curita, no de las chiquitas, redonditas y tiernas, sino de las largas y dolorosas que hacen simbiosis con los pelos hasta formar una sola cosa. Cuando amable y sádicamente las enfermeras me ofrecían arrancarlas ellas, negaba con una sonrisa y, más tarde, con cariño y paciencia las iba sacando mientras me bañaba y les caía agua caliente, en un proceso que podía extenderse por varios minutos y que de verdad era indoloro. Luego descubrí que venden unos solventes que empecé a cargar conmigo, pero que las enfermeras me decían que no hacía falta utilizarlos con el cuento de que era "un segundito nada más", seguido de mi depilación localizada. Ya en el caso del embarcadero que tenía cerca del cuello, todo era más delicado y por lo menos ahí sí usaban el solvente, pero al poco rato iban perdiendo la paciencia y empezaban a halar cada vez más fuerte. ¿La solución? Empecé yo mismo a afeitarme las áreas que sabía eran más proclives a recibir un parche o una curita. En cualquier caso, la conclusión a la que quiero llegar es que, sacar curitas puede ser doloroso y que hay maneras más efectivas de hacerlo que la que enseñan las madres, que podría resumirse en "Arráncate esa vaina de una vez". He dicho. Continuemos con la narración.

Como de costumbre, traté de tomarme los cables que me salían del cuello con ligereza. El sábado de mi "Fin de Semana de Inyecciones", luego de pasar muy temprano por el hospital para que me pusieran las primeras, les mandaba mensajes a mis hijas preguntándoles si querían ver cable conmigo y luego les mandaba la foto de mi cuello. Esos días, íbamos al hospital para que me inyectaran y luego me dedicaba a ver películas (con Ilse) o a armar rompecabezas (solo) para controlar la ansiedad. El martes previo a mi recolección, entre la ansiedad y los tirros que se me pegaban a la cabeza y que temía fuesen a afectar el catéter, no pegué un ojo.

El día de la primera inyección apenas arranqué el coche para ir al hospital, una luz anaranjada con un signo de exclamación nos indicó que algo pasaba con las llantas. Me bajé y noté que una de ellas estaba baja. ¿De verdad? ¿Justo hoy? Era evidente que, ante la importancia y la trascendencia de la cita que me esperaba, la opción más sensata era pedir un Uber, aunque eso implicara llegar unos minutos más tarde. El detalle es que la sensatez tiene su propia agenda y siempre llega más tarde de lo que se le necesita. En este caso, brilló por su ausencia, así que luego de un rápido estudio que se limitó a darle un par de pataditas a la goma y una mirada hacia el cielo esperando que me cayese una respuesta, le dije a Ilse que el aire que le quedaba a la goma era suficiente para llegar a MCI y que era preferible eso a atrasarnos. "Cualquier cosa, buscamos ayuda allá", acordamos.

Ya en el primer semáforo, una joven amable nos llamó la atención para indicarnos que la goma estaba baja. Le agradecimos y, no habíamos recorrido otra cuadra cuando apareció un señor señalándonos lo mismo. En las siguientes calles no menos de tres carros nos avisaron de nuestro neumático bajo, en lo que empezaba a convertirse en una epidemia de buena ciudadanía que, francamente, empezaba a irritar.

Es curioso cómo una advertencia amable e importante la primera vez se agradece, pero la décima haga que quieras insultar al buen samaritano diciéndole que deje de estar pendiente de mis actos irresponsables y que se enfoque más en los suyos propios. Es obvio que cada persona que avisa no tiene forma de saber que ya otros lo hicieron, pero la lógica nunca es tan fuerte como la indignación. Lo curioso es que Miami no es precisamente una ciudad que se caracterice por estas actitudes de buen vecino, sino más bien todo lo contrario. Si alguien está convulsionando en el piso, es más común ver a los peatones tratando de pasar por un ladito como para no molestar o sacándose un selfie con la víctima atrás para poder usar el #OnlyInMiami, que deteniéndose a atenderlo. Igual, poco antes de llegar al hospital, me volví a bajar y para nuestro alivio, pude comprobar que el neumático estaba exactamente igual de desinflado que cuando salimos. Seguimos, estacionamos y confiamos en que se mantuviera igual unas horas más.

Una vez en el hospital, me explicaron el procedimiento. De mi cuello salían tres cables, por uno de ellos iba a salir sangre hacia una máquina que la iba a recibir para separar el plasma y las células madre y, el resto, iba a regresar a mi cuerpo por el segundo cable. El tercero era por si me tenían que poner algún medicamento durante el proceso.

—La máquina solo va sacando de tu cuerpo el equivalente a un pequeño vaso de sangre, por lo que no corres riesgos —me explicó la enfermera, quizás sin darse cuenta de que me acababa de crear una preocupación que jamás hubiese imaginado.

Nos explicaron que el conteo de células madre de la muestra que habían extraído tenía que ser superior a treinta para que pudiesen proceder a la recolección y que el resultado del test se iba a demorar cerca de una hora.

—¿Podemos ir a reparar una llanta mientras tanto o tenemos que quedarnos en el hospital? —pregunté.

La mujer me miró muy extrañada, probablemente preguntándose si yo, en mis ratos libres, me ponía a cambiar neumáticos como hobby. En cualquier caso, dijo que sí. La que estaba en contra de la idea era Ilse y su excusa era muy sencilla: lo que yo quería hacer era una estupidez. Podíamos esperar o llamar al servicio de asistencia que para algo pagábamos. De más está decir que tenía razón. Pero yo estaba tenso y le dije que salir me iba a ayudar a matar el tiempo, por lo que terminó accediendo con la condición de que solo le pusiéramos aire y de que llamásemos a un mecánico si eso no fuese suficiente. Como soy terco, pero no idiota, accedí. Una vez en una estación de servicio y frente a una máquina de aire, me di cuenta de la segunda razón por la que Ilse no quería hacer lo que estábamos haciendo: no sabía ponerle aire a las llantas. Luego de un intento en el que logró sacarle el poco aire que le quedaba, me dejó que lo hiciera yo. Las fotos del arreglo mecánico con los cables que me salían del cuello y gente sorprendida a mi alrededor todavía las tengo.

Regresamos al hospital antes de que se cumpliese la hora y ya sin luces amarillas de advertencia en el vehículo. A los pocos minutos volvimos a pasar a la sala donde nos recibió una enfermera para decirnos que mi conteo estaba en veintitrés.

—Vamos a tener que ponerte la otra inyección —dijo.

Buscó un lugar en mi barriga que no tuviese morados, cosa que se hacía cada vez más difícil a pesar de que gracias a los corticoides mi panza seguía creciendo, y regresamos a casa. Yo estaba pendiente de que me empezara a doler. El consuelo era saber que, si me dolía, era porque el medicamento estaba funcionando. Es más, al poco rato me di cuenta de que quería que me doliese, porque necesitaba que la medicina hiciera su efecto. Pero nada. Pasaban las horas sin que yo sintiese ninguna diferencia. Una vez más, esa noche no pude dormir. Esta vez no por los cables, sino porque nunca sentí dolor.

Los que no dormimos, siempre creemos que nuestros movimientos en la cama son ligeros y delicados. Claro que esto es una cuestión de perspectiva porque, comparado con lo que queremos hacer, que incluye prender una luz, el televisor y acomodar todas las almohadas para quedar sentados en la cama, todo pareciera poca cosa, pero no es así. Por eso, inevitablemente hacemos que la persona que duerme a nuestro lado también se despierte.

—¿Qué te pasa? —preguntó Ilse.

—No puedo dormir.

—¿Te duele mucho?

—No, no me duele nada.

—¿Y entonces?

—Bueno, eso, que no me duele nada.

—¡Coño, tú sí jodes! —fue lo último que dijo antes de darme la espalda y seguir durmiendo.

Cuando llegamos al hospital a la mañana siguiente me temía lo peor. Iban a tener que buscar otro recurso... o dejarlo así y buscar una médula compatible. Mientras me sacaban la sangre para hacerme una nueva prueba, casi que con vergüenza les confesé que no me había dolido.

—¡Qué suerte! —dijo la enfermera sin saber que ya había dado ese día también por perdido.

Me imaginé los posibles caminos a seguir, siendo el primero poner el doble de medicina en una nueva vacuna. Si eso no funcionaba, pues no me quedaría otra que la cuarta y no querida opción: hacer un alotrasplante, que es cuando se usa la médula de otra persona para sustituir la propia, proceso más complicado que el que pretendíamos hacer mis médicos y yo, el autotrasplante, donde las posibilidades de que el cuerpo rechace la médula son mucho menores.

—Que sea lo que sea —le comenté a Ilse quién pasó a usar el "Coño, tú sí jodes" más como un mantra que como un insulto.

—Por otro lado, lo que necesito es llegar a siete más. Ayer estaba en veintitrés, a lo mejor, aunque esta última no haya funcionado tan bien, con lo que me pusieron los días previos sí llego a treinta. O quién sabe a treinta y uno, ¿no?

Ilse negó con la cabeza en silencio, que descubrí era otra forma de decir "coño tú sí jodes" sin siquiera pronunciarlo y siguió leyendo. Yo traté de leer también, pero no podía concentrarme ni en los titulares de las noticias y mucho menos en un libro, gracias a lo cual, en lugar de ampliar mi pensamiento o aprender algo nuevo, terminé jugando Candy Crush por largo rato. Después de unos larguísimos cuarenta y cinco minutos la enfermera regresó con una sonrisa.

—Buenas noticias —nos dijo—. Su conteo está en noventa y cuatro.

No me lo creí.

—¿Cómo noventa y cuatro?

Revisó el papel otra vez.

—Sí, noventa y cuatro.

—Pero ayer estaba en veintitrés.

—Sí, y hoy está en noventa y cuatro.

—¿Lo que le dieron ayer también afecta el cerebro? —quiso saber Ilse.

Acompañamos a la enfermera a una habitación identificada con el sensual nombre de "Plasmapheresis"[43], donde estaba la máquina que iba a ser la verdadera protagonista de todo el proceso en el que yo no pasaba de ser un insumo, que se tenía que quedar quietecito para que el aparato pudiese trabajar bien. A dichos efectos, me recomendaron que fuese al baño antes de nada porque, una vez conectado no iba a poder pararme... o usar mucho las manos durante las seis horas que iba a durar mi "sesión". El objetivo era recolectar entre seis y diez millones de células madre, que serían suficientes para dos trasplantes. Si no llegaban a la cifra en un día, pues regresaba el día siguiente para completarla. La razón de sacar suficientes células para dos trasplantes es previsiva. Así, si llega a pasar algo no muy contundente con el primero o si vuelvo a necesitarlo en el futuro, no tengo que volver a pasar por el mismo proceso de recolección que estaba haciendo ahora. Además de que, según me explicaron, no siempre se tienen las condiciones para poder hacerse un autotrasplante o para recoger células madre, así que había que aprovechar.

Me acosté en una cama bastante grata, me acomodé todo lo posible pensando en que no me iba a mover en mucho tiempo y luego me conectaron a la máquina usando dos de los tres cables. A las ocho de la mañana en punto prendieron la máquina y empecé a ver cómo una corriente roja salía de uno de los catéteres y, unos minutos después, regresaba a mi cuerpo por otro, ahora de un color más claro. En el proceso, se iban separando dos bolsas: una se iba tornando amarilla mientras se llenaba de plasma,

---

[43] Sensual si eres un vampiro, claro está. De resto, es un nombre aterrador.

mientras que la otra lo hacía con un hermoso color guayaba, que resulta que es la tonalidad de las células madre. El conteo lo llevaba la máquina que siempre tenía una enfermera frente a ella. Parecía que todo iba bien hasta que, exactamente a las nueve de la mañana, se fue la luz.

Fue apenas por un par de segundos. Los suficientes para que todo se apagase y se volviese a prender casi de inmediato. La enfermera ni siquiera trató de disimular. Dijo "¡Ay!" y luego sacó un celular y se puso a teclear frenéticamente. A los segundos apareció una segunda enfermera y las dos se pusieron a hablar bajito en la puerta. Luego nos dimos cuenta de que la razón por la que no hablaban más privadamente es porque durante este proceso una enfermera *tiene* que estar con nosotros todo el tiempo. De más está decir que verlas a ellas preocupadas empezó a alterarnos a nosotros también. Es como si subes a un barco y de pronto el capitán se asusta y se pone el único salvavidas disponible. Es obvio que sabe algo que nosotros no. No pasó mucho más tiempo cuando la máquina hizo un nuevo sonido y siguió haciendo su trabajo como si nada. Las enfermeras se acercaron y sonrieron felices.

—¡La máquina no perdió la cuenta! —nos dijo una de ellas, extremadamente contenta y aterradoramente sorprendida.

—Ya... ¿Y esto de la luz pasa seguido? —quise saber.

—Nunca. Es la primera vez que sucede. Y espero que la última.

Por suerte, al menos ese día, no volvió a pasar.

Como siempre tenía a una enfermera a mi lado, me parecía de mal gusto ponerme a ver películas en mi iPad mientras ella trataba de concentrarse y trabajar —aunque desconozco bien en qué, ya que parecía que la máquina lo hacía todo— y me dediqué a leer. En algún momento del día nos visitó mi hermano Andrés, lo que implicó que Ilse y él tuviesen que hacer turnos porque solo permitían un acompañante a la vez en la habitación.

Al final de la jornada nos anunciaron que habían recogido 8,2 millones de células y que no tendría que regresar al día siguiente. Me felicitaron como si hubiese tenido algo que ver y lograron que, en efecto, me sintiese orgulloso, aunque el mérito haya sido completamente de otros y, muy especialmente, de una máquina. Por otra parte, era cierto que llevaba meses haciendo un tratamiento para poder alcanzar lo que acababa de suceder. Habíamos cerrado una etapa. Por fin. Ilse me tomó la mano; ¿estaría orgullosa? Quiero pensar que sí.

Mientras seguíamos tomados de la mano en una muda y deliciosa euforia, entró un asistente con una aprendiz para removerme el "puerto". Mientras hacía su trabajo, le iba explicando a la muchacha cómo lo tenía que hacer ella cuando realizara el mismo proceso en el futuro.

—Esto es muy fácil —empezó—. Lo primero es cortar este punto que le pusieron para sostener los catéteres.

—¿Tenía un punto? —me sorprendí yo.

El experto seguía en la suya. Yo era simplemente la excusa que le permitía dar una clase.

—Lo segundo y más delicado es halar los cables —le seguía diciendo a la aprendiz—. Hay que hacerlo rápido para que no empiece a salir sangre y tienes que taparlo de inmediato con mucha presión.

Dicho eso, mientras yo miraba hacia el infinito e Ilse se atrevía a ver y me apretaba mucho la mano, el experto haló mis cables, —que resultaron ser mucho más largos de lo esperado[44]— cosa que me brindó un alivio inmediato y, en milésimas de segundos, puso su mano con una gasa en el sitio por el que el cable había salido.

—Tienes que quedarte apretando porque los catéteres estaban ligados a la aorta. Si lo sueltas ahora o si hago así —amenazó inclinar la mano,

---

[44] Aparentemente, que un médico te diga que te va a meter "solo quince centímetros" es el equivalente a un novio desesperado diciendo que será "solo la puntita".

pero afortunadamente no lo hizo—, saldría un chorro de sangre que llegaría a la pared. ¿Quieres intentar apretarlo tú?

Sin dejar de apretar, el joven se hizo a un lado como para que la aprendiz se pudiese acercar.

"Por favor, no", pensé yo.

—Mejor no —afortunadamente dijo ella.

—Luego te quedas unos minutos ejerciendo presión para dar tiempo a que la herida coagule —siguió explicando.

Por unos minutos nos quedamos todos en silencio, mientras el hombre apretaba la herida como si estuviese haciendo digitopuntura. Por mi parte, traté de contribuir pensando en mi herida y pidiéndole que se cerrase. Quiero pensar que entre los dos lo logramos. Luego me pusieron una nueva venda, me dijeron que no la mojase en los próximos días y nos despedimos.

Salí caminando sin nada que me apretase o me saliese del cuello y recién en ese momento me di cuenta de lo incómodo que había estado los días previos. Eso es lo bueno que tienen las enfermedades, nos hacen valorar cosas que ni sabíamos que podíamos disfrutar. Nos subimos al auto felices y allí comprobamos que hasta la llanta se había curado. Pero lo más importante es que habíamos concluido algo. Ilse me leyó la mente.

—Bueno, por lo menos esto ya se acabó —dijo.

"Un paso menos —pensé—. Ahora prepárate tiroides, ¡voy por ti!".

CAPÍTULO 5

LA TOMA DE LA PASTILLA

Pepa y agua pa' la seca
To' el mundo en pastilla en la discoteca

FARRUKO

P asaron unos días hasta que me di cuenta de que no hubo campana. Ya sé que suena superficial, pero justamente se trata de que me faltó que "sonase" algo, disfrutar del rito que indica una culminación. Ciertamente luego de la recolección de células madre habíamos logrado algo, me sentía como para tocar una campana y, exactamente en frente de las puertas de la unidad donde habían realizado todo el procedimiento había una, pero la verdad es que cuando salí del sitio estaba tan feliz y, me doy cuenta ahora, tan apurado por irme, que ni la vi. Esta realización vino precisamente cuando estaba contemplando otra campana, la de radiología que ya había tocado, mientras esperaba que me atendiera un nuevo radioterapeuta, al cual, considerando la cantidad de veces que lo vi, pasaremos a llamar Dr. Brevísimo.

Como de costumbre, luego de que me pesaran e hicieran otras mediciones para confirmar que seguía vivo, me dejaron un rato con mi libro en un consultorio, el mismo donde previamente me había recibido Dr. Cool en alguna de mis citas previas. Al rato y luego de tocar la puerta un

247

par de veces para anunciar su presencia, entró Dr. Brevísimo. Por cierto, que siempre me llama la atención que los médicos tocan la puerta antes de entrar a un consultorio que se supone es de ellos. Entiendo que es una señal de buena educación, pero qué pasa si uno dice "no", ¿se va o se queda afuera hasta que uno le avisa que puede pasar? ¿O qué tal si les dices "mejor espere un par de minutos que todavía huele a pedo"? Pensé en hacer de cuenta que me estaba subiendo los pantalones a ver cómo iba a reaccionar, pero no me dio tiempo y Dr. Brevísimo tenía muchas cosas que decirme, siendo la primera que lo "normal" era esperar un mínimo de dos meses entre que te remueven la tiroides y te hacen la radio en la zona. Él entendía que eso no era posible en mi caso, así que íbamos a esperar solo dos semanas, pero que aun así tenía que irme preparando porque iba a tener que hacer una dieta especial desde dos semanas antes de la radiación y durante la semana posterior al proceso, la cual la debía pasar encerrado. Siguió hablando, un tanto ensimismado en su propia explicación, por lo que levanté el brazo para indicarle que quería hacer una pregunta. Se extrañó.

—Dígame.

—Es que me quedé en "encerrado". ¿Por qué encerrado?

—Porque vas a estar radioactivo.

—¿Por qué?

—Esa es la radiación que te vamos a hacer. Te vamos a dar cien milicurios de yodo radioactivo que es lo que elimina este tipo de cáncer.

—¿Y a mí no me elimina también?

—No, solo al cáncer.

—Yo pensé que era como la otra vez que me acostaba y una máquina me lanzaba rayos.

—No, no. Esto es otra cosa, otro tipo de radiación. Lo importante es que cuides de mantener distancia de los demás durante esos siete días para que no les hagas daño.

—¿No me puedo acercar a nadie?

—No. Sin excepciones.

—Lo siento, doctor, pero yo cada tres horas necesito darle un abrazo de siete segundos a mi suegra.

¡Se rio! Los chistes de suegra nunca fallan. Habíamos empezado un tanto distantes, pero ya empezábamos a entendernos. O quizás no, porque lo siguiente que agregó antes de irse fue:

—Ahora lo voy a dejar con mi asistente para que le explique los detalles de la dieta.

La asistenta me entregó un libro y me explicó que a las células del tipo de cáncer que yo tenía en la tiroides les encantaba el yodo. De allí que la idea de esa dieta era comer la menor cantidad de yodo posible, de manera de que cuando me diesen el yodo radioactivo, esas células saliesen disparadas a comérselo y mueran, paradójicamente, de cáncer.

—¿Y qué cosas tienen yodo?

—Bueno... obvio la sal, cualquier cosa que venga del mar. Incluso las carnes tienen, pero en cantidades pequeñas, de allí que tengamos que controlar la cantidad de proteínas que vaya a consumir al día. No puede pasarse de una cantidad equivalente al puño de una mano. Además, no puede consumir ningún lácteo, pan, soya, chocolate, nada rojo, la mayoría de los condimentos... En fin, en el libro se explica todo.

—¿Qué cosas *no* tienen yodo? —quise saber para ver si la lista era más corta.

—Frutas... la mayoría de los vegetales... la cerveza.

—¿En el hospital me van a dar cerveza?

—¿En qué hospital?

Por un momento los dos nos miramos sin entender a qué se refería el otro. Traté de precisar mis dudas.

—¿Dónde me van a ubicar mientras esté encerrado y apartado del mundo? —pregunté.

—No entiendo —confesó la Asistente.

—Lo que quiero saber es en qué área del hospital me van a tener como al "niño de la burbuja".

Era obvio que seguía sin entenderme y que, además, no había visto la película.

—Usted va a estar en su casa —afirmó.

—Pero yo tengo gatos. A ellos no les puedo pedir que durante una semana no se me acerquen, prefiero estar aquí.

—Eso no es posible. ¿Su casa tiene habitaciones donde pueda estar apartado?

—Bueno, sí...

—¿Y un baño aparte?

—También. Pero me preocupan los gatos. Tengo tres y están acostumbrados a estar en mi cama. Si abro la puerta, aunque sea un minuto, ellos podrían entrar sin que me dé cuenta y eso los podría matar, ¿no?

—Me temo que va a tener que tomar previsiones —dijo sin indicar cuáles eran esas previsiones.

Luego siguió explicándome que en realidad sí podía ver a alguien, siempre y cuando esa persona se mantuviera a por lo menos diez pies de distancia (unos tres metros) y no fuese por más de diez minutos al día. De resto, si toco cualquier superficie que alguien más pudiese tocar tenía que pasarle un trapo húmedo.

—¿El trapo húmedo elimina la radioactividad?

—En este caso, es suficiente para evitar otros problemas.

—¿Y luego qué pasa con el trapo húmedo? Porque para poder limpiar tuve que tocar el trapo húmedo, ¿no?

Mis preguntas empezaban a cansarla.

—El trapo se lo guarda usted por si lo tiene que volver a usar.

—¿Y qué pasa después de la semana? Porque si me quedo en mi habitación voy a haber estado en mi cama y me voy a haber apoyado en las almohadas y tocado la ropa del clóset, ¿no?

—Por eso no se preocupe, porque la radiación desaparece después de una semana. Bueno, no toda. Su cuerpo va a mantener residuos por los siguientes seis meses, por lo que debe evitar cualquier contacto que pueda implicar fluidos, como saliva, por ejemplo.

—¿No voy a poder besar a mi esposa por seis meses?

—Ni a nadie más.

La miré indicándole que ya había sido suficiente porque era obvio que me tenía que estar jodiendo. Miré hacia los lados buscando la cámara escondida. La asistenta empezó a mirar hacia los lados también, curiosa de qué estaba buscando yo. Se me borró la sonrisa.

—A ver, ¿qué es exactamente lo que podría pasar si toco a alguien durante esos siete días? —dije como para seguir llevándole la corriente.

—Usted no va a tocar a nadie durante esos siete días —insistió.

—Supongamos que estoy en mi casa y mi suegra se cae y me pide que la ayude porque no hay nadie más, ¿qué hago?

—Llama al 911.

—Okey, pero supongamos que con los nervios se me olvidó que tenía que hacer eso y fui y la toqué, ¿qué le podría pasar a mi suegra?

—Ya le dije, no la toque, que no se le olvide.

—Sí, pero si la toco qué le puede pasar.

La asistenta suspiró dejando claro que estaba harta.

—Le podría dar cáncer —dijo por fin.

—¿Perdón?

—Durante ese tiempo, usted va a estar radioactivo. Eso es malo.

—A ver si entendí, ¿este tratamiento es peligrosísimo para toda la humanidad, pero es muy bueno para mí?

—Yo no lo pondría en esos términos, pero sí.

Justo al salir, me llamó mi amigo Michel y me ayudó a ponerle una perspectiva diferente a todo el asunto.

—¿O sea que tú no puedes dar sexo oral, pero sí puedes recibirlo? —me preguntó

—Bueno, sí, por seis meses.

—Ajá... ¿y también vas a bajar de peso?

—Dicen que en promedio son unas diez libras, pero porque no puedo comer un carajo.

—Ya... ¿Y cada cuánto es que puedes pedir que te hagan esa radiación?

—Es una sola vez.

—Pues aprovéchala.

A pesar de sus buenas intenciones, el tratamiento no me terminaba de cerrar. Mi hermana Andrea, que ya oficialmente era mi consultora médica post Dr. Juan, me decía que, aunque todo sonaba bastante caprichoso, no tenía nada que temer. Incluso mi mamá, siempre experta en buscarle el lado negativo a todo, me decía que no tenía de qué preocuparme.

—Desde hace siglos se hace eso. Yo tengo amigas que se hicieron ese tratamiento hace treinta años o más y están perfectas. O bueno, no están perfectas, pero no por culpa de eso.

—Lo que pasa es que este es el primer tratamiento de los que hago que siento que no tiene ningún sentido.

—Que no lo entiendas no quiere decir que no tenga sentido.

Punto para la señora Alicia. De todas maneras, le expresé mis temores a Dr. Brevísimo, quien trató de calmar mis nervios.

—Nosotros tenemos mucho cuidado con la dosis que te vamos a administrar y te vamos a estar supervisando. Funciona tan bien que ni siquiera tenemos otras alternativas de tratamiento.

Decidí seguir adelante, lo cual, en principio implicaba seguir a rajatabla una dieta que, afortunadamente no era "cero sodio" sino "baja en sodio", lo que a su vez quería decir que podía consumir hasta 50 miligramos de sodio al día. Me pareció que 50 era un buen número y así me fui al mercado donde las etiquetas de todo lo que iba viendo me demostraron mi error. Así, por ejemplo, me dijeron que podía usar sal kosher, que era baja en sodio, pero resulta que un cuarto de cucharada de esta sal tiene 480 mg de sodio, con lo que podía usar el equivalente a tres granos por comida. Busqué otras opciones. Resulta que una cucharada de kétchup tiene 180 y una de mostaza 55. Lo de las sodas y las cervezas tampoco resultó ser una realidad: la mayoría de las cervezas andaban por los 200 mg de sodio y un refresco entre los 50 y los 60. "A lo mejor podría disfrutar de las bebidas por buches, ya que no por botellas", pensé. Luego de un rato de ocio frente a las etiquetas encontré una cerveza jamaiquina, Red Stripe, que por suerte me gusta mucho, que tenía solo 5 mg de sodio por botella. Otra opción eran los matzos sin sal, que es como comer un cartón, pero con menos sabor, y también tenían 5 mg "por unidad". En otras palabras, una vez al día podía comer cinco matzos sin sal y luego tomarme cinco Red Stripes para tratar de olvidar que me había comido los cinco matzos. Lo único que me entusiasmaba de la dieta era que podía comer frutas de manera ilimitada. Aclaro que no estoy usando la palabra "entusiasmo" ligeramente sino con plena consciencia porque, de todas las comidas supuestamente saludables, las frutas siempre han sido mis favoritas. Podía pasar tres semanas comiendo como un mono, eso me daba cierta tranquilidad.

El siguiente punto era decidir dónde iba a pasar mi encerrona. Propuse mandar a los gatos a una guardería para gatos, pero las caras de Ilse, Eugenia y hasta de mi suegra me indicaron que esa no era una opción. Consideré irme a una cabaña perdida por el carajo, pero me di cuenta de que llegar a esos sitios no iba a ser fácil siendo radioactivo ya que, en teoría, iba a estar cansado y no debía estar manejando. Pensé en un hotel, pero allí es difícil controlar que la gente entre cuando pides comida y, de lograrlo, imaginé que a los tres o cuatro días mi encierro iba a empezar a levantar sospechas hasta que me echasen del hotel y, en el camino habría dejado una secuela de radioactividad digna de Chernóbil. Finalmente acudí a AirBnb, donde encontré un tráiler que alquilaban en un parque cerca de los Everglades (más o menos a una hora del hospital) y me pareció una alternativa fantástica. Consulté con la asistenta que me miró extrañadísima, en lo que empezaba a ser una suerte de costumbre entre nosotros.

—Usted no puede hacer eso porque es antiético —me dijo usando un recriminatorio tono socrático.

—¿Por qué? ¿No se supone que a la semana ya no quedan ni rastros? Si me quedo ahí ocho días no pasa nada.

—¿Y si el dueño quiere revisar su propiedad? A menos que le diga cuáles son sus intenciones al alquilarle el lugar e informar que va a ser radioactivo, lo que está haciendo no se debe hacer.

No quise ponerme a discutir ética con la Asistente principalmente porque era obvio que ella tenía razón y no quería darle esa ni ninguna otra satisfacción. Como el cuento de que todo rastro de radiación desaparecía mágicamente a los siete días me resultaba un tanto difícil de creer —como todo lo demás— acepté quedarme en casa, encerrado para proteger a los gatos, pero entendiendo que para ello tenía que prepararme. Entre T.J. Maxx y Amazon compré un cubrecolchón, almohadas, sábanas, toallas y juegos de ropa interior y camisetas, todo barato, de calidad dudosa y listo para ser tirado a la basura una vez lo hubiese usado. A lo anterior se sumaron hornillas eléctricas, un par de ollas y sartenes, y un juego de cubiertos. Subí un pequeño refrigerador (tipo los que usan los estudiantes de *college*) que tenía en la sala de mi casa cerca de un bar, de manera que, a los pocos días, estaba físicamente listo para acampar en mi habitación.

Digo físicamente porque la parte mental estaba lejos de sentirse remotamente preparada. Incluso durante el peor período de la pandemia logré no pasar demasiado tiempo encerrado. Salía a correr, a caminar, al supermercado o simplemente me sentaba afuera un rato. Pensar en pasar siete días sin poder salir de la habitación se me hacía imposible. Esta vez Eugenia acudió a mi rescate. Me dijo que, cuando quisiera salir, la llamase de manera que ella pudiese encerrar a los gatos en algún sitio y, cuando regresara, los liberaba para que pasara a encerrarme yo. Sabía que eso iba a ser medio complejo porque entre los estudios y su nuevo trabajo (ahora era mesera en Flannigan's donde ganaba mucho mejor y, de paso, se divertía más) no es que ella estuviese mucho tiempo en la casa, pero se lo agradecí porque una posibilidad es también un consuelo.

En el hospital también me fueron preparando para "La Gran Encerrona". Dos días antes de la radiación tenía que ir para que me pusieran unas inyecciones (siempre en la barriga, aunque en las películas y en los recuerdos esto siempre era en la nalga). Además, me dieron un permiso para que, el día de la radiación pudiese estacionar mi carro en la puerta del hospital de manera de que, al salir, no tuviese que compartir con nadie ni tocar ningún botón en un ascensor. De paso, una vez llegase a mi casa, nadie podía subirse a mi carro por una semana. Como si lo anterior no hubiese sido suficiente para asustarme, me dieron un carnet que me identificaba oficialmente como radiactivo, de manera de que si, por ejemplo, un policía me detenía, supiese que tenía que alejarse de mí lo más rápido posible. Ese carnet iba a tener que cargarlo durante noventa días y mostrarlo en caso de que fuese hospitalizado. Estar cerca de mí era como que Trump te apoyase en una elección, la peor alternativa.

UN TIPO CON CÁNCER ENTRA A UN BAR...

—Es un momento ideal para asaltar un banco —le comenté a la Asistente en una de mis visitas.

Mi miró francamente preocupada.

—Recuerde que si no hace bien la dieta esto no va a funcionar —dijo como para asegurarse que yo no siguiese sonriendo.

El día antes de la radiación, llegaron dos personas, además de la Asistente para asegurarse que entendía todo bien. Yo seguía con preguntas.

—¿Qué pasa si el que tiene que hacerse este tratamiento es un niño? ¿Cómo se las arregla?

—Usted no es un niño —me recordó la Asistente.

Por suerte, una de las enfermeras presentes era más amable.

—En el caso de un niño, usualmente la mamá lo acompaña durante todo el proceso. O se queda en el hospital. ¿Le dijeron que en caso de emergencia usted podría pasar los primeros cuatro días del tratamiento en el hospital, ¿no?

Fue entonces cuando agarré un bisturí que estaba en una bandeja y degollé a la Asistente. Su sangre manchó mi mano y comenzó a esparcirse por su bata mientras las otras dos personas presentes asentían entendiendo que esa perra se lo había buscado. Okey, eso no pasó, pero sí me di el lujo de mirarla fijamente mientras decía: "No, nadie me dijo eso; más bien todo lo contrario". Ni se dio por aludida.

—¿Alguna pregunta? —quiso saber la mujer amable que súbitamente se había convertido en mi mejor amiga.

—Sí, una vez reciba la radiación, ¿voy a brillar en la oscuridad?

La mujer amable me sonrió mientras me decía que no, al tiempo que mi archienemiga se limitó a comentar: "Esa ya la habíamos escuchado". Me lo tomé como un reto personal.

—¿Alguna otra pregunta?

—Sí. Durante el proceso en el que me pongo radioactivo, ¿tengo que traer mi propia araña o ustedes me proveen una?

Las dos recién llegadas se rieron mientras mi archienemiga, siempre seria, concedía con un "esa no la habíamos escuchado".

Al salir, pasé por Costco y compré suficientes frutas y agua como para llenar mi bañera, que se había convertido en mi despensa. Todo me resultaba tan absurdo e irreal que no podía sino sentirlo ajeno. Era como si me estuviese preparando para un holocausto zombi y no para un procedimiento médico.

Así llegamos al "Chernóbil Day". Antes de irme me aseguré de que los tres gatos estuviesen encerrados en el cuarto de Aurora, que estaba vacío, y los abracé mientras me despedía sin que ellos entendiesen nada. Mientras iba al hospital, escuchaba "Radioactive" de Imagine Dragons. Algunos versos me resultaban particularmente pertinentes.

I'm waking up, I feel it in my bones
Enough to make my systems blow
Welcome to the new age, to the new age...

Todavía cantando el coro "Radioactive, radioactive" y como si tuviese una ambulancia, me estacioné enfrente de la puerta del hospital y le mostré a un guardia el papelito mágico que me permitía pararme donde me diera la gana. Me anuncié en la recepción y enseguida me pasaron a una habitación bastante grande donde me esperaban, entre médicos y enfermeras, unas siete personas, todas manteniendo una distancia de al menos tres metros entre ellos y mi persona. En su segunda y última aparición en estas páginas, un elegante Dr. Brevísimo, me recordó que debía mantener la dieta hasta que los viera de vuelta, ocho días después.

—¿Qué no eran siete?

Siguió adelante en su explicación.

—Esta no es una dieta de salud, es una dieta para el cáncer y no queremos que la mantenga más tiempo del estrictamente necesario. Sin embargo, antes de que la interrumpa, por fuerte que sea la tentación, tenemos que estar seguros de que el tratamiento funcionó.

La ceremonia se iba pareciendo cada vez más a un exorcismo. Al ratito entró una octava persona trayendo un carrito y un contador Geiger. Lo primero que hizo fue leerme una serie de preguntas para asegurarse que yo era yo, temiendo quizás que otra persona se hubiese aprovechado de la situación para ponerse radioactivo por gusto. Concluida esta parte del cuestionario, pasó a leer una serie de papeles en voz alta como si estuviese anunciado la llegada de alguien a una fiesta en Windsor, indicando el número de la pastilla que me iba a tomar y otros detalles, que luego debían ser firmados por Dr. Brevísimo y por mí.

Luego de estos actos protocolares esperaba que alguien me echara agua bendita mientras gritaba "¡Cáncer, sal de ese cuerpo!" al tiempo que mi cabeza daba vueltas y emitía chorros de vómito verde, pero no. Lo que sucedió fue que sacó una llave y procedió a abrir una mini caja fuerte que también estaba en el carrito. Usando guantes, extrajo un envase que dentro contenía una pastilla blanca de lo más anodina y abrió el envase asegurándose de no tocar nada y dejando que la pastilla cayera en un vasito plástico. El joven midió mis niveles de radiación y luego me ofreció el vasito con la pastilla y una botella de agua. Ocho pares de ojos me miraban expectantes.

—¿Qué tal que ahora me arrepienta? —dije.

Esta vez la que agarró el bisturí y me cortó el cuello fue la Asistenta. Okey, tampoco, pero los dos sabemos que lo pensó. Dr. Brevísimo me miró con una amable sonrisa.

—Es por tu bien.

—Sí, ya sé. La idea es que mi único problema sea el Mieloma Múltiple —dije.

Y me tomé la pastilla.

A los pocos segundos, el joven volvió a medir mis niveles de radiación y luego le asintió a Dr. Brevísimo como para indicarle que todo iba según lo esperado.

—¿Ya empezó a actuar? ¿Tan rápido? —pregunté sorprendido.

—Es inmediato. Hora de irse a casa —me confirmó el médico.

Era como un superhéroe. El más aburrido de todos, pero súper al fin. Alguien me abrió la puerta como para asegurarse que no tocase nada, pero al mismo tiempo se las ingenió para mantenerse lejos de mí mientras pasaba. A mi alrededor se fue formando una coreografía perfecta de gente que se apartaba y el rechazo, como una onda, se iba transmitiendo a las personas a mi alrededor. Respetuoso, saqué un par de guantes que tenía en el bolsillo para no tocar a nadie ni a nada más. ¿Me sentía diferente? Todavía no. De todas maneras, en el camino de vuelta no puse música porque quería "escuchar" a mi cuerpo. Sentirlo a ver qué estaba diferente. En el viaje de ida pensé que me daría tiempo de pasar por algún lugar al aire libre a tomarme un jugo antes de encerrarme, pero, además de que no debía, ya no me provocaba hacerlo. Aunque no notase nada, yo era peligroso. Me di cuenta de que en realidad no era un héroe, era un villano. Fui directo a mi casa, saludé de lejos y me encerré en mi habitación. Ya no quería salir.

La enfermedad era mi karma. No porque pensara que merecía estar enfermo, sino porque el proceso de curación, inexorablemente me iba llevando a enfrentarme a mis peores temores. No soportaba ni las agujas ni la sangre, me tocó un tipo de cáncer que implicaba que me tuviese que enfrentar a agujas y que me sacaran sangre por el resto de mi vida. No podía ver gente vomitando, pero tenía que pasar por diferentes tratamientos que lo único que tenían en común era que ocasionaban náusea. Ahora le había llegado el turno a mi temor a estar encerrado.

Hasta hace poco pensaba que la forma de superar cualquier miedo era racionalizándolo. Así, por ejemplo, de niño, mi forma de superar el miedo a la oscuridad fue prender y apagar las luces para verificar que todo seguía siendo igual. La oscuridad era una percepción, podía estar tranquilo. Sin embargo, para este nuevo reto supe desde el primer momento que la racionalización no sería suficiente entre otras razones porque, insisto, mi tratamiento tenía resultados, pero no lógica. Lo bueno es que también me di cuenta de que donde la razón falla el amor se impone. Suena cursi porque lo es, pero no por ello deja de ser cierto. Tenía que permanecer encerrado porque si no iba a enfermar justamente a quienes más quería. Asumir ese hecho permitió que el encierro se hiciera menos pesado, aunque no más fácil. Y el amor estaba presente. Lo noté apenas cerré la puerta de mi habitación y vi una nota que Ilse me había dejado sobre la cama. Esto es lo que decía:

> *Mi amado Sergio:*
>
> *Nos han tocado pruebas muy duras, pero ninguna que no podamos superar.*
>
> *El tiempo es también un regalo y por eso, úsalo. Aprovecha para hacer esas cosas que te gusta hacer solo a ti y que dejas pasar porque eres muy generoso.*
>
> *Duerme mucho... El descanso te va a curar. Y mira hacia adentro. Medita, relájate, respira profundo y concéntrate en ti. Aunque no podamos estar a tu lado, nosotros te cuidamos, te amamos.*
>
> *Aquí te esperaré. Para darte todo mi amor... y llenarte de besos.*
>
> *Eres el sol de esta casa, mi vida, mi TODO!!*
>
> *Eres Mi Ser!!!*
>
> *TÚ PUEDES!!!*

Me sequé una lágrima que demostró lo mucho que había cambiado en estos meses y me senté sin saber qué hacer. Como era de esperar y a pesar de las previsiones, los primeros que se hicieron presentes una vez cerré la puerta de la habitación fueron mis gatos. Roki metía las patas por la ranura que estaba entre la puerta y la alfombra y me saludaba constantemente. Por las dudas, dejé de pisar el área cercana a la puerta, pero igual le hablaba lo que hacía que moviera las patas un poco más. También desde las primeras horas empecé a sentirme un poco caliente, así que me tomé la temperatura. 37,5 en grados centígrados, el "nié" de las temperaturas porque ni es fiebre ni es normal. Es, en términos de la tercera edad, la temperatura que indica la presencia de un "quebranto". Pensé en llamar al médico, pero luego decidí que no. Mejor esperar porque ni ellos me podían ver ni yo podía salir. La fiebre no bajó, pero tampoco subió demasiado. Descubrí que uno de los efectos secundarios que no me llegaron a comentar era que mi temperatura corporal iba a subir, resultado que imagino es sumamente lógico cuando eres radioactivo.

Seguí adelante, pero mi nueva normalidad era demasiado particular como para no darse cuenta de que era rara. Esto se hizo obvio, por ejemplo, la primera vez que lavé una pechuga de pollo en un lavamanos. O mientras me veía en el espejo del baño cuando estaba lavando la pechuga de pollo en el lavamanos. En cualquier caso, quitando ese y otros pequeños detalles como apoyarse una tabla en las rodillas para cortar cebolla o pelar naranjas mientras estás sentado en el inodoro, todo parecía más o menos normal y además me había ayudado a tomar la decisión de jamás poner un espejo en la cocina si algún día lograba comprarme una casa. El único problema persistente era justamente que me sentía bien.

Me explico, pasar una semana en cama no tiene nada de especial cuando te sientes de la patada o mareado o con dolor de cabeza o cuando tienes familia de visita y no salen de la casa y no quieres verlos, pero, más allá de mi temperatura, yo me sentía perfecto, con lo que el encierro se iba pareciendo cada vez más a un castigo por un crimen que desconocía. A los presos los dejan salir al menos una hora al día a hacer ejercicio; yo no podía hacer eso. Cada tanto abría las ventanas esperando sentir la brisa de Miami, pero lo que lograba comprobar era que, en mayo, lo único que entraba en mi querida ciudad del sol, era calor. Incluso de noche. Aun así, eventualmente abría las ventanas del baño para que saliera el olor a comida y pudiese entrar algún que otro mosquito cuya cacería al menos me brindaba cierta actividad física.

Era una nueva paradoja, ¿no me la pasaba diciendo que me encantaría pasarme un día en la cama sin hacer nada? Pues bien, lo tenía. Y no solo un día, ¡podía disfrutar de ocho! Y no tenía derecho a aburrirme. De niño, mi mamá usaba una frase maravillosa que la eximía de tener que jugar conmigo, leerme cuentos o distraerme de alguna manera. Si le decía "estoy aburrido", me respondía "la gente inteligente no se aburre", con lo que además de aburrido me quedaba frustrado. O estúpidamente frustrado, para ponerlo en los términos correctos. En cualquier caso, lograba que no la jodiera más. El punto es que el consejo/amenaza de que debía valérmelas por mí mismo para divertirme fue un aliciente para que buscase cosas que hacer en mi nuevo entorno: armé un rompecabezas sobre la alfombra (tarea bastante ingrata, dicho sea de paso) leí un par de libros que supuestamente eran extraordinarios aunque algo pesados y descubrí que eran más pesados que extraordinarios, medité o al menos traté de hacerlo, terminé algunas de las series que, como no le gustaban a Ilse, las había ido abandonando o avanzando muy lentamente, como *The Sopranos* y *The Shield*, me puse al día con *The Walking Dead* y *Saturday Night Live*... ¡Y todavía me sobraba tiempo[45]!

---

[45] Y después dicen que el tiempo no es caprichoso...

Probé ver fútbol, pero la televisión en directo resultó ser una tortura. No tanto por el contenido, como por las propagandas. Especialmente porque en cada corte me recibía un comercial de Papa John's donde me tentaban con una deliciosa y crujiente pizza de pepperoni y queso con bordes rellenos de pepperoni y queso, todo en unos colores vívidos que hacían que pudiese oler lo que iba a engordar saboreándola. En mi vida había probado una pizza de Papa John's, pera la imagen que me mostraban una y otra vez era el paraíso. No importaba el resultado del partido, lo único que quedaba claro era que Papa Johns estaba ganando y que yo iba perdiendo.

Por otra parte, no deja de ser cierto que el encierro era una buena oportunidad para, como me había sugerido Ilse, hacer algo de introspección, un balance de lo bueno y malo de la vida, para soñar y hacer planes. El detalle es que cada vez que trataba de hacer eso, las imágenes que venían no eran particularmente gratas. Sentía que estaba en caída libre. Necesitaba aterrizar en algún lugar para recordar que tenía una vida que merecía ser organizada. En esas circunstancias, me resultaba preferible evitar. Y regresé al televisor.

A los cinco días de encierro, Eugenia volvió a meter a los gatos en el cuarto de Aurora y, usando guantes y unos "cubre zapatos", finalmente salí a la calle. Di una vuelta a la manzana evitando gente. Vi un banquito, pero no me atreví a sentarme en él. Tampoco quise hacerlo sobre la grama. A pesar de esas limitaciones, fue maravilloso. Volví a los diez minutos con los ojos llorosos. Uno podría pensar que las lágrimas eran producto de haber redescubierto las maravillas del mundo que nos rodea o los efectos de sentir la luz del sol directamente, pero no. En este caso era simplemente porque el haberme asomado me mostraba la precariedad de mi propia situación.

En medio de todo esto tuve mi primera cita con una endocrinóloga —virtual, obvio— que me habían recomendado porque, ahora que no tenía tiroides necesitaba, entras cosas, un médico más. Así llegué a Dra. Sorprendida, que debe su nombre al hecho de que luego de analizar mis exámenes y procedimientos, me dijo:

—¿Cómo que ocho días encerrado?

—Sí, eso fue lo que me dijeron. ¿No es lo normal?

—Bueno... La verdad es que nunca había escuchado que mandaran a aislarse por tanto tiempo por cien miserables milicurios[46].

—¿Ah, no? ¿Cuánto tiempo suele ser? —pregunté.

—Yo no he escuchado que lo hagan por más de cuatro días.

—Sí, es porque me odian —quise decir yo pensando en la Asistente. Pero lo que me salió fue:

—¿Y entonces qué hago, salgo?

—No, no. Si le dijeron ocho días por algo será —dijo con esa característica forma en la que los médicos se cubren y defienden unos a otros que haría palidecer de envidia a la Cosa Nostra.

Al final, Dra. Sorprendida me mandó una nueva medicina a mi farmacia para que la empezara a tomar en ayunas una vez saliera de mi encierro y acordamos una nueva cita en unos meses para ver "cómo seguía todo".

La siguiente llamada fue más desagradable. Era del hospital para decirme que "había surgido una emergencia" y que no me iban a poder ver a los ocho días, que casualmente caían un jueves, sino el lunes o martes siguiente. Por primera vez decidí poner límites.

—No —traté de decir con decisión—. Yo no voy a pasar cuatro días extras encerrado por gusto.

—No tiene que hacerlo. Una vez hayan pasado los ocho días, puede salir que no pasa nada.

---

[46] Lo de "miserables" es un agregado que la doctora no llegó a decir, pero que yo, por su tono, pude interpretar.

—¿Pero no y que me tenían que medir y esas cosas?

—Aunque no lo hagamos, después de ocho días no es necesario.

—No. Yo voy a ir para allá dentro de ocho días. Si no me hacen lo que sea que me tienen que hacer, me voy a poner a abrazar gente hasta que me echen. Y cuando vengan para sacarme, me voy a quedar abrazando al personal de Seguridad hasta que me denuncien por acoso sexual.

Esta vez, que intencionalmente estaba tratando de sonar amenazador y de no hacer chistes, se rieron.

—Está bien, si eso va a hacer que te sientas tranquilo, déjame ver qué puedo hacer —dijo ya tuteándome—. Te llamo en una hora.

Llamó a las dos horas. Y no con una cita para el jueves, sino una para el viernes. Lo tomé como una victoria. Gracias a ello y luego de nueve días de encierro, el viernes me levanté temprano para ir al hospital. Saqué seis bolsas grandes de basura de mi cuarto con todo lo que había usado o consumido durante el encierro. A pesar de que llevaba mascarilla y guantes me sentía completamente irresponsable cuando llegué a la Sala de Espera y me vi rodeado de personas. Una recepcionista me dijo que me iban a hacer unos exámenes, pero que mientras tanto me sentase en la sala de espera.

—Es que no sé si debería sentarme, ¿seguro puedo? ¿No seguiré siendo radiactivo?

Me miró con genuina intriga.

—Siéntese que lo llamamos.

Miré a mi alrededor, donde solo había enfermos con cáncer, enfermeras y doctores. No podía darme el lujo de enfermar a nadie. Me quedé parado en una esquina como si fuese una maceta. Por suerte no pasó mucho tiempo antes de que vinieran a buscarme. Me pasaron a una nueva sala donde me hicieron unas pruebas que incluyeron unos rayos X, entre otras cosas. Al rato, me dijeron que me podía ir y que me iban a llamar con los resultados.

—¿Y ahora qué? ¿Sigo con la dieta?

—No, no. Ya está.

Seguí sin podérmelo creer así que me acerqué al *counter* de radiología y pedí hablar con mi enemiga, que estaba muy ocupada, pero que me llamó a los pocos minutos.

—¿Ya se hizo los exámenes?

—Sí. Y me dijeron que ya puedo irme y comer lo que quiera y acostarme como quiera.

—Es correcto, sí.

Me sentía cada vez más idiota.

—¿Pero es seguro?

Me volvió a decir que sí, por lo que salí de allí sintiéndome primero confundido y enseguida aliviado. En el camino, me paré en el primer McDonald's que se me cruzó y me compré unas papas fritas extra grandes. Luego le avisé a Ilse que esa noche íbamos a cenar pizza de Papa John's. Invitamos a nuestros amigos/vecinos Candice y Andrés para que nos acompañaran. Comí pizza, tomé cervezas y me comí un postre de chocolate. Podía darme ese lujo, entre otras razones, porque durante esos días había bajado diez de las veinticinco libras que había aumentado desde que comencé el tratamiento. Esa noche me acosté de nuevo abrazado a Ilse y feliz. Tres horas más tarde, me estaba muriendo del dolor de barriga y al día siguiente no pude con mi alma de la diarrea. Sabía que debajo de todo eso había una lección importante que debía ser aprendida y que involucraba las palabras "pizza", "fritos" y "grasa", pero el orgullo pudo más que el arrepentimiento.

Finalmente, el martes de la semana siguiente me llamó mi archirrival.

—Llegaron los resultados, todo está bien —dijo sin ninguna emoción.

—¿Ya? ¿Y cuándo vuelvo a ver al médico?

—No hace falta. Como le dije, todo salió bien.

Me despedí absolutamente decepcionado. ¿Y mi campana? ¿Dónde estaba mi campana? Luego de diez breves sesiones de radioterapia me habían dado un certificado, una medalla y me habían dejado tocar la campana. Ahora, después de dos operaciones, una dieta despreciable y una semana de encierro, lo único que me ofrecían eran palabras. No me malentiendan. Soy escritor, amo las palabras, pero esperaba algo más. Para ser más específico, esperaba mi campana.

Los ritos son importantes. No es necesario que luego de estudiar por años en la Universidad hagan un acto para entregarte un título que te ganaste de todas maneras, ni es fundamental hacer una fiesta antes de contraer matrimonio, emborracharse la noche previa o brindar para recibir un nuevo año. Ninguna de esas cosas es necesaria, pero todas son importantes. Los rituales marcan el paso del tiempo mejor que cualquier reloj, son los verdaderos marcadores en la carretera de nuestra vida, los que ponen en orden las cosas que importan. Se pueden olvidar las fechas, pero siempre se sabe si una boda sucedió antes o después que un entierro, o si fulano se graduó antes o después del nacimiento de mengano. Si miramos hacia atrás, las memorias se van agrupando en función de ritos y eventos. La rutina nos define y las circunstancias nos afinan, pero solo con los eventos entendemos nuestro carácter. Yo había pasado por un largo proceso —al menos largo para mí— que requería un cierre. Mi expectativa era que ese cierre fuese una campana. Me di cuenta de que, más que quererlo, lo necesitaba. Pero, al menos esta vez, no lo tuve. "Ya habrá otras oportunidades", me consolé.

Por otro lado, la compensación no era mala. Había superado uno de mis cánceres.

CAPÍTULO 6

DUDAS

The first great virtue of man was doubt,
and the first great defect was faith.

CARL SAGAN

M e pregunto si alguien se subiría a una montaña rusa si no hubiese nadie más en la fila. Hablo de una situación en la que el parque de atracciones donde se encuentra la montaña rusa que protagoniza este párrafo estuviese con gente, muchos incluso haciendo filas para subirse a otro tipo de paseos, pero nadie, absolutamente nadie, estuviese dispuesto a hacerlo en la fulana montaña que, dicho sea de paso, ofrecería todo tipo de medidas de seguridad, esto es, el uso de un cinturón de seguridad o alguna otra cosa que agarre al arriesgado cliente. De más está decir que los carteles de siempre donde recomiendan que nadie menor de cierta estatura, que padezca enfermedades cardíacas o que sospeche de embarazo, se suba. Mi apuesta es que muy pocos disfrutarían de la atracción y la razón es sencilla: el vacío que se siente entre que se toma la decisión y que finalmente suceda el acto, le brinda espacio a la duda. Sin la compañía que permite compartir angustias o la presión colectiva acompañadas de los "te va a gustar" que te dicen personas que no te conocen, pero que por el simple hecho de haber compartido largos minutos de espera juntos, creen haberse ganado el derecho a opinar sobre tu vida y sobre las cosas que podrían o no ser de tu agrado.

En este sentido, el problema del cáncer es que, por mucho que tengas siempre gente a tu alrededor, es un camino solitario. Y largo, ¡larguísimo!, lo que a su vez se traduce en la imposibilidad de evitar que cada tanto te asalten las dudas. Palabras más, palabras menos, Bertrand Russell decía que dudar es de inteligentes, mientras que la certeza absoluta es potestad de los idiotas. Lo que queda por fuera de la frase es que la inteligencia sirve para muchas cosas, pero como consuelo es de lo peor. Por eso, aunque ahora estaba el camino despejado para que regresara a la ruta del trasplante, no podía evitar cierta sensación de incomodidad. Especialmente cuando me enteré de las pruebas que tenía que repetir y de otras que ni siquiera había realizado que hacían que, entre el final de todo lo relacionado con la tiroides y el comienzo de mi trasplante pasaran unas seis semanas.

Hacía más de un mes que no había visto a Dr. Paréntesis cosa que, en nuestra relación, era casi un récord. Recordaba que en nuestra cita previa el médico tenía miedo de que mi mieloma estuviese regresando, por lo que yo había decidido tomarme las cosas con más tranquilidad. Por ello, luego de mi cuarta biopsia de médula, mi sexto pet scan y antes de que Dr. Paréntesis me contara los resultados, hice un breve mea culpa.

—Yo sé que desde que empezó el tratamiento vengo apurando para que me hagan todo rápido —comencé—, pero entiendo que la prioridad es que funcione. Si el cáncer está volviendo y tengo que volver a hacer Quimio por uno o dos meses, o incluso más, no importa. De verdad.

Dr. Paréntesis asintió con una sonrisa que dejaba en claro que mi apuro no era ni remotamente el suyo y que, como variable, tampoco era tomado en cuenta. Con una seguridad que no le conocíamos nos explicó que "vamos a hacer lo que tengamos que hacer", y se concentró en su pantalla para ver los resultados de mis exámenes. Fue justo allí cuando en su rostro volvió a encenderse la duda. Miraba a la pantalla de su computadora, luego a Ilse, enseguida a mí, para finalmente regresar a la pantalla de su computadora, cada vez más enigmático.

—¿Hace cuánto le suspendimos el tratamiento? —preguntó, no a mí que me apresuré a decir "hará un par de meses", sino al Asistente/Traductor, que le dijo exactamente lo mismo.

Volvió a la pantalla. Ilse y yo nos miramos cada vez más preocupados.

—Humm... Amm... Fíjate —dijo por fin—, la biopsia vino negativa.

—¿Cómo negativa?

—O sea, en las células que sacaron no había ninguna con cáncer. Cero.

Las palabras indicaban celebración; el tono, no.

—¿Y qué pasó con el tumor que tenía en las costillas?

—Estem... Bueno... No está. —Giró la pantalla de su computadora mostrando un montón de figuras de colores que parecían un test de Rorschach, pero que resulta que era mi pet scan, antes de explicarme que, donde antes estaba el tumor, ahora lo que se veía era una cicatriz. Y que, según el informe, tampoco había señales de actividad.

—¿Ya no tengo cáncer?

—No, no. Yo no lo pondría en esos términos. Puede ser que en ese punto que usamos en la cadera para hacer la biopsia de médula justo no había células cancerígenas, pero es perfectamente posible que, si tomamos otro, lo encontremos.

—No es conclusivo —agregó el Asistente/Traductor.

—¿Pero tampoco se ve en el pet scan? —insistí.

—Bueno... no —reconoció.

—¿Será por la radiación con yodo que ayudó?

—No, eso no tiene nada que ver —dijo esta vez con seguridad.

—Pero no hay otra explicación.

Esta vez ni el Asistente/Traductor tuvo algo que decir. Ilse me miraba con una sonrisa de victoria que me hubiese gustado enmarcarla para que me acompañase siempre. Me puse de pie y le ofrecí mi mano al médico, listo para despedirme.

—Bueno, ha sido un placer... —comencé.

—No, no, igual hay que hacer el trasplante.

—Doctor, si es por dinero, decimos que usted me hizo el trasplante y ya está. Cada tanto vengo, hacemos unas muestras y tal y todo bien.

—El cáncer sigue allí, de eso estamos seguros. Lo que pasa es que ahora estás llegando en condiciones óptimas al trasplante.

—¿Óptimas porque me estoy haciendo el procedimiento sin estar enfermo?

—No, no. Óptimas porque tienes las mejores condiciones posibles para que el trasplante sea exitoso. Te voy a decir la verdad, no esperaba el resultado que estoy viendo. Esto es positivo, porque nos permite seguir el camino de un modo ideal. Y, en este momento, la mejor manera de garantizar que, si ese cáncer regresa, lo haga lo más tarde posible, es haciéndote el trasplante.

Salimos de allí todavía sin saber cómo interpretar lo que claramente eran buenas noticias. Me daba cuenta de que, aunque a efectos del tratamiento mi objetivo final parecía ser el trasplante, en realidad esa era la vía médica, no la mía personal. Mi objetivo personal era no tener cáncer y a eso había llegado. ¿Por qué entonces someterme a un procedimiento complejo, arriesgado y desagradable que me tendría aislado por meses? La duda había plantado bandera y no tenía ninguna razón para moverse. Como si lo anterior no fuese suficiente, al día siguiente me llamó el Asistente/Traductor para darme la "buena noticia" de que yo calificaba para hacerme el procedimiento como "Outpatient", es decir, sin estar hospitalizado.

—Por supuesto que igual tendrías que venir todos los días al hospital —aclaró—. No podrías manejar tú, sino que alguien tendría que traerte y también es importante que te tomes la temperatura cada tres o cuatro horas. Obvio que, si en cualquier momento llegases a tener fiebre, sin importar la hora, avises, para que vengas y te hospitalicemos.

—Pero yo no vivo tan cerca. Hay tráfico. Y además tengo entendido que a mi alrededor va a haber que tomar muchísimas medidas porque durante un tiempo no voy a tener sistema inmunológico, ¿no?

—Sí, pero estarías en tu casa.

No entendía la ventaja. La duda se iba afianzando.

—¿Por qué preferiría estar en mi casa? Me suena que los hospitales existen justo para casos como estos —le dije con sinceridad.

—Hay muchos pacientes que prefieren quedarse en su casa, pero pocos califican.

—Yo ni siquiera estoy seguro de querer hacerme el procedimiento.

—¿Perdón? —se preocuparon del otro lado.

—Déjame pensarlo un poco más.

Le confesé mis dudas a Ilse que, como de costumbre, supo hilar más fino.

—Tú lo que estás es cagado por el trasplante y encontraste una excusa perfecta para no hacerlo.

—Pero no tengo cáncer.

—No. Eso sí es un milagro.

—Exacto. Y entonces, si sigo adelante, ¿no sería como negar el milagro?

—¿Ahora, como te conviene, resulta que también crees en los milagros? —respiró profundo—. ¿Te acuerdas todo lo que costó que te aprobaran el trasplante? ¿Y que si no te lo haces en los próximos meses vas a tener que ir a otro hospital? ¿Justo cuando estamos tan cerca te vas a echar para atrás? ¿Por qué no buscas hablar con alguien más?

Punto para Ilse. Acordamos que iba a seguir adelante con todo lo que necesitaba para realizar el trasplante en el Miami Cancer Institute, mientras buscaba segundas opiniones. Ya mi tratamiento estaba demasiado avanzado para que esa opción fuese el Dr. Juan o mi hermana Andrea, necesitaba algo más especializado. Así, al día siguiente, llamé al Sylvester Comprehensive Cancer Center de la Universidad de Miami, el único que tenía el Certificado de Excelencia en el sur de la Florida y que tanto le gustaba a mi seguro. Les expliqué mi situación para que me dieran la cita lo antes posible. Lo hicieron.

Tres semanas más tarde y luego de pasar cuarenta minutos buscando dónde estacionar, entré a un edificio que inmediatamente indicaba por qué era claramente reconocido como "el primero", era viejo. Comparado con MCI, que parecía una extensión de la NASA, el Sylvester parecía lo que era: un hospital. Limpio, amplio, lleno de gente que iba y venía, pero siempre manteniendo un aire distante que invitaba a resolver más que a sentir. Allí no había músicos que escuchar ni perros que acariciar. Había médicos, había enfermeras y había enfermos. De paso, el hecho de que yo sentía que estaba "traicionando" a mi médico, no ayudaba. Por muy antiséptico que fuese todo, yo sentía que estaba entrando a un motel para reunirme con mi amante. No me extrañaría que en nuestra siguiente consulta Dr. Paréntesis me recibiese con un "Hueles a jabón chiquito", seguido de un muy dramático "tienes que escoger: o Sylvester... ¡o yo!".

Claro que todo estaba en mi imaginación y que buscar una segunda opinión, sobre todo en lo que se refiere a medicina, es algo mucho más normal de lo que pensaba. De acuerdo con National Library of Medicine, buscar una segunda opinión es fundamental, pero menos del 35 % de los pacientes lo hace. Dentro de las razones que atribuyen a los beneficios de una segunda opinión está la búsqueda del mejor tratamiento posible y la posibilidad de que un médico discrimine —sin darse cuenta— por razones de edad o condición social. Otros "detalles" que deben tomarse en cuenta y que justifican buscar una segunda opinión es la interpretación de los resultados. Así, por ejemplo, según el mismo instituto un radiólogo competente suele pasar por alto hasta un 32 % de las lesiones que pueden verse en unos rayos X del pecho. Es más, el mismo estudio datado en 2019, indica que una de cada cinco veces el radiólogo no estaría de acuerdo consigo mismo al observar la misma radiografía y daría informes diferentes. Por otro lado, hay que tomar en cuenta que, así como el paciente tiene derecho a buscar una segunda opinión, los médicos también tienen la oportunidad de rechazar darla.

Ese no era mi caso. En Sylvester me trataron con amabilidad, antes de también pesarme y tomar mis signos vitales. Luego me hicieron pasar a un consultorio pequeño en el cual me dejaron solo hasta que llegó Dr. Dos, un joven con cara de buena persona que luego de saludarme me dijo que ya había leído todo sobre mi caso. Luego se inclinó hacia delante como para que estuviese claro que yo tenía toda su atención, entrecruzó los dedos y me miró directamente a los ojos. Yo hice lo mismo. Estaba listo para recibir mi "segunda opinión".

—Tú sabes que esto va a regresar, ¿verdad?" —me dijo.

—No... —respondí mientras pensaba: "ahora necesito una tercera opinión".

—Lo que tú tienes va a regresar —siguió como si estuviésemos hablando de una persona que salió llevándose un libro prestado, pero que en cualquier momento iba a volver para traerlo de vuelta.

—¿Por qué cree eso?

—Porque eres joven y tienes Mieloma Múltiple, que es un tipo de cáncer que, al menos en este momento, no se cura.

—Doctor, no sé si le habrán dicho esto antes, pero si está tratando de ganarse un nuevo paciente, su técnica de venta es pésima.

Se rio. Por lo menos este médico tenía sentido del humor. Me explicó que él estaba 100 % de acuerdo con todo el tratamiento que me habían hecho, a excepción de una pequeña cosa:

—La muestra que tomaron en la última biopsia es de un millón de células y para mí eso es insuficiente como para tomar decisiones —me dijo—. Yo hubiese exigido examinar al menos cuatro millones de células y quizás el resultado hubiese sido diferente.

—O no —dije yo.

—O no —concedió él. Pero siguió en su campaña—. El punto es que tienes una enfermedad que seguramente va a regresar y tu objetivo debería ser que lo haga lo más tarde posible, porque, por cada año que se atrasa en llegar, hay nuevos medicamentos y opciones. Por otra parte, tú reaccionas muy bien a los medicamentos, lo que quiere decir que te va a ir muy bien, independientemente de lo que decidas hacer.

Básicamente, a lo que se refería era al hecho de que yo podía seguir manejándome con el Revlimid y hacerme el trasplante más adelante ("en unos dos años", fue su estimado) o hacerme el procedimiento de una vez y atrasarlo un poco más ("quizás tres años", fue su nuevo estimado).

Más allá de que la diferencia de tiempo me parecía que bordeaba en el ridículo, no me gustaba nada de lo que estaba escuchando. ¿Cómo que no me podía curar? ¿Entonces para qué estaba haciendo todo lo que estaba haciendo? Cuando entré al consultorio tenía dudas sobre mi tratamiento, diez minutos después las dudas eran sobre mí mismo. Dr. Dos seguía sonriendo, quizás sorprendido por mi reacción.

—Esto no tiene nada de malo —me dijo a modo de consuelo—. Es un cáncer que no se cura, pero con el que se vive y, te repito, hasta ahora tú has reaccionado muy bien a los medicamentos, no hay por qué pensar que eso podría cambiar.

—Hasta que deje de hacerlo.

—Ahí se prueban otros medicamentos. Y seguro de aquí a allá habrá nuevas opciones. Lo importante es que, independientemente de la decisión que tomes en relación al trasplante, vas a estar bien.

"Bien jodido", quise completar, pero en lugar de eso lo que pregunté fue:

—¿Usted qué haría?

—Yo no te puedo decir eso.

—Para eso vine.

—Es que esa decisión la tienes que tomar tú —insistió.

—Okay... De nuevo le pido que no se tome esto de mala manera, pero yo solo le estoy pidiendo una opinión. No necesariamente lo que usted me diga va a ser la decisión que voy a tomar.

Nos quedamos en silencio por unos segundos. Finalmente concedió y dijo: "Si fueras mi paciente te diría que te hicieras el trasplante. En este momento estás en condiciones de hacerlo. En cambio, cuando lo necesites más adelante, quién sabe...". Si sus palabras hubiesen tenido un fondo musical, hubiese sido "esto va a volver", repetido a ritmo de bolero, con maracas y guitarrón incluidos. Nos despedimos con la misma amabilidad con la que nos saludamos. Una secretaria me esperó para darme mi siguiente cita hasta que le dije que no era necesario porque no iba a volver.

—¿Algo mal? —me preguntó con preocupación.

—Sí, yo. Pero el médico muy bien, ¿eh? Lo que pasa es que vine nada más que para buscar una segunda opinión.

Me fui y, como era de esperarse, me perdí primero buscando el estacionamiento y, una vez que lo encontré, tratando de llegar a mi coche. El laberinto del lugar se cruzaba con el que trataba de transitar en mi cerebro. En principio, si lo que esperaba con mi visita era buscar una respuesta clara, la había obtenido, ¿entonces por qué me sentía más confundido que antes? El problema, empezaba a darme cuenta, es que ahora ya no sentía que tenía una enfermedad, sino que era víctima de una maldición. *Lo que tienes va a volver.* ¿Debía agradecerle a Dr. MichaelCaine que no me hubiese dicho que tenía una enfermedad incurable cuando me conoció? Una vez pasada la ofuscación, entendí que no lo hubiese hecho. El cáncer es una enfermedad que no requiere saberlo todo desde el principio, entre otras razones, porque lo que te dicen hoy no necesariamente será válido mañana.

Me puse a googlear la reincidencia del Mieloma Múltiple. Como era de temer, Dr. Dos tenía razón. Este tipo de cáncer solía regresar luego de unos cinco años bien sea como Mieloma o como otro cáncer de sangre tipo Linfoma, Leucemia u otras variantes que se caracterizan por tener nombres dignos de película de terror como: Trastorno Mieloproliferativo o Síndrome Mielodisplástico. Ya en estos casos, si repetían, me imagino que el nombre pasaría a ser "Sídrome Mielodisplástico II: Venganza escrita en sangre" y que el diagnóstico vendría acompañado de un afiche que incluiría una aguja con líquido rojo siendo sostenida por un médico lúgubre visto desde abajo, vistiendo una bata abierta, manchada de diversos líquidos, y mostrando una sonrisa macabra. Como si los nombres no fuesen suficientes como para asustar, las cifras que acompañaban cada nombre no hacían sino empeorar cada vez que tomaba en consideración el hecho de que yo era "Latino", un elemento que, estadísticamente hablando, pareciera ponerte siempre en desventaja.

Creo que mi molestia nacía en el hecho de que cada vez que conocía una respuesta me cambiaban la pregunta. La idea al principio era superar un cáncer. Cuando me acostumbré al diagnóstico me cambiaron el cáncer. Luego resultó que había otro. Y ahora resulta que "el otro", el que en teoría era preferible, no se curaba. Y ni siquiera había decidido si quería hacerme el bendito trasplante o no.

—¿Qué te dice tu instinto? —me preguntó esa noche Ilse—. Porque si no te quieres hacer el trasplante porque algo dentro de ti te dice que no lo hagas, quizás deberías escucharlo. Pero si la razón es que te da miedo el proceso, ahí sí estarías haciendo una estupidez.

Todo sonaba lógico. El detalle era que mi instinto y yo no nos hablábamos desde hace años, básicamente porque ninguno de los dos confía en que el otro lo vaya a escuchar. Pero la realidad es que me inclinaba más que todo hacia el "no lo hagas". Y así se lo dije al Asistente/Traductor cuando me llamó pocos días más tarde para darme la fecha de un "Test de Funcionalidad Pulmonar", que era lo último que me faltaba hacer para tener todos los permisos necesarios antes de proceder al hospital. No pasaron ni cinco minutos antes de que me llamase Dr. Paréntesis.

—¿Cuál es la duda? —quiso saber.

—Que no sé si hacerme el trasplante o no.

—¿Por qué?

—Porque estoy bien ahora —le dije con sinceridad.

—Y vas a seguir estando bien —titubeó un par de segundos, no sé si por costumbre o para organizar sus ideas, y luego dio su explicación de un tirón—. Mira, con relación al trasplante hay tres escuelas. Hay médicos que prefieren hacer dos trasplantes de una vez, el segundo a los seis meses de haber realizado el primero, como para doble garantizar resultados e independientemente de cómo haya salido el primero. Hay médicos que prefieren evitar el trasplante, sobre todo en pacientes que ya tienen "cierta edad"[47], y pueden mantenerse bien por años con pastillas y quimio. Porque la realidad es que no todos los pacientes pasan por las pruebas que estás haciendo. Si no lo hacen, pues no se les puede realizar el trasplante, pero no por ello se les deja de atender. Por último, la opción que yo prefiero es la tercera, que es la opción más cauta y la más común. Si calificas para el trasplante, te lo hacemos y vemos qué tal funciona. Si todo va bien (y en la mayoría de los casos eso es lo que sucede) el resto de las células madre que sacamos las guardamos para

---

[47] O sea, viejos.

alguna eventualidad futura. ¿Tienes dudas en relación a lo que sucede después del trasplante?

—No. Todo eso lo leí en el libro que me dieron.

—¿Alguna otra cosa?

Era innegable que Dr. Paréntesis estaba haciendo todo lo posible por hacerme sentir mejor, pero me daba cuenta de que la certeza que yo necesitaba no dependía de explicaciones.

—No. Estoy bien —mentí—. Vamos a seguir adelante.

Finalmente, se me ocurrió hablar con la persona que más experiencia tenía del lado de los pacientes: la coordinadora del grupo de apoyo de pacientes con Mieloma Múltiple del sur de la Florida, Mae Greenberg, una mujer cuya energía y entusiasmo ciertamente no se correspondían con su edad y que venía trabajando con pacientes y sus familias desde hacía más de dos décadas. Con su estilo siempre cariñoso y amable fue la que me dio la respuesta más sabía de todas.

—Hasta hace pocos años, a las mujeres que se les diagnosticaba cáncer de seno se les hacían unas mastectomías radicales que hoy en día se consideran carnicerías —empezó ella—. Yo no sé qué irán a decir de los trasplantes de médula en el futuro, a lo mejor generan tanto espanto como lo que se hacía en ese entonces para atacar el cáncer de seno. Lo que sí sé es que, así como esa mastectomía era la mejor alternativa para ese momento, hoy en día, el trasplante es considerada la mejor opción contra los cánceres de sangre.

Nos quedamos un rato más hablando de su experiencia con relación a la reincidencia.

—Sí pasa —aceptó—, pero ni es tan común ni sucede tan rápido.

Cuando colgamos me sentía más tranquilo. Sabía que nunca iba a erradicar la sombra de la duda, que hasta el último minuto iba a considerar la posibilidad de arrepentirme, pero también sabía que seguir buscando opiniones me iba a dar más respuestas, pero no más seguridad.

Dar consejos es jugar a ponerse en los zapatos del otro, una opción noble, pero inevitablemente distante. Por otra parte, asumir resultados es querer ponerse los zapatos del futuro, una alternativa tan lúdica como inevitable. Decidí hacerle caso a mi lógica, que sigue siendo la de la ciencia y seguir adelante con el tratamiento. En otras palabras, decidí hacerme el trasplante.

Había llegado a la cúspide de la montaña rusa.

CAPÍTULO 7

6 HOPE

If you're going through hell, keep going
WINSTON CHURCHIL

A medida que se acercaba el día en el que finalmente me iban a hospitalizar empecé a hacer una suerte de Tour de Despedida de todo aquello que sabía que, una vez iniciara el proceso de trasplante y al menos por cien días, no podría volver a disfrutar. No sin algo de vergüenza, confieso que en mi caso eso involucra, básicamente, comida. La razón principal es que hasta que vuelvas a tener algo de defensas en tu sistema inmunológico (y cien días es el mínimo que este proceso se demora, pero te advierten que también pudieran ser seis meses o más) hay que evitar alimentos crudos (sushi, ensalada, ceviche y cualquier carne que no esté bien cocida), comidas que se hagan con las manos (sándwiches, hamburguesas... y cualquier cosa que se prepare en un restaurante) o no pasteurizados (jugos, *yogurts* naturales y quesos frescos). De más está decir que esas no son las únicas restricciones: tampoco puedes ir a la playa, a un parque, al teatro o al cine; tienes que evitar niños y mascotas (mis gatos, como siempre están dentro de casa, no tienen problema), no puedes hacer nada relacionado con jardinería ni ir a la oficina, etc., etc... Pero insisto en enfocarme en lo que en ese momento sentí que era lo que más me iba a afectar: la comida. El resultado fue que caí en algo que, a falta de mejor término, se me ocurrió llamarlo "Nostalgia Preventiva", que es cuando haces cosas que todavía no extrañas, pero que supones que eventualmente te van a hacer falta. Gracias a eso comer un taco, por ejemplo, se convierte en un acto complejo en el que se disfruta y se añora cada bocado al mismo tiempo. Un poco como cuando estás de viaje en un lugar que te gusta mucho y sabes que en pocas horas te toca regresar a casa. Al menos yo, en ese tiempo trato de repetir las vivencias que me parecen más importantes del lugar, como para afianzar cada recuerdo. A esa actividad la llamo "Nostalgia Preventiva".

Así pues, mientras iba comiendo hamburguesas, sashimi y jugos, terminé mi ronda de pruebas con un test pulmonar que estuve a punto de fracasar, no por mis pulmones sino por mi cerebro. Junto a un muy frustrado técnico, descubrí que coordinar la expulsión de aire cuando tienes la boca pegada a un tubo, es algo extremadamente complicado... al menos para mí. Durante el test básicamente se escuchaba al técnico diciendo cosas como las siguientes:

—Ponga la boca en este tubo circular sin dejar que salga el aire. No se ría porque sale el aire. Ajá... cierre la boca otra vez. No muerda el tubo. Pero deje la boca cerrada. De verdad, trate de no reírse. Ahora tome aire y... ¡expúlselo! No, no se ría, porque se sale al aire antes. A ver, piense en algo triste. ¿Listo? Ahora vamos otra vez. No, no... Tiene que expulsar el aire de inmediato. A ver, concentración. Una vez más. Enfóquese en una tragedia. Tome aire y... ¿pero por qué se ríe?

Luego de la quinta vez, tuvimos que parar unos minutos porque ya estaba mareado.

—¿Lo que me está pasando es normal? —pregunté asumiendo que mi limitación debía ser común.

—No —fue la seca respuesta del técnico.

Ahora, además de risa, empecé a sentir culpa.

—Perdón —dije—. Hasta hace poco yo nadaba y podía hacer una piscina completa por debajo del agua sin respirar. No creo que tenga problema en los pulmones.

Me miró con muda resignación. Su desdén tampoco me ayudaba. Por el contrario, más bien me ponía nervioso, cosa que me daba más risa. Empecé a reírme por adelantado porque me daba risa pensar que en el siguiente intento de hacer la prueba me iba a volver a reír. Usualmente puedo controlar estos ataques de risa con ejercicios de respiración, pero eso era justamente lo que en este momento tenía prohibido.

—¿No le ha pasado nunca nada malo? —me preguntó, cada vez más frustrado.

—Bueno, estoy aquí porque tengo cáncer de médula y me van a hacer un trasplante.

—¿Qué tal si piensa en eso mientras hace el ejercicio? —sugirió el técnico ya en una actitud que lo hacía parecerse al hada madrina del Dr. Kevorkian.

Unos tres intentos más tarde el técnico dijo un "Dejémoslo así" y me retiré, temeroso de que a lo mejor había fracasado en el examen más fácil de todos. No fue así.

Poco más tarde me llamaron para darme mi fecha de ingreso al hospital y pude constatar que a veces los pacientes también podemos pedir concesiones. Especialmente cuando la fecha de hospitalización coincide con un feriado. En principio, su propuesta era que ingresara el domingo 3 de julio. Como el día siguiente —4 de julio— era feriado, ese iba a ser un día de descanso y luego el tratamiento empezaría el 5.

—¿Y qué tal si me hospitalizo el 5 y empezamos el 6?

—Eso no se puede. Ya en ese caso tendría que hospitalizarse el siguiente domingo. Tendría que esperar una semana completa.

Unos meses atrás, hubiese aceptado la fecha propuesta sin pensarlo dos veces. Ahora, no es que fuese más sabio, pero ya sabía que una semana no hacía gran diferencia cuando hablamos de cáncer y mis prioridades habían cambiado. Por esos días, Aurora estaba de vuelta de Chicago y tenía a mi familia completa. Ni lo pensé.

—Esperar una semana suena ideal —le dije.

Fue una decisión insólitamente afortunada. Un gran amigo, Sebastián Jiménez, justo había viajado desde Los Ángeles a Miami con su familia ese fin de semana y, para el 4 de julio, nos invitaron a pasear en un bote que habían alquilado. Ver los fuegos artificiales desde la bahía, brindando y celebrando con gente querida fue el sumun de la Nostalgia Preventiva.

Ya las últimas dos paradas antes de entrar al hospital implicaban un trámite burocrático y un nuevo pase por el quirófano. El primero consistía en firmar unos "Consentimientos" que lo hice con-sentimiento de temor y también con-sentimiento de ansiedad, porque eran los papeles en los que yo indicaba que autorizaba a que me hicieran prácticamente cualquier cosa, al menos desde el punto de vista médico. Creo que hasta les dejé parte de mi herencia. ¿Quién sabe? Me pregunto si alguna vez alguien leerá esos papeles con un mínimo de detenimiento. En todo caso, mientras Dr. Paréntesis y yo firmábamos diferentes documentos, el Asistente/Traductor me dijo que aún nos faltaba una "Sesión Educativa" que debíamos tomar Ilse y yo. Como al día siguiente —viernes—, tenía que ir al quirófano a que me pusieran mi "puerto" (la última parada) y se supone que entraba al hospital el domingo, acordamos hacerla el mismo día de mi ingreso. Nunca me imaginé que la clase —espero no muy importante— nunca sucedería porque jamás volvería a ver al Asistente/Traductor. Pero no nos adelantemos.

Es increíble como la comodidad (o su ausencia) nos puede cambiar la perspectiva. Ese viernes, cuando salí del quirófano con un puerto en el lado derecho del pecho y pude constatar que, a diferencia de la experiencia previa en la que tenía el puerto en el cuello, ahora podía acostarme o dormir de lado sin sentir que me despellejaba, me pareció que el nuevo aparato era comodísimo. Luego me enteré de que el lugar donde los cirujanos ponen el puerto nunca es el mismo. Puede ser un poquito más arriba, o a la derecha... o más al centro. No por una necesidad fisiológica sino porque es una especie de "firma" del cirujano, quien le da su toque personal de esta manera. Esto lo supe pocos días después, cuando una enfermera que me estaba ayudando a limpiarme el puerto[48] me comentó que el mío me lo habían puesto en un lugar "súper cómodo". Pero de nuevo me estoy adelantando. Perdón.

El día previo a mi hospitalización me llamaron muchos parientes para darme ánimos, quizás olvidando que iba a seguir teniendo teléfono una vez estuviese en el hospital, con un tono de despedida que era cualquier cosa menos tranquilizador. Mi papá me dijo que no tenía nada de qué preocuparme porque él había hablado con su rabino[49] y este le había asegurado que "todo iba a salir perfecto". Lo mismo, pero con diferentes palabras me dijo mi tío Héctor, a quien, además, su rabino de confianza le había asegurado que en el futuro yo iba a volver a correr. En resumen, todos mis amigos y parientes estaban tranquilísimos con relación a mi procedimiento, por lo que la labor de estar nervioso recaía solo en mí. Hasta que llamó mi mamá y me dio nuevas razones para estar preocupado.

—¿No sería bueno que antes de irte te deshicieras de tus gatos? —me preguntó con absoluta naturalidad.

—A nadie que se haga un trasplante le piden que se deshaga de sus mascotas, ma.

---

[48] Digo "ayudarme" como si yo tuviese alguna participación en la limpieza diferente a quedarme quieto mientras la enfermera hacía su trabajo. Pido disculpas por adelantado si, por costumbre o por querer hacerme de méritos que no son míos (que también es una costumbre) uso el plural cuando no corresponde.

[49] Mi papá es otro ejemplo de personas que, a medida que se van quedando sin dinero o poniendo mayores (las dos cosas son válidas en su caso), se van haciendo más religiosas.

—Sí, pero todos dicen que es peligroso tenerlas después. ¿No tenés a nadie a quien se las puedas dar?

—No se las *quiero* dar a nadie. Son mi compañía. Los amo.

—Son gatos.

—Ya sé.

—Bueno, como prefieras. Pero pensá que a lo mejor todos estaríamos mejor si ellos estuvieran en otro lugar. Después cuando vuelvas van a ser una razón más para preocuparte.

—No me preocupan, me alegran.

—Hasta que te infecten porque te laman con la misma lengua con la que se acaban de limpiar el culo o te corten sin querer con esas uñas que siempre están sucias por más que no salgan a la calle.

—Mis gatos se quedan, ma.

—Si te parece que es lo mejor...

El domingo a la mañana preparamos una maleta con la poca ropa que todavía me quedaba (para alegría de los médicos y desgracia propia yo no había dejado de ganar peso en todo el proceso, al punto que los kilos que perdí mientras estuve encerrado y era radioactivo, los recuperé con todo lo que comí como parte de mi "preparación" para el procedimiento). Por su parte, Ilse hizo una maleta para ella, además de preparar bolsos con "adornos" para la habitación y llevarse un par de almohadas. Esto generó una nueva discusión porque desde el principio yo le había dicho que prefería que no se quedase conmigo en el hospital. Para mí, la forma de darle un poco de normalidad a todo, era saber que los demás seguían con sus vidas y, muy especialmente, con sus rutinas.

—Allá me van a cuidar. No hace falta que todo gire a mi alrededor. Si pasa cualquier cosa, te llamo.

—¿Por qué tienes que discutirlo todo? Yo voy a trabajar desde allá y en mi oficina lo saben. De otra manera estaría yendo y viniendo y trayendo gérmenes, que es peor. En todo caso, ni lo voy a discutir.

Vale la pena aclarar que cuando Ilse decía "voy a trabajar desde allá", eso incluía, por ejemplo, reuniones a las siete y media de la mañana, en las que durante la pandemia la escuchábamos conversar y reírse a carcajadas aunque estuviese usando audífonos. En cualquier caso, lo dejamos así. Antes de irnos al hospital fuimos a comer con mis hijas y mi suegra. Brindamos e hicimos de cuenta que todo estaba bien. Luego nos despedimos e Ilse y yo nos fuimos al hospital. Cuando llegamos a la recepción, parecíamos una parodia de las familias latinas cuando salen de viaje, así sea la esquina. Teníamos bolsas, maletas, almohadas... era una mudanza. En la recepción hicieron como si nada mientras buscaban mis datos.

—Lo siento, pero usted no está aquí —me dijo el recepcionista luego de buscar un rato.

Dudé de mí mismo, metafísicamente hablando.

—¿No estoy aquí? —pregunté preocupado.

—Me refiero al sistema. Si no aparece aquí, no lo puedo ingresar.

Traté de explicarle de mi relación con Dr. Paréntesis y de la importancia de mi entrada ese día porque, en teoría, en pocas horas me tocaba recibir una clase y, al día siguiente, me hacía la mega ultra quimio que permitiría que el miércoles tuviese el trasplante. Estaba todo claramente cronometrado en unos calendarios que le compartí al recepcionista que seguía imperturbable.

—Lo entiendo. Y aquí está su caso. Pero aún no ha sido aprobado por el seguro. Y hoy es domingo.

Luego de un rato de idas y venidas, comprendimos que lo que faltaba era una carta de parte del hospital a mi seguro. En otras palabras y por una vez, la culpa no era del seguro. Llamamos al Asistente/Traductor quien nos dijo que todo estaba bien y que él se iba a encargar. Sin embargo, mientras todo eso pasaba, tenía que irme a mi casa y regresar al día siguiente. De alguna manera logró disimular que todo no había sido culpa de él.

—¿Pero no se supone que hoy venías para darnos la "Educación" antes del procedimiento? —le pregunté.

—No hace falta, todo está en el libro y ya lo leíste. Pero igual lo hacemos mañana.

—¿O sea que todo se atrasaría un día?

—No, no. Mañana hacemos la educación y te damos la quimio de Melphalan. Todo sigue igual, pero ingresas mañana.

—Eso quiere decir que hoy sí vas a mandar los papeles al seguro —le dije, como para que supiera que yo sí estaba consciente de quién la había cagado.

Esta vez sonó menos convincente.

—Sí... Pero mañana temprano lo resuelvo y nos vemos después —dijo. Aunque no lo volvimos a ver nunca más. Ni en el hospital, ni junto al Dr. Paréntesis ni por casualidad caminado por un supermercado.

A todas estas, creo que llegó el momento de explicar un poco mejor en qué consiste un "trasplante de médula". Esto es importante porque cuando se escucha (o se lee) la palabra "trasplante", uno se imagina que van a sacar un órgano y que, en su lugar, van a poner el mismo órgano, pero de otra persona. O de un animal. O algo mecánico. En cualquier caso, se asume que un órgano va a ser sustituido. Un poco como lo que hemos visto en películas y series, en donde los médicos corren hacia un helicóptero del cual se baja alguien con un pequeño *cooler* que trae un corazón, un riñón o un pulmón, y todos están apurados y ansiosos porque temen que el órgano se vaya a echar a perder si no caminan rápido o porque al paciente ya le han diagnosticado la muerte en varias oportunidades y ahora están a pocos minutos de que tanto diagnóstico por fin sea cierto. Luego hay una operación que dura horas durante las cuales la familia deambula por los pasillos del hospital como ánimas hechas de angustia, mientras en el quirófano diferentes pares de guantes se van manchando de sangre y una asistente le seca el sudor de la frente a un doctor al que pareciera írsele la vida en el quirófano. Horas más tarde, el agotado médico, aún con la bata puesta y alguna que otra mancha de sangre, abre unas puertas mientras camina lentamente hacia la familia y declara que "todo salió bien" o que "hicimos todo lo posible, pero...", luego de lo cual los parientes estallan en lágrimas de felicidad o tristeza. Todo muy intenso, muy dramático y muy cool.

El detalle es que en los "Trasplantes de Médula" ni hay "trasplantes" ni hay "médulas". Al menos no en el sentido literal del asunto. Aquí lo que sucede es más bien un prolongado y aburrido procedimiento que, en mi caso, empezó semanas atrás cuando me sacaron los 8,2 millones de células madre. Estas células son cultivadas, limpiadas y curadas de todo cáncer en laboratorios para que, posteriormente y siguiendo un procedimiento muy similar al que utilizaron para sacármelas, me las vuelvan a poner. Dos días antes de hacerlo, para asegurarse de que terminaron de matar cualquier remanente de médula cancerígena, te hacen una Quimioterapia con una sustancia llamada Melphalan que es lo suficientemente fuerte como para que te quedes hospitalizado un par de días, de manera de asegurarse que solo se muera la médula y no el paciente. Una vez quedas en cero en términos de glóbulos sanguíneos, te meten las células madre que te sacaron para que sean ellas las responsables de formar una nueva médula cosa que, para mi sorpresa, se demora unos diez días. A partir de allí y si todo va bien, el paciente vuelve a casa sin que en ningún momento lo hayan tenido que operar, abrir o someterse a ningún procedimiento quirúrgico mayor al que me hicieron cuando me pusieron el "puerto" en el pecho.

Lo que acabo de describir es el llamado trasplante "autólogo" también conocido como "autotrasplante", que fue mi caso. En el caso de que las células madre provengan de otra persona, el trasplante se llama "alogénico" y tiene mayores posibilidades de rechazo, por lo que el proceso de recuperación puede llegar a ser más complejo, aunque el procedimiento sea el mismo. Modernamente, en estos casos se pueden combinar dos médulas (usualmente una es de un bebé que también sea compatible, claro está) lo cual aparentemente disminuye las posibilidades de rechazo. Sin embargo, vale aclarar que, al momento de escribir estas líneas, ese procedimiento de combinar células madre permanece en una fase experimental y no es la norma.

Volviendo a mi caso, el lunes llegamos al hospital al mediodía donde sí nos dejaron ingresar. Nos enviaron a un piso que era exclusivo para pacientes con problemas de inmunodeficiencia. Se trataba del sexto piso de un edificio que muy apropiadamente se llamaba Hope, es decir, "Esperanza", es decir, lo que todos llevamos cuando entramos a un hospital. Si la propuesta de MCI me había parecido impresionante, 6 Hope (como se conocía al sitio) me resultó absolutamente espectacular y me hizo darme cuenta de lo afortunado que era por haber sido diagnosticado en un país del primer mundo y por tener seguro. Todo allí estaba hecho en función de que tanto el paciente como su acompañante, que iban a pasar largos períodos encerrados, estuviesen lo más cómodos posible. Para empezar, las habitaciones eran enormes y no me refiero solamente en términos de hospitales. Mi habitación era tan grande que para ver el televisor que estaba en la pared opuesta a la que se apoyaba mi cama, y que era de treinta y siete pulgadas, tenía que ponerme lentes, de otra manera corría el riesgo de perderme todo lo que pasaban en el "Colostomy Channel" o "Canal de Colostomía", que juro era uno de los canales disponibles[50]. Adicionalmente, por ser una de las habitaciones que hacía esquina, tenía un pequeño vestíbulo donde había batas y guantes para el que fuese a entrar, además de todas las facilidades para lavarse. Incluía también un pequeño refrigerador en una esquina y otro más grande en un área común para que cada paciente pudiese traer su comida, caso de

---

[50] Canal 54, para aquellos interesados.

no querer la que ofrecía el hospital. El sofá del cuarto era realmente un sofá cama con lo que el acompañante no tenía que perder la espalda por permanecer junto al paciente tratando de dormir en una de esas sillas que parecen cómodas al principio, pero que dejan de serlo cada madrugada. Además, el piso tenía un "área para familiares" que incluía otro refrigerador, una sala de espera con una larga mesa en la que Ilse podía hacer sus reuniones de trabajo sin joder a nadie y baños con duchas. En medio del piso, había un "área de relax" para las enfermeras que era amplia, iluminada y tenía una vista hermosa de la ciudad. Que hayan puesto ese sitio allí, donde perfectamente podrían haber agregado unas tres habitaciones adicionales, hablaba de una integridad arquitectónica que todavía aplaudo.

Me explicaron que podía recibir visitas, pero que solo podían entrar de dos en dos y que cada visitante tenía que usar batas, guantes, máscara y sentarse a más de tres metros de distancia de mí, cosa que las dimensiones de la habitación permitían. Me explicaron también que, a diferencia de los otros pisos donde había una enfermera cada seis u ocho pacientes, aquí había una cada tres pacientes, con lo que la atención era insólitamente dedicada. Baste decir que era la primera vez que entraba a una habitación de un hospital sin sentir ganas inmediatas de irme. Claro que seguía siendo un hospital. Lo que implicaba que, sin importar el momento del día, cada dos o tres horas entrasen para medirme mis signos vitales, que constantemente anunciaban por los altoparlantes códigos de diversos colores y que, al menos una vez al día y de preferencia a las tres de la mañana, me sacasen sangre y me pesaran.

—¿Por qué tiene que ser a esta hora? —pregunté al cuarto día en el que esta insólita práctica me despertaba justo cuando había logrado dormirme.

—Porque tenemos que tener todo listo para cuando lleguen los médicos, que suelen estar aquí bien temprano. ¿Usted preferiría que lo hiciéramos a otra hora? Porque muchos pacientes prefieren que sea a las tres.

—Sí, los del psiquiátrico. ¿Cuáles son las otras opciones?

—¿Usted preferiría que lo hiciéramos a las seis?

—Por favor.

El piso estaba dividido en dos cuadrados que daban a las habitaciones y se esperaba que los pacientes saliésemos a caminar por ellos al menos dos veces al día para "ejercitarnos". Para hacerlo, usualmente teníamos que llevar un porta suero con rueditas que nos hacía parecer una suerte de Moisés en etapa terminal.

Pero me vuelvo a distraer y como ya se está haciendo costumbre que me distraiga en este capítulo empiezo a sospechar que hay algo detrás como, por ejemplo, no querer hablar de lo que me propuse: el trasplante. Así que... ¡aquí voy!

O no. Porque una vez empiece a contar todo el proceso corro el riesgo de que se me olvide mencionar y agradecer a las verdaderas protagonistas del piso: las enfermeras, que sin lugar a dudas representan el lado más humano de la medicina. Las enfermeras tienen el rarísimo privilegio de ver a cada persona en su peor momento y ofrecer una sonrisa a cambio. Aclaro que utilizo el femenino por costumbre, pero que durante la hospitalización tuve la suerte de compartir con profesionales masculinos, femeninos y trans[51] y todos, todas y todes, resultaron extraordinarias. Sí es cierto que al menos un par de veces al día nos visitaba algún médico. Él giraba instrucciones y mantenía una ilusión de autoridad, pero era evidente que los que dirigían el piso eran otros. Así como nosotros no tenemos ninguna duda de en manos de quién está nuestra vida una vez estamos hospitalizados. Todo está en manos de las enfermeras. Por suerte. De noche, muchas se convertían en ninjas de la salud, haciendo su trabajo

---

[51] ¡Bien por el Baptist!

a oscuras y con mínimo ruido. De día, nos daban ánimos, mientras hacían cosas asquerosas o al menos desagradables, como contabilizar la cantidad de orina que había hecho. Siempre con una sonrisa, siempre amables y siempre dispuestas a compartir datos de sus propias vidas. Las enfermeras se convirtieron en nuestras aliadas, nuestras amigas y nuestro grupo de apoyo. Todo sin dejar de hacer nunca su trabajo. Como si lo anterior no fuese suficiente, cada tanto nos traían deliciosos chismes de otros pacientes tipo "Usted sí lo está haciendo bien, no como el de al lado que se niega a comer", o te motivaban con "usted seguro se va a ir rápido de aquí, porque lo vemos caminar bastante y los que caminan suelen ser los primeros que se van".

¿Me quedará alguna otra cosa que agregar antes de entrarle al trasplante?

Me temo que no, así que, de nuevo... ¡aquí voy!

El mismo lunes que llegamos me hicieron la temida quimio de Melphalan, un procedimiento que es lo suficientemente fuerte como para que solo te la den estando hospitalizado. De alguna manera que temo haya sido ensayo y error, descubrieron que esta droga va destruyendo y matando todo a su paso, salvo que las zonas estén frías. De allí que, una hora antes de que empiecen a darte la droga, mientras te la ponen (treinta minutos) y una hora después tienes que estar comiendo hielo para proteger la boca y, en general, el sistema digestivo. De otra manera, me explicaron, te salen unas llagas terribles hasta en el esófago y te dificultan mucho comer, además de que duelen horrores. Como siempre, cuando entiendo por qué hago cada cosa, obedecí. La consecuencia fue que estuve dos horas y media comiendo hielo. El solo recuerdo de esta actividad todavía me produce escalofríos. Reconozco que masticar uno o dos hielos puede hasta ser entretenido, pero cuando te van trayendo jarras con hielo (que afortunadamente era bastante masticable), y lo comes sin parar, todo cambia. A los cuarenta y cinco minutos empecé a sentir un frío que no había manta capaz de controlarlo y a las dos horas tenía entumecidos hasta los dientes y temblaba. Aun así, seguía pidiendo hielo. Era un iceberg. Si el Titanic se encontraba conmigo, lo hundía. La madrugada siguiente, cuando me subieron a la balanza, pesaba cuatro kilos más que pocas horas antes. Todo hielo. El lado bueno fue que no me salió ni una llaga, cosa que impresionó muchísimo a las enfermeras.

Al día siguiente, empezaron a preguntarme con la misma naturalidad con la que te podrían preguntar por el estado del tiempo, si ya me había llegado la diarrea.

—No —respondía yo—. ¿Algún otro deseo para Navidad?

Ni se inmutaban.

—Es importante que, cuando venga la diarrea o cuando vaya al baño, no puje.

—¿Y qué tal que no venga la diarrea?

La enfermera me sonrió. Mi ingenuidad le daba ternura.

—El Melphalan también mata la flora bacteriana. Toda. La diarrea *va* a venir. Lo importante es que, cuando tenga ganas de ir al baño, no puje. Y tampoco baje el agua hasta que no hayamos visto sus heces.

Pocas veces una sola frase tuvo tantas implicaciones ilógicas. Le dije que sí a todo mientras me iba habituando a mi nuevo espacio. A la tarde una bandada de pájaros que no logré identificar daba vueltas alrededor de una pequeña torre que alcanzaba a divisar desde mi ventana. También unos loros, tan verdes como la esperanza que albergaba todo el edificio, empezaron a visitarme. Incluso podía trabajar (un nuevo Premios Juventud era por esos días) y, en las noches, Ilse se sentaba a mi lado para ver una película juntos[52]. Fue entonces cuando una doctora joven y bonita llegó con una sonrisa y una noticia:

—Lo vamos a cambiar de cuarto —dijo con total naturalidad.

---

[52] En el iPad, insisto en que el televisor estaba lejos.

—¿Perdón?

—Sí, es que viene un paciente que necesita atenciones especiales y este es una de las pocas habitaciones que tiene el vestíbulo para que la gente se prepare antes de entrar.

—Pero mi trasplante es mañana.

—Sí, y se lo haríamos en la otra habitación.

—Pero se supone que me voy a quedar sin ninguna defensa. Yo también voy a necesitar el vestíbulo ese, ¿no?

—No se preocupe, usted está bien —dijo.

Y se fue.

Ilse y yo nos miramos confirmando el temor que muchos tenemos de que las cosas que son demasiado buenas nunca duran lo suficiente.

Esa tarde salimos a caminar, ahora con menos intención de ejercicio y prestando más atención a las otras habitaciones. No siempre se podía ver hacia adentro y, la verdad sea dicha, todas se veían bien, pero ninguna era tan amplia como las que estaban en las esquinas, una de las cuales era la nuestra. Nos encontramos a la joven doctora en el camino de vuelta.

—Disculpe, señorita, ¿pero quisiera saber dónde puedo poner un reclamo?

La joven se preocupó.

—¿Por qué? —quiso saber—, ¿le pasó algo malo?

—Todavía no, pero me quieren cambiar de cuarto.

—Ah, eso —sonrío, pensando que estaba haciendo otro de mis chistes malos.

—Sí, eso. Entiendo que puede no ser su culpa y que a usted le deben haber pedido que nosotros desalojemos la habitación, pero me siento muy incómodo haciéndolo. ¿Hay algún número al que pueda llamar a hacer el reclamo?

—No, no —respondió dándose cuenta de que, a pesar de que estaba usando unas pantuflas con la cara de Homero Simpson, estaba hablando en serio. Su semblante cambió—. No pensábamos que le iba a molestar.

—Pero sí. Y no es su culpa. Mire, yo soy un animal de costumbres y me cuestan muchísimo los cambios —señalé a Ilse—. Llevo veintisiete años casado con ella y desde hace veintiséis ni siquiera me cae bien.

La joven nos volvió a sonreír y dijo que ella "se iba a encargar". Al rato, regresó muy sonriente a nuestra habitación para contarnos que todo "se había resuelto" y que ya no nos teníamos que mudar. Definitivamente, los pacientes también tenemos derecho a exigir.

Finalmente, en un supremo acto anticlimático, el miércoles sucedió el trasplante. Al igual que la vez que me sacaron las células madre, ningún médico estuvo presente. Me sedaron, pero me dijeron que, si quería, podía quedarme despierto durante el procedimiento, cosa que intenté, pero no logré hacer. Ilse quedó a cargo.

Lo primero que hizo al verme dormido y mientras a mi alrededor enfermeras y asistentes se preparaban, fue ponerme una figura de madera del santo venezolano José Gregorio Hernández, cerca del pecho. Me contó que luego llegó otra enfermera con una máquina donde estaban mis bolsas de células madre, que seguían con el mismo tono guayaba que la vez previa que las vimos, pero que ahora estaban divididas en muchas más bolsitas. Cada vez que una enfermera sacaba una, leía un montón de números y códigos en voz alta, que posteriormente eran validados por otra enfermera. Una vez aclarado que las células sí eran mías, las calentaban a baño maría en la máquina que habían traído que, a los efectos, era más bien una cocina, para que me las introdujeran de nuevo en mi cuerpo valiéndose del puerto. Aparentemente, hubo un momento en el que una de las bolsitas no estuvo lo suficientemente caliente porque, cuando me la metieron, temblé un poco, y la mandaron a calentar por más tiempo.

Ilse me cuenta que más allá de lo protocolar de todo el proceso, cada lectura de las enfermeras se sentía como algo místico. Era una invocación en un cuarto que estaba a medio camino entre la vida y la muerte. Al finalizar, me cantaron "Cumpleaños Feliz" para dejar claro que ese día, 13 de julio, era mi nueva fecha de cumpleaños, y salieron de lo más alegres. Ilse también me contó que, antes de irse, abrazó a la asistenta que estuvo a cargo de todo el proceso y luego, todavía con los ojos llorosos, se me acercó y me dijo:

—Ya está —y enseguida agregó—: ¡Quiero adoptarlas a todas!

Al día siguiente, que según una pizarra que estaba en la habitación era el día T+1, donde la "T" era por el "Trasplante", todavía no sentía mayor diferencia. Vino a visitarme doctor *SportsBar*, mi cardiólogo, que por cierto fue el único de mis médicos regulares que fue a verme varias veces. Mientras, seguía teniendo reuniones de Premios Juventud y dando mis vueltas a la mañana y a la tarde por el piso. Optimista, pregunté cuánto era lo más rápido que un paciente había regresado a su casa luego de un trasplante. Me dijeron que el récord era doce días y decidí que yo iba a romper ese récord.

En T+2 me seguía sintiendo bien, sin embargo, mi presión y mis pulsaciones empezaron a bajar. Mucho. Mis pulsaciones estaban por debajo de cuarenta y mi presión entre noventa y cuarenta. Hubo nuevos murmullos entre especialistas en la puerta. Igual, les parecía fantástico que no estuviese mareado, pero me dijeron que "por las dudas" no caminase solo, cosa que no me daba demasiada confianza.

Junto a T+3 llegó la tan esperada diarrea, la cual fue vista, pesada y fotografiada como si fuese un bebé. Tanto me amenazaron con la bendita diarrea que imaginaba convulsiones y ríos incontenibles. Sin embargo, cuando finalmente se hizo presente, no me pareció ni tan terrible ni tan asquerosa. Ni siquiera era dolorosa. Mientras tanto, mi pulso ya iba por treinta y dos y las enfermeras se iban acercando a mi cama más seguido y empezaron a hablar bajito y a referirse a mí en tercera persona aunque estuviesen a mi lado.

Con el amanecer de T+4 mi pulso y mi presión arterial empezaron a recuperarse, pero llegó el otro efecto secundario que me habían dicho que iba a venir, pero que no terminaba de concretarse: la fatiga, que resulta que es algo muy diferente al cansancio. Cuando estás cansado, pues descansas y listo. La fatiga no funciona así; es como si estar exhausto formara parte de ti y se convirtiese en una forma de ser. No es que no te puedes parar de la cama porque estás deprimido, sino que sientes que tienes tan poca energía que hay que escoger. Piensas: "Me voy a poder parar de la cama una sola vez, ¿lo hago para comer, para ir al baño o espero y hago todo junto?". Bajo la sombra de la fatiga nada vale demasiado la pena. Caminar al baño era una expedición, calzarse una aventura digna de Hércules y pensar en asomarse al pasillo una fantasía. Lo más curioso es que, en la mayoría de los casos, la fatiga viene acompañada de insomnio, gracias a lo cual, en las noches estás sin fuerzas, pero despierto. Aprendí que ese tipo de fatiga no se cura con descanso y ese día lo pasé acostado.

Al día siguiente (T+5) logré incorporarme y hasta pude bañarme, cosa que era particularmente complicada porque implicaba que alguien tenía que ayudarme para cubrir el puerto que tenía en el pecho —que no se podía mojar— y después volverlo a descubrir. Luego tenía que vestirme una vez más. Si me costaba ponerme una pantufla, ni les digo lo que era pensar en una bermuda. Al terminar el proceso, que me demoró un par de horas, me sentí como si hubiese completado un maratón y dormí casi tres horas para recuperarme. Me ayudó mucho que esa noche Ilse regresó a casa para buscar mudas de ropa (y descansar un poco ella) y fue Eugenia quien se quedó conmigo y, así como cuando somos novios tratamos de disimular nuestros temores y carencias con nuestra pareja, lo mismo tratamos de hacer frente a nuestros hijos cuando somos padres. Con Eugenia a mi lado no podía echarme a morir como me provocaba hacerlo estando junto a Ilse. Para que viese que no tenía que preocuparse por su papá, le dije que me acompañara a caminar y logré dar una vuelta completa al piso.

Todo implicaba un esfuerzo consciente. Cada paso y cada movimiento había que pensarlos primero y ejecutarlos después. Comer, por ejemplo, era un trabajo especialmente retador porque, en teoría, cuando no tienes sistema autoinmune, la comida no debe pasar más de cuarenta y cinco minutos a la intemperie. De más está decir que esa carrera contra el tiempo solía perderla por lo que, al menos, sí empezó a cumplirse la famosa promesa de bajar de peso.

Mientras tanto, trataba de seguir con mis rutinas, sentándome, caminando y bañándome. Cada vez que hacía cualquiera de las tres cosas, todos se sorprendían y me felicitaban, cosa que indicaba claramente las bajísimas expectativas que les despertaba. Me sentí un poco como unos sobrinos muy queridos que hoy día viven en Guatemala y que, cuando tenían unos seis o siete años, siempre esperaban que uno los aplaudiera cuando terminaban cualquier videojuego porque, según ellos, siempre ganaban. El detalle es que a veces "ganaban de terceros" o "de quintos" y rara vez "ganaban de primeros". Yo, en ese momento y a pesar de las constantes felicitaciones, sentía que iba ganando, pero de último.

Y sin embargo, estaría mintiendo si dijera que la pasaba mal. Mantenía mi meta de, al menos una vez al día, hacer algo que me gustara. Mis amigos estaban pendientes de mí. Con Ilse planificábamos "paseos" para buscar café o té en una máquina que estaba a pocos metros de la habitación. Era nuestra cita y ninguno iba al lugar sin que lo acompañase el otro. Entendí que mi objetivo inicial de pasar la hospitalización solo no tenía sentido, no tanto porque no pudiese estar sin compañía o porque necesitara a alguien para ponerme de pie, como por el hecho de que no es necesario estar enfermo y además solo, si puede evitarse. Entendí que estar enfermo no tiene que implicar convertirse en víctima. Con sentirnos miserables gran parte del día tenemos más que suficiente. Y a veces ni siquiera hay que llegar a eso. Más de una noche de insomnio, mientras Ilse o Eugenia dormían a pocos metros me di cuenta de que más allá de las circunstancias era afortunado. No estaba solo. Y darse cuenta y poder comprobarlo era un placer y un orgullo.

Aclaro que lo anterior no implica ni remotamente que quisiera quedarme en el hospital ni un segundo más del necesario y ya empezaba a preguntarme cuándo me iban a dar de alta. Me explicaron que todo dependía del "Prendimiento" o, como se lo conoce en inglés (que es su término más popular), "Engraftment", que no es otra cosa que cuando tu médula empieza a producir sus propias células blancas. Para ese momento, día ocho de hospitalización, perdón, quise decir día T+6, mi conteo seguía en cero. Una vez que llegase a 0,5 podía hablarse de "Engraftment" y, para darte de alta, tenían que pasar tres días consecutivos en los que el conteo fuese subiendo. Una vez más, me hacía falta lo que nunca tenía, paciencia. Y el paso de los días no ayudaba, especialmente cuando en mis caminatas diarias me daba cuenta de que en muchas de las habitaciones a mi alrededor habían llegado nuevos pacientes y también se habían ido sin que yo me moviese del lugar.

—¿Hay algo que pueda hacer para ayudar? —se me ocurrió preguntar.

—Siga siendo un buen paciente —me dijeron con más ternura que convicción.

El fin de semana varios amigos se acercaron y su presencia me ayudó a diferenciar los días. Otras veces entraban músicos voluntarios y nos regalaban un par de canciones y, como era de esperar, un día un cura tocó la puerta en lo que asumí, eran rondas preestablecidas.

—Muchas gracias, pero soy agnóstico —le dije.

—Lo que pasa es que es judío —corrigió Ilse.

—De pueblo, sí; pero de religión, no.

El cura se nos quedó viendo claramente confundido.

—¿Quieren que les dé la bendición?

Mientras yo decía "No, gracias", Ilse le respondía "Sí, por favor". El cura se nos quedó viendo sin saber qué hacer.

—Voy a rezar por ustedes —dijo finalmente. Y no vino más.

El día de Premios Juventud, logré meterme en el sistema de Univisión, vi el ensayo general, les di un par de comentarios al equipo de escritores de cosas que podíamos mejorar y luego les dije tanto a ellos como a los productores que estaría disponible para arreglar cualquier cosa que necesitaran directamente en el *prompter*, pero tuvieron el buen tino de no pedirme nada. De más está decir que, en la mitad del espectáculo, me quedé profundamente dormido.

Al noveno día hubo algo en mis exámenes que no le gustó demasiado al médico (no a Dr. Paréntesis, que seguía sin aparecer, sino a los diferentes hematólogos/oncólogos que estaban a cargo del piso) y decidieron hacerme una transfusión de sangre. Luego de hacerla me entregaron un cartoncito bastante parecido a un posavasos en el que me daban la opción de enviarle un mensaje a mi donante entrando a un portal que muy apropiadamente se llamaba "*Message my donor*", una iniciativa que se me hizo fantástica. Esto fue lo que le escribí:

> "*Se tiende a pensar que el acto de donar sangre y el de recibirla son independientes, pero evidentemente no lo son. Que nos tiendan este puente para que pueda agradecerte por tu acto directamente es un gran regalo. Me consta que, visto desde la calle, donar sangre es un acto fastidioso y aparentemente trivial. Sin embargo, cuando estamos*

del lado del hospital, nos damos cuenta de la valentía y la grandeza de ese gesto que hoy me brinda nuevas esperanzas de seguir en mi lucha por la salud. Quiero que sepas que el hecho de saber que tengo en mi cuerpo, aunque sea una pequeñísima parte de alguien tan altruista y generoso, además de ser un honor, también lo siento como una responsabilidad. Gracias a ti, me comprometo a tratar de ser mejor persona".

Y luego le agregué mis datos por si el donante quería responderme o comunicarse conmigo así sea para pedirme dinero. Nunca pasó.

T+11 fue mi primer día formal de "Engraftment". Había llegado a 0,52. Con Ilse lloramos de emoción y, aprovechando en un momento en el que salió de la habitación, le escribí a toda prisa una tarjeta 3D de Frida Kahlo (su artista favorita) que había comprado desde antes de ser hospitalizado y que tenía escondida entre mis cosas desde que llegamos. Ya que estoy en una de confesiones, les cuento qué fue lo que le escribí:

Ilse, mi amor:

> *Seguimos superando obstáculos y viviendo aventuras juntos.*
> *Eres mi salud y mi inspiración.*
> *Cada día admiro más tu entereza, tu dedicación*
> *y tu capacidad infinita de amar.*
> *De esta salimos fortalecidos*
> *Ya no quedan monstruos para nosotros.*
> *Somos uno y somos y seremos hasta el infinito.*

Tu-Yo, Sergio

En dos días más íbamos a estar fuera y nada había sido tan malo, aunque no hubiese roto el récord. Considerando lo que vino después, algún oráculo eficiente podría decir que celebramos demasiado rápido y que pecamos de optimistas. No estoy de acuerdo. Insisto en que cada pequeña victoria debe ser celebrada. Especialmente cuando lo que tienes enfrente es una enfermedad crónica.

El punto es que ese mismo día, al poco rato, empecé a sentir un dolor nuevo, diferente e intenso que parecía tomar control de mi cuerpo. La enfermera se puso contenta.

—Esa es la médula, que está trabajando a todo dar —me explicaron.

Lamentablemente, comprender las causas no hicieron nada para mitigar el malestar, así que cuando ya había probado cada posición posible un par de veces y comprobado que ninguna de ellas servía para calmar el dolor, volví a llamar a la enfermera.

—Me encanta que mi médula esté trabajando tan bien —mentí—. ¿Pero no se podrá hacer algo para que lo haga con ligeramente menos entusiasmo?

—Le voy a dar algo para el dolor —respondió.

Al ratito volvió con una inyección de otro opioide, Demerol. Con ese sí volé y entendí las adicciones. No solo desapareció el dolor, además, estaba feliz y esa noche dormí como un bebé. Literalmente, sobre todo porque cada tres horas me despertaban para algo. En cualquier caso, al siguiente día (T+12 para quienes llevan la cuenta) mi conteo llegó a 2,32, lo que implicaba que estábamos a veinticuatro horas de irnos. De paso, el día se nos pasó rapidísimo porque tuvimos varias visitas. Julio Cabello vino trayendo galletas de limón Havanna (mis preferidas) y poco más tarde se apareció mi suegra con una sopa (siempre le lleva sopas a los enfermos) y observó el sitio como quien está haciendo un tour por alguna maravilla de la Unesco. De más está decir que su obsesión por los médicos viene seguida muy de cerca por una intensa pasión por los hospitales y "6 Hope" ciertamente calificaba como uno de los puntos altos de ambos aspectos. La imaginé pidiendo en su última voluntad que sus cenizas fuesen repartidas más bien por esos pasillos y no por los de Walmart, como alguna vez había sugerido.

Ya para el final de la tarde, mi hermano Andrés, que andaba de pasada por Miami, también pasó a vernos. Andrés nos fue contando de sus planes de boda (se casaba en noviembre) y de lo feliz que se sentía por verme tan bien. Fue precisamente mientras estábamos con él cuando comencé a sentir otra sensación extraña, una suerte de hormigueo diferente al dolor.

Una vez nos despedimos, pasé de la silla en la que estaba sentado a la cama y allí empecé a temblar aunque según Ilse, más bien parecían convulsiones. Enseguida nos rodearon médicos y enfermeras y comprobaron que tenía fiebre, con lo que se jodió todo. Porque resulta que tener fiebre luego de un trasplante de médula puede venir de diferentes razones y, a estas alturas de la ciencia médica, la única forma de estar seguro es por descarte, lo cual implicaba empezar a hacer pruebas para ver si se había infectado el puerto o si venía de algo más complejo, todo con el detalle de no tener defensas[53]. Cada paso implicaba un potencial peligro. Un día, por ejemplo, comenté que me dolía la cabeza y terminé teniendo un nuevo scan del cerebro para ver qué estaba pasando allí, y de nada sirvió advertirles que ya habíamos comprobado que por mi cabeza hacía tiempo que no pasaba nada.

Mientras tanto, se me empezaron a caer los pelos, pero no los esperados, sino los púbicos, algo de lo que nadie me había hablado y que por eso me parece tan importante contarlo aquí. Se me ocurrió comentarlo a un enfermero y me dijeron que eso todavía era efecto del Melphalan, por más que la radiación la hubiese recibido hacía casi quince días, es decir, en T-2. Más allá del asco de estar dejando pendejos en el inodoro, recordé que hay gente que paga por tener los genitales lampiños como un bebé y decidí simplemente anotar el hecho y ni siquiera quejarme. Por su parte, la fiebre iba y venía como le daba la gana y luego de día y medio de

---

[53] ¡Y eso que para ese día mi conteo llegó a 7,35!

exámenes decidieron que lo que tenía era "simplemente" *Engraftment Syndrome* o Síndrome de Injerto Medular, que es como un amigo médico me dijo que se llamaba el mismo fenómeno en español. Me dijeron que ese tipo de síndromes simplemente "pasan". Eventualmente, claro está, porque no hay fecha determinada. Igual y por las dudas, me empezaron a dar antibióticos.

El mayor problema que tiene este síndrome es que, como se supone que con el tiempo se va solo, nadie se dedica a estudiarlo como se debe. Entiendo que debe ser frustrante encerrarse por meses o años a analizar un fenómeno para que, cuando finalmente se llega a algún tipo de solución, le digan al investigador "No, tranquilo, ya no hace falta porque el paciente se curó solo". El detalle es que nadie sabe cuánto puede durar y que el "mientras se va" puede llegar a ser absolutamente agobiante. En mi caso, el paso siguiente fue una irritación en todo el cuerpo acompañado de una piquiña que me resultaba imposible de controlar, lo cual hizo que entraran a mi grupo de doctores, los únicos médicos que parecieran obsesionados con sacar fotos de cada cosa asquerosa que ven: los dermatólogos. ¿Por qué las fotos? ¿Qué hacen con ellas? Aquí hay una irritación severa. Foto. Este lunar es feo y tiene pelos. Foto. Debajo del tatuaje del pájaro en descomposición hay un furúnculo verde. Foto y foto. A lo mejor es algo vocacional. "Juanito está sacándoles fotos a un vómito". A lo que la madre respondería: "Sí, estoy tan orgullosa. Cuando sea grande seguro será dermatólogo".

En general, luego de mi inevitable sesión de fotos, los dermatólogos que me visitaron concluyeron con el muy poco práctico consejo de que no debería rascarme.

—Ustedes entienden que no es que me pica un ratito una zona, sino que me pica todo el cuerpo todo el tiempo, ¿verdad? —se me ocurrió preguntar.

La solución fue volver a los corticoides, pero en cantidades industriales. Adiós a los kilos que había bajado.

Mientras tanto, se me cayeron el resto de los pelos del cuerpo, pero no de una manera ordenada. En T+16, los de la cabeza decidieron caerse todos juntos, como si estuviesen haciendo una ola y ese mismo día, luego de bañarme, empecé a notar que tenía una rodilla más oscura que la otra y un antebrazo con pelos y otro no, con lo que pude comprobar que, eventualmente, una de las víctimas que todos los cánceres tienen en común, es la simetría.

Por fin, pocos días más tarde, me dejaron regresar a mi casa por más que siguiera la piquiña y que cada tanto tuviese escalofríos.

—Eventualmente va a pasar —me dijeron—. Lo importante es que estás bien.

La despedida no fue como la soñamos porque nos queríamos despedir de todas y cada una de las personas que con infinita paciencia nos habían atendido durante esos días, pero resulta que los turnos no permitieron que eso fuese posible. Ni siquiera sabíamos el nombre de muchas de las personas que nos acompañaron y cuidaron. Y no es que las enfermeras hayan pretendido ser héroes anónimos. Cada nuevo turno ponían su nombre y su extensión en una pizarra que estaba en la habitación, pero nosotros no habíamos tomado nota. Nos sentimos unos malagradecidos por no haberlo hecho, pero ya era tarde. Nos limitamos a despedirnos de aquellas que sí estuvieron presentes y, más adelante, mandamos suficientes regalitos para todas.

Mientras Ilse buscaba el coche, me llevaron en una silla de ruedas hasta la entrada. Veía a mi alrededor y a la gente como si estuviese llegando de otro planeta. Cuando se abrieron las puertas de la entrada y sentí el calor y el viento directamente sobre mi rostro me emocioné hasta las lágrimas. La enfermera que me había llevado hasta allí se dio cuenta.

—Sí, eso pasa —me dijo casual.

Fue recién en ese momento cuando me di cuenta la cantidad de días que llevaba sin respirar aire fresco. Diecinueve para ser exacto.

CAPÍTULO 8

CAMPANUS INTERRUPTUS

The future ain't what it used to be.

YOGI BERRA

H abía terminado lo que en teoría era el proceso más complejo de todos. Más que pasar la página, lo que yo quería era cambiar de cuaderno. El problema es que, aun cuando había regresado a mi casa y todos los parámetros indicaban que mi trasplante había sido un éxito, no podía hacerlo porque seguía sumamente irritado. En sentido figurado y en sentido literal. Me explico, la picazón seguía viento en popa y nada parecía capaz de calmarla, cosa que además de ponerme la piel de gallina, me ponía de humor de perros y hacía que me frotase contra cualquier superficie como si fuese un oso, mientras deambulaba de un lado a otro como un tigre enjaulado. En resumen, estaba hecho un animal. O más bien, varios. Y todos tenían piquiña.

Ilse compró dos bolsas grandes de flores de manzanilla y me preparó un baño echando todas las flores además de avena entera, segura de que eso me iba a ayudar. Lo hizo con tanta ilusión que, mientras estuve adentro de la inmensa tina de té que con tanto cariño había preparado, procuré no rascarme ni una vez, aunque me estuviese muriendo de ganas de hacerlo desde el primer minuto. Lo peor es que tampoco hizo mayor efecto. Por las mañanas me despertaba dándome cuenta de que durante la noche me había rascado tanto que me había sacado sangre. Llamé a un número de teléfono que me habían dado en el hospital para casos de emergencia y el médico que me atendió decidió regañarme primero y ayudarme después:

—No te puedes rascar así porque corres el riesgo de darte una infección.

—Estaba durmiendo —le dije.

—Eso no es excusa. Tiene que hacer un esfuerzo. Si no va a poder controlarse, pruebe ponerse medias en las manos antes de dormir.

Terminé, absurdamente, pidiendo disculpas y prometiendo que no lo iba a hacer más. En lo que se refiere a la ayuda se limitó a un "tenga paciencia" que viene siendo como ofrecerle un caramelo a alguien que se está ahogando. Como no pensaba dormir con medias en las manos, fui a la farmacia buscando un milagro. Descubrí que no estaba solo en mi padecer y que tanto CVS como Walgreens, las dos cadenas farmacéuticas más grandes de Estados Unidos, tenían pasillos enteros dedicados al "*Itching*", vulgo, "Comezón". Probé todo y todo fracasó. Fue entonces cuando hizo su aparición en mi historia la Dra. *No-Bullshit*, una nueva dermatóloga quien, fiel a su especialidad, fue directo al grano y, luego de una sesión de fotos de las zonas irritadas, sin pedir permiso ni disculpas, procedió a hacerme un par de biopsias y a recomendarme una crema que estaba segura iba a proporcionarme "algún alivio". El detalle era que la crema no la cubría el seguro y costaba ochocientos dólares.

—¿No habrá otra opción? —le pregunté a la asistente cuando me enteré del precio.

—Sí. Probemos con otra farmacia.

—Me refería a otra opción de crema, el seguro va a ser el mismo.

—No crea, cada farmacia tiene sus mañas.

Con cero esperanzas, me comuniqué con la farmacia que me recomendó... y a las pocas horas me llamaron para decirme que la crema estaba aprobada ¡y sin ningún copago! No pude más que agradecer la inconsistencia del seguro. El producto, que tenía el sugestivo nombre de Triamcinole Acetonide USP —del cual debían estar tan orgullosos que ni siquiera se les ocurrió darle un título genérico— era una sustancia blanca y pastosa difícil de esparcir. Lo bueno es que, una vez lo hice y quedé tipo momia, sí noté un alivio importante. Pero la mejor noticia la tuvo la Dra. *No-Bullshit* en nuestra siguiente cita.

—Llegaron los resultados de la biopsia. Eres alérgico al Cefepime.

—¿A quién?

—Al antibiótico que te inyectaron cuando te dio fiebre en el hospital. No tiene nada que ver con el trasplante y se te va a quitar pronto.

—Defina "pronto".

—Eventualmente —respondió sin caer en la trampa—. Y tuviste suerte porque solo te irritó por fuera. Ha podido irritarte los órganos por dentro y ahí la historia hubiese sido muy diferente.

La dermatóloga me recetó otro tipo de esteroides y me explicó que los iba a estar tomando durante una semana reduciendo la cantidad cada dos días hasta llegar a cero. Mi escepticismo duró menos que los esteroides porque en efecto, a los ocho días, me dejó de picar y mi piel regresó a su resequedad habitual. Dra. *No-Bullshit* se convirtió en mi nueva ídolo.

Antes de mi nueva cita con Dr. Paréntesis me tocaba hacerme una nueva resonancia magnética de todo el cuerpo y otra biopsia de médula. A ambos procedimientos llegué con un entusiasmo poco común. Al técnico que se prestaba a perforarme la cadera le pedí que "por favor, esta vez sacara bastante". Me miró con suspicacia.

—Usted sabe que los seis meses posteriores a un trasplante de médula está terminantemente prohibido el uso cualquier tipo de drogas, ¿verdad? —quiso cerciorarse.

Asentí, aunque estoy seguro de que no me creyó. Tampoco me importó. Nada me podía quitar la felicidad que me daba sentir que, luego de casi un año, la que había entrado en etapa terminal había sido la enfermedad y no yo. Ahora aplicaba la Nostalgia Preventiva, pero al hospital en el que me había tratado. "Pensar que allí solía sentarme a tomarme un té mientras esperaba para mi radioterapia", recordaba mientras caminaba.

De paso, el mundo entero parecía acompañarme en mi sentimiento. Ya el Covid dejaba de dar miedo y las restricciones a la entrada del hospital empezaban a ser menos draconianas. Descubrí que un área inmensa en la que, hasta hacía poco tiempo siempre había varios escritorios destinados a entrevistar a cada persona que ingresaba al lugar con preguntas tan simples que parecían capciosas tipo "¿Sospecha que tiene Covid o ha estado en contacto con alguien con Covid?", en realidad era un comedor en el que las personas podían compartir mesas y conversaciones. En otras palabras, no era un lugar destinado a separar y filtrar, sino que su propósito era más bien hacer que la gente se una y comparta. Además, dejaron de identificar a cada persona que entraba con la calcomanía verde fosforescente donde se leía "Paciente" o la blanca para los "Acompañantes". La gente volvía a ser gente, el mundo quería volver a ser normal y yo ansiaba volver a formar parte de ese mundo.

Para la siguiente cita con Dr. Paréntesis, en la que me iban a dar los resultados de mis últimos exámenes, fui particularmente preparado. Tenía una camiseta que decía "I Won" donde la letra "I" era de color vinotinto (el que identifica a los cánceres de sangre) y estaba hecha por el medio lazo que identifica la lucha contra esta enfermedad. Me pareció el atuendo perfecto para tocar la campana que señalaría mi regreso a la salud. Aunque ya venía de una biopsia negativa, para no forzar mi suerte, me había puesto una camisa con botones por arriba, cubriéndola. La idea era, escuchar al médico y luego abrirme la camisa en un gesto repleto de dramatismo y simbología.

Dr. Paréntesis nos recibió con su amabilidad y timidez acostumbrada y nuevos asistentes. Mientras revisaba los resultados en su computadora le pregunté por el Asistente/Traductor temiendo que lo hubiesen echado luego de la metida de pata que hizo que no pudiésemos ingresar al hospital el día indicado.

—Estem... hum... Por ahí anda —se limitó a decir Dr. Paréntesis sin dejar de ver la pantalla.

—Es que había quedado en darnos una clase en el hospital, pero nunca vino —y agregué poco después—. Y usted tampoco.

Esta vez levantó la mirada de la pantalla. Mi comentario le extrañó.

—Pero todo estuvo bien, ¿no?

—Sí —le dije.

Fue entonces cuando me di cuenta de algo muy particular que tienen los médicos americanos. En general, una de las principales críticas que se les hace en el resto del mundo es que son muy fríos. Esa no ha sido mi experiencia y, como habrán notado, pasé por varios como para poder opinar. Sí es cierto que los médicos en América Latina (donde también tengo experiencia) suelen darte su número celular, que son mucho más abiertos en sus diagnósticos y que, en general, no construyen su práctica en función de evitar demandas. Lo anterior no quita que su contraparte americana no sea atenta, cordial y que siempre esté dispuesta a atender cualquier duda. Lo que me llamaba la atención era precisamente la paciencia y la constancia con la que te acompañan en las partes malas, pero como siempre desaparecen justamente para las partes buenas. Así, las enfermeras te acompañan en cada procedimiento, los asistentes te llaman para darte resultados positivos y hasta las recepcionistas te siguen cuando vas a tocar la campana; los médicos no. Luego de que me sacaran la segunda mitad de la tiroides, la doctora solo fue a despedirse porque pregunté por ella. Y a la gente de la radiación no la vi más desde que me tomé la pastilla. Me enteré de que estaba bien por un llamado y ya. Por otra parte, cada vez que tuve preguntas o que llegué a dudar del tratamiento, los doctores sí estuvieron allí. El mismo Dr. Paréntesis, no me había dado su teléfono, pero me había llamado directamente el par de veces que pedí hablar con él, siendo que una de ellas fue un viernes entrada la noche. Quizás sea una cuestión de tiempo, quizás sea que teman involucrarse demasiado con cada paciente, pero pienso que se están perdiendo de una de las partes más bonitas de su trabajo. Evitan las ceremonias de culminación y la celebración. En ese transitar de caso a caso, hacen todo el trabajo y no participan de nada relacionado con el disfrute. Una verdadera lástima.

Pero volvamos a mi consulta, en donde Dr. Paréntesis finalmente levantó la mirada de pantalla y me dijo:

—Okey, llegaron todos los resultados y, técnicamente, estás muy bien.

—¿Cómo "técnicamente"?

—La biopsia no vino en cero, pero está muy bien.

¿Cómo que no estaba en cero? De repente el piso se hizo de goma y me empecé a marear.

—Pero estaba en cero antes del trasplante —le recordé.

—Sí, pero te acuerdas que te dije que eso podía depender del lugar y del tamaño de la muestra. Esta vez tomaron más de cuatro millones y medio de células y solo encontraron ciento setenta cancerígenas. Eso viene siendo el... —consultó la pantalla—. 0.000016% de la muestra.

—Pero esas pocas se supone que se multiplican y crecen, ¿no?

—Si no se controlan, sí. Por eso luego del trasplante se hace un régimen de mantenimiento y vas a seguir con el Revlimid, aunque en dosis más pequeñas. Técnicamente estás en remisión.

—Técnicamente... —repetí controlándome para no dar una pataleta.

—Lo que me preocupa son un par de puntos en el MRI, uno cerca de la cadera y otro en las costillas, en donde pareciera haber un mínimo de actividad. Vamos a hacer una cita con un radioterapeuta para estar seguros. A lo mejor él prefiere hacer algunas sesiones extras de radio para eliminar esos puntos.

—*Wow*, siguen las buenas noticias —dije con una ironía que ni el médico ni sus asistentes captaron—. A ver, la resonancia que me hice antes de hacerme el trasplante mostraba que todo estaba bien.

—Y esto a lo mejor no es nada. Justamente nuestro trabajo ahora es estar pendientes de todo para que no repita y agarrar cada cosa a tiempo. Hablando de eso, ¿cómo te sientes de la pierna derecha?

—En este momento, me siento mal de todo.

—También vamos a hacerte una cita para que te veas con Dr. Fémur otra vez, ¿okey? Porque lo que el pet scan está mostrando allí no me gusta mucho.

Miré a Ilse que estaba tan boquiabierta como yo. Dr. Paréntesis se dio cuenta de nuestra frustración.

—Técnicamente estás en remisión —nos recordó.

Ninguno de los dos podía hablar.

—No me voy a hacer otro trasplante —dije por fin.

—En este momento ese escenario ni siquiera está planteado.

Nos dieron las nuevas citas y salimos de allí confundidos y tristes. En particular, yo sentía que la camiseta de "I Won" me quemaba el pecho. Cuando llegamos a la campana que estaba en el pasillo, le pasé por al lado evitando hacer contacto visual. ¿Estaba portándome como un niño malcriado porque no me nacía tocarla solo porque el médico no me dijo exactamente lo que esperaba? Si estar "técnicamente en remisión" era una buena noticia, ¿por qué no me sentía capaz de aceptarla?

La realidad es que no me sentía sano y que tampoco sentía que había culminado etapa alguna. Más bien lo único que sentía es que no me *merecía* tocar la campana. Aprovechando que era temprano y que la mayoría de los lugares iban a estar vacíos, Ilse propuso que nos fuésemos a dar una vuelta antes de regresar a casa.

—Okey, no nos dijeron lo que esperábamos —empezó—, pero estás bien y vas a seguir estando bien. Y ya nos habían dicho que ibas a seguir el tratamiento por un año, así que... ¡estamos bien! —insistió.

Asentí, pero igual le dije que iba a ir al baño para quitarme el "I Won" que tenía en la camiseta. Ilse propuso algo mejor: comprarme otra. Una que me guste, sin ver precio. Ella me la iba a regalar.

Así lo hicimos. Nunca entendí bien en qué parte del capitalismo figura que comprarse cosas es un consuelo, pero me temo que así es. Siempre se habla de las leyes de la oferta y la demanda, de la "mano invisible" y esas cosas, pero nunca de qué es lo que nos motiva a comprar algo que no necesitamos cuando estamos tristes e insomnes frente al televisor. Y, más curioso aún, porque luego de hacerlo nos sentimos mejor. Al menos hasta pocos días más tarde cuando llega un aparato que jamás vamos a utilizar o cuando vemos la cuenta de la tarjeta. En ninguna parte de "El Capital" Marx advierte que "el Capitalismo genera un círculo vicioso que hace que los proletarios oprimidos del mundo no solo ganen menos, sino que, al darse cuenta de su triste posición en la escala de la sociedad, se depriman y terminen endeudándose más". El punto es que luego de la compra de la nueva camiseta (y de haber guardado la previa en lo más profundo de una bolsa) me sentí mejor. El detalle es que todos mis familiares y amigos sabían de la cita y de los planes de celebración y ahora había que pensar qué les íbamos a decir. Ilse insistía en que no había que ser pesimista.

—¿Qué tal si les decimos que me fue súper bien y que ahora tengo una cita con un nuevo radioterapeuta y con el ortopedista oncólogo, además de que tengo que seguir el tratamiento de Quimio? —sugerí.

—Exactamente a eso me refería cuando te decía que no seamos pesimistas. Fíjate cómo lo veo yo: estás técnicamente en remisión y, tal y como te habían advertido, vas a seguir con el tratamiento por otro año. El resto es algo que no se sabe, que es simplemente preventivo y de lo que no tienes que hablar hasta que no se sepa de qué se trata.

—Dicho así he debido tocar la campana.

—La tocas la próxima cita.

Tenía razón. Me la pasaba diciendo que debía celebrar cada victoria y simplemente no entendía por qué no era capaz de asumir lo que me estaba pasando como una más. A pesar de ello, cuando hablé con mis amigos, traté de seguir su consejo, pero dándole mi propio twist que era decir más o menos lo mismo, pero terminando con "la verdad es que no sé para qué carajo me hice el trasplante", cosa que no ayudaba demasiado a la causa de tranquilizar a los demás, pero que sí reflejaba exactamente lo que sentía. Curiosamente, nadie se sorprendía demasiado.

—¿No y que ese cáncer que tienes no se cura? —me recordó alguno.

—Bueno, no. Se controla.

—Entonces estás bien. Además, te ves bien.

Pero me sentía mal. Y además me sentía culpable por sentirme mal y por ser incapaz de ver el vaso "medio lleno", como lo hacían tantas personas a mi alrededor.

Como de costumbre, el tratamiento seguía su camino y, en este sentido, "verse bien" —que era básicamente no lucir enfermo— parecía ser un parámetro importante hasta para los médicos. Así, por ejemplo, luego de analizar mis radiografías y de mirar cómo caminaba, Dr. Fémur me dijo lo siguiente:

—El problema contigo es el siguiente: uno ve las placas y el MRI y uno dice que aquí hay que operar lo antes posible. Pero luego uno te ve a ti, que caminas sin dolor y que ni siquiera cojeas y entonces hay que preguntarse a qué le hacemos caso: si a las placas o a lo que vemos.

Le expliqué que últimamente había algunos movimientos con la pierna que me dolían y su experto consejo fue: "No los hagas". Y cuándo le pregunté qué me sugería volvió a su punto inicial.

—Yo ya te dije que a mí me parece que había que operarte desde hace meses, sobre todo porque el hueso no está mejorando con la velocidad que uno esperaría. El punto aquí es qué quieres hacer tú. ¿Quieres operarte o quieres seguir esperando y arriesgando?

—¿No hay una tercera opción?

—Sí, que te fractures y que ya no puedas decidir.

—¿Le dije que llevo más de un año sin caerme? —le comenté con un orgullo que no comprendió.

Quedamos en que iba a pensar qué hacer mientras trataba de evitar la tercera opción.

Poco después me tocó conocer a mi tercer radioterapeuta, un médico joven, con pinta de nerd que, luego de notar que mientras lo esperaba estaba leyendo, me habló de literatura y de cómo un libro había influenciado su amor por la medicina. Dr. Pana, como lo llamaremos de ahora en adelante, se quedó un rato estudiando mis imágenes y luego me sorprendió con un: "yo no creo que haya que hacer nada todavía".

Me explicó que, según él, la actividad que se veía en el pecho podía ser producto de una cicatriz que hubiese quedado que, al rozar con el hueso, hubiese marcado actividad y que, dado que no había forma de cerciorarse de qué era como no fuese abriéndome el pecho, él prefería esperar. En caso de que creciera la actividad, sí haría algo. Con relación a la muestra de actividad en la cadera, me dijo que el punto era demasiado pequeño y que, de nuevo, prefería esperar a ver cómo evolucionaba antes de hacerme una radiación adicional. Luego nos quedamos un rato más hablando de libros y de series. Al final, me despedí de Dr. Pana con ganas de hacer una nueva cita, no médica, sino ya para tomarnos algo y hablar de otros libros o de películas.

A pesar de las buenas noticias, cuando volví a ver a Dr. Paréntesis seguía sin ánimos de tocar la campana. Le conté de mi frustración y un poco a modo de consuelo me dijo que, si quería, claro que la podía tocar y me recordó lo de que "técnicamente estaba en remisión".

—Sí, pero el punto es que uno no debería tocar la campana por un tecnicismo, sino porque logró algo.

—¿Y te parece que no lograste algo?

—Me parece que pasaron muchas cosas... pero de ahí a haber "logrado algo" hay un trecho. Antes del trasplante, cuando me dijiste que mi biopsia había salido negativa, quise tocar todas las campanas del edificio. Ahora que estoy en remisión por un tecnicismo me siento como un boxeador que esperaba un *knockout* y gana la pelea por decisión.

—Lo importante es ganar —me recordó.

Le dije que estaba de acuerdo, pero al salir de su consulta Ilse y yo nos quedamos un rato viendo la campana que estaba en el pasillo frente a la entrada de las clínicas oncológicas, sin saber bien qué hacer. Agarré la cuerda y la sostuve. Ilse me tomó una foto... y luego nos fuimos sin haber generado ningún sonido diferente al de nuestros propios pasos.

¿Por qué todavía no me nacía tocar la campana?

Esperaba entenderlo más adelante y, por qué no, esperaba también volverla a tocar.

CAPÍTULO 9

EL FINAL Y EL PRINCIPIO

*Se vive con la esperanza
de llegar a ser un recuerdo.*

ANTONIO PORCHIA

Mañana ya no estaré aquí.

NOSTRADAMUS[54]

L a vida es obstinada y sigue aunque uno no quiera. Los días pasaban y aunque me hubiese encantado poner en pausa al mundo mientras yo terminaba de entender mi nuevo cuerpo, no podía hacerlo entre otras razones porque, como sucede con todas las enfermedades crónicas, la novedad termina y la cotidianidad no espera. Por otra parte, si bien se supone que mi primera nueva vacuna debía suceder a los seis meses del trasplante, Dr. Paréntesis me dijo que con el Covid los protocolos habían cambiado y que ya estaba en condiciones de empezar por ahí. Sus razones eran sólidas:

—La posibilidad de que te dé polio es bastante remota. En cambio, el Covid sigue muy presente.

---

[54] De todas, su profecía más certera.

De acuerdo. Me quedé esperando a que entrase alguien a ponerme la vacuna, pero me explicaron que los hospitales aún no estaban autorizados para hacerlo, por lo que había que hay que ir a una farmacia o a algún lugar del gobierno para que me la pusieran. Orgullosísimo de empezar mi nueva jornada hacia la inmunidad, salí de ahí directo al mismo CVS donde me habían puesto las tres dosis previas y les expliqué mi caso esperando me pusieran la primera dosis otra vez.

—No —me dijeron.

La respuesta era bastante obvia, pero aun así me atreví a preguntar: "¿A qué se refieren con "no"?".

—A que aquí dice que ya te pusimos la primera dosis y que no te la podemos volver a poner. Si quieres te pongo la cuarta dosis.

—Lo que pasa es que me hicieron un trasplante de médula y se me borró toda la información previa. Necesito que me den otra vez todas las vacunas, incluyendo la del sarampión.

—¿Quieres que te vacunemos contra el sarampión?

Era uno de esos casos en los que la explicación adicional solo servía para confundir.

—No, me mandaron a empezar por la del Covid.

—Pues va a tener que empezar por buscar otra farmacia porque aquí no podemos hacerlo.

Hice caso y me fui a la competencia, es decir, a Walgreens. Luego de volver a explicar mi caso me dijeron que no había problema para, cinco minutos más tarde, volverme a llamar al mostrador y decirme: "No".

—¿Y ahora por qué?

—Porque en el sistema dice que ya usted recibió la primera dosis.

—Para eso no hacía falta revisar el sistema, yo mismo se lo dije.

Lleno de paciencia le volví a explicar mi caso y me aseguré de utilizar la palabra "cáncer" varias veces. Si sirvió para hacer menos cola en

Disney, confiaba en que funcionase también para que me diesen una miserable vacuna.

—Lo que pasa es que mientras el sistema diga que ya la tiene yo no se la puedo volver a dar. Además, ya ni siquiera cargamos la primera dosis.

Haber empezado por ahí. Lo dejamos de ese tamaño y le pedí ayuda a Dr. Paréntesis, quien redactó una carta clara y concisa donde autorizaba a que me pusieran la bendita vacuna. Esta vez probé un tercer sitio a ver si tenía más suerte: el supermercado Publix. Me recibieron con una sonrisa, agarraron mi carta y me dijeron que no iba a haber ningún problema. Mientras esperaba, notaba que iban pasando personas que habían llegado después que yo y se me ocurrió preguntar que pasaba.

—Estamos casi listos —me dijeron—. Denos cinco minutos más y le ponemos la cuarta dosis.

—¿Se acuerda de la carta? —le dije señalándole el papel que el farmaceuta tenía en frente—. Se supone que tiene que empezar por la primera.

—Mire —me dijo con agotamiento prematuro—, eso no va a pasar. Usted puede traer la carta de papá Dios, si quiere, pero en el Estado de Florida, si ya se puso una dosis, yo no se la puedo repetir porque estaría cometiendo un delito federal. Lo que puedo hacer es ponerle la cuarta dosis que de paso lo protege contra la nueva variante y ya está.

Llamé nuevamente al hospital y esta vez me comunicaron con el Departamento de Farmacia donde repetí una explicación que ya me salía casi de forma automática.

—¿Usted qué quiere hacer? —me preguntó.

—Llorar.

—Digo en relación a la vacuna.

—No sé qué hacer, por eso los estoy llamando.

Quedamos en que me pusiera la cuarta dosis y que "luego íbamos a ver". Pero nunca hubo un "luego". Al sol de hoy, si vives en el Estado de

Florida no puedes repetir las dosis de la vacuna del Covid sin importar las razones. Uno debería extrañarse hasta que recuerda que en este mismo Estado hay legisladores que pretenden restringir el derecho al aborto una vez que la mujer cumple seis semanas de embarazo, momento en el cual la mayoría de las parejas ni siquiera sabe que están preñados. En otras palabras, en mi querido Estado se impone la política, pero no la lógica y mucho menos la humanidad.

Con o sin vacunas, también me tocaba retomar el trabajo que, en ese momento, implicaba escribir la décima temporada de *Mira Quien Baila* e ir preparando la siguiente entrega del Latin Grammy. Era impresionante cómo nos habíamos adaptado a trabajar a distancia. Las diferencias entre el Latin Grammy del año anterior y este, que ya era mi segundo lejos del equipo, eran notables. Para las reuniones generales, esta vez llevaron cornetas para que me pudiesen escuchar mejor y, para los ensayos con el talento, tenía hasta una silla asignada desde la cual, con un laptop, participaba como si estuviese allí. De paso, los anfitriones de ese año —Laura Pausini, Thalía, Luis Fonsi y Anitta— me trataban como siempre que estábamos juntos, es decir, me ignoraban. Perdón, no pude resistir el chiste, cuando la realidad es que sucedía todo lo contrario y más bien me daban consejos y sugerencias sobre qué hacer para sentirme mejor. Confieso que todo estaba resultando tan bien que llegué a cuestionarme seriamente si valía la pena que siguiese viajando con ellos, cosa que a los otros escritores y muy especialmente a Sandra, que era quien cargaba el laptop con mi rostro para arriba y para abajo, no le gustó.

En el caso de Mira Quien Baila sucedía algo muy similar, con una diferencia importante, pude ir en persona a las últimas dos grabaciones. Me recibieron como si fuese un héroe de guerra. Chiquinquirá Delgado —quien pasó a ser conocida como "Chiqui Delgado" una vez que llegó a Estados Unidos y se dio cuenta de que nadie podía pronunciar su nombre—, había estado pendiente de todo mi proceso y me recibió, literalmente, con gritos de alegría. Todavía no me acostumbraba a que seguir vivo fuese un mérito, pero igual se lo agradecí, al igual que a los otros dos anfitriones, Mane de la Parra y Sherlyn, que estaban pendientes de cada paso que daba, ya que, a estas alturas, era *vox populi* que yo "no me podía caer".

En ese mismo tiempo se casó mi hermano Andrés en Buenos Aires, un evento sobre el que nos había ido contando tanto que sentíamos lo conocíamos al detalle. Pero no era del todo así y la distancia me lo confirmó. Si tiempo atrás alguien me hubiese dicho que no iba a estar presente en la boda de mi hermano, me hubiese reído ante lo absurdo de la suposición, pero las enfermedades hacen que lo improbable sea posible y, cada tanto, también permiten que lo que lucía imposible pueda realizarse. Yo estaba bien, eso parecía imposible; pero no pude acompañarlo y eso me resultaba insoportable. Ilse y Eugenia viajaron en representación oficial de la familia y con videos y fotos en vivo hicieron su parte para que yo me sintiera allí, recordándome que todos "me tenían presente". Pero yo sabía que no era así. Ese día, el que estuvo presente fue el cáncer; yo no.

Finalmente, a principios de diciembre hice mi primer viaje fuera del Estado. Aurora iba a cantar en una versión del musical "In the heights" que estaban montando en su universidad y, con el permiso de Dr. Paréntesis, nos subimos a un avión y nos fuimos a Chicago. Apenas llegamos, en el trayecto del aeropuerto al tren que lleva al alquiler de carros, se me ocurrió empujar una de las maletas usando mi pierna derecha y sentí un dolor que me paralizó. Traté de disimular, aunque me había puesto pálido y era bastante evidente que algo me estaba pasando. Además de Ilse, habíamos viajado con Eugenia y mi suegra, y las tres me miraban a la expectativa de si debíamos buscar un coche normal o una ambulancia. Una vez pude comprobar que podía pisar y mover la pierna, dije que estaba todo bien, aunque me siguió doliendo durante días, lo cual a su vez me empezó a condicionar para evitar otros movimientos. A pesar de lo anterior, pasamos un fin de semana fantástico, vimos la obra dos veces, celebramos el cumpleaños de Ilse comiendo en Tzuco y hasta pude volver a visitar el Cancer Survivor Plaza con el que me había encontrado al principio del tratamiento, ahora para darle las gracias porque no lo había olvidado y porque los lugares también pueden ser una compañía.

Al regresar, en una nueva consulta con Dr. Paréntesis, que más bien parecía un Dr. Permanente, porque ya llevaba más de un año viéndolo, le pedí permiso ahora para viajar a Asheville en diciembre en lo que sería la primera vacación familiar de todos y le comenté del dolor que había sentido en la pierna que, afortunadamente, ya había desaparecido. Como de costumbre, cada vez que le comentaba de una molestia, así fuese en una uña, me mandó a hacer otro pet scan.

Una de las mañanas en las que salí a caminar, probé trotar. Pude hacerlo por casi media milla. La velocidad a la que me movía —iba ligerísimamente más rápido que si estuviese caminando— no se correspondía en lo más mínimo a la intensidad de cada movimiento, pero me di por satisfecho. Regresé a mi casa orgulloso y optimista.

La cita para conocer los resultados del nuevo pet scan sucedió el lunes siguiente a que Argentina ganase el Mundial de futbol de Qatar. En ese momento pensaba que, contra todo pronóstico, el 2022 iba a terminar siendo un año increíble. Estaba en remisión (aunque sea "técnicamente"), empezaba a recuperar mi vida y Argentina era Campeona del Mundo en fútbol. ¿Qué más podía pedir?

Resultó que mucho más. Dr. Paréntesis me dijo que la noche anterior (sí, la noche del domingo en el que se jugó la final del Mundial, Dr. Paréntesis estaba viendo *scans*) él había visto el mío y que estaba "muy preocupado".

—Quiero que te vea el traumatólogo lo antes posible. Y también el radioterapeuta —me dijo y, como si lo anterior no fuese suficiente agregó— porque hay riesgo inminente de fractura.

Le dije que justo la semana pasada había vuelto a correr. Había hecho media milla y que el día previo había estado saltando de felicidad luego de cada gol de Argentina.

—Okey, pero ya ganó, así que no saltes más. Y tampoco vuelvas a correr hasta que hables con el traumatólogo —me dijo.

—No entiendo. Hace nada mi fémur estaba mejor. ¿Fue que el Mieloma ya volvió?

—No, no. Es más, si alguien ve tus resultados de los exámenes de sangre de hoy pensaría que nunca lo tuviste. Eso está bien. Pero el hueso se siguió deteriorando. Lamentablemente, estas cosas pasan. Solo en mi consulta ya hemos tenido casos de personas que luego del tratamiento, aunque sus valores estén bien, el proceso de degeneración de los huesos continúa.

—En tres días salgo para Asheville. Y voy a ir manejando.

Suspiró y puso cara de preocupación.

—Yo no soy un experto en estas cosas. Tratemos de que veas al traumatólogo antes.

Se intentó, pero no se concretó. Dr. Fémur no estaba disponible hasta el 3 de enero. Decidimos hacer el viaje de todas maneras. Si necesitábamos señales que nos dijeran qué debíamos hacer, esto fue lo que nos pasó:

Para poder viajar más cómodos y poder decorar la cabaña de Navidad, un par de días antes de salir y con la ayuda de Aurora, pusimos unas barras en el techo de mi Mazda CX-5 de manera de poder colocar allí una lona que ya habíamos utilizado antes y llenarla de cosas. Específicamente colocamos mi maleta con los regalos que yo había comprado y mi ropa de invierno, otra maleta con la ropa de invierno de mis hijas y los regalos que, por primera vez, habían comprado ambas con el dinero de sus respectivos trabajos, además de un par de cornetas y unos micrófonos inalámbricos que pensábamos usar para hacer karaoke mientras estuviésemos en la cabaña. En la parte de atrás y dentro del vehículo, iban la maleta de Ilse con los regalos de ella, un enorme bolso con las decoraciones para la cabaña y otro con los regalos que estábamos llevando para las otras familias con las que íbamos a coincidir (éramos cuatro familias en total). Me imagino que a estas alturas ya debe ser bastante evidente lo que nos pasó, pero aun así voy a seguir adelante.

Salimos cerca de las seis de la mañana porque pensábamos hacer el viaje de ida, que suele tomar unas doce horas, de un solo tirón. A los quince minutos de recorrido, empezamos a escuchar las tiras de la lona sonando un poco fuertes y pensé que eventualmente me tendría que parar para ajustarlas mejor, ya que todos empezaron a quejarse del sonido. No fue necesario. Unos quince minutos después, mientras seguíamos por la Turnpike de Florida, sentí un golpe fuerte y seco que indicó que todo lo que teníamos en el techo acababa de salir volando. Bajo los gritos de mis tres —al menos en ese momento— histéricas mujeres, me detuve lo más cerca que pude, en el rayado previo a una bifurcación para tratar de ver qué estaba pasando. Cuando abrí la puerta las tres me gritaron que no me bajase, quizás sin darse cuenta de que estaba en un rayado. Salí de todas maneras con Eugenia detrás para descubrir un milagro. La lona, intacta y con todo todavía dentro, estaba unos veinte metros más adelante, justamente al inicio de la bifurcación en la que me había detenido. Como el paquete era particularmente voluminoso, los demás coches lo evitaban pasándole por al lado. Felices y olvidándome de lo que me habían dicho Dr. Paréntesis un par de días antes, ambos empezamos a correr hacia el bulto. Fue entonces cuando un camión gigantesco, de esos de dieciocho ruedas, que perfectamente podría haber evitado el bulto, decidió pasarle precisamente por arriba. El resultado fue que vimos al paquete explotar frente a nuestros ojos. Se hizo una nube con todas nuestras cosas mientras salían volando, muchas de ellas pegadas a alguna de las múltiples ruedas del camión que siguió de largo como si nada. Eugenia cayó de rodillas en el piso, brazos hacia arriba, como el afiche de la película *Platoon*, mientras gritaba "¡¿POR QUÉ, DIOS MÍO, POR QUÉ?!" al cielo.

Mientras los carros nos hacían el favor de pararse en medio de la autopista, fuimos recogiendo suéteres, ropa interior y cualquier otra cosa que nos íbamos encontrando en el piso, pero gran parte de lo que había estado en la lona simplemente había desaparecido. De las cornetas, por ejemplo, que cada una tenía su propio estuche para —¡vaya ironía!— protegerse de golpes, no quedaba absolutamente nada. De los micrófonos llegamos a ver una de las partes de abajo. A Ilse le había comprado varias cremas que me había encargado, de las cuales solo apareció una y, cuando la abrimos, notamos que había quedado pegada hacia los lados como si, adentro del potecito, hubiese habido un tornado. Metimos lo que pudimos en el asiento de atrás mientras Aurora, sin dejar de llorar e inexplicablemente, decidió caerle a patadas a la camioneta. Eugenia, también llorando, le decía que dejara de hacer eso porque iba a venir la policía y, en efecto, unos cinco minutos después, cuando por fin habíamos recogido lo que pudimos y estábamos todos dentro del coche, se paró una patrulla y un policía me hizo señas para que me bajase del vehículo.

—¿Qué pasó? —preguntó, aunque todavía quedaban restos mortales de nuestras pertenencias en la autopista y, en el techo de mi carro, solo había uno de los dos parales que con tanto cariño habíamos instalado el día previo.

Con los llantos de mis hijas y de Ilse de fondo, le conté lo que pude, pero aun así me dijo que quería hablar con el resto de las personas que estaban en el vehículo, con lo que por fin entendí que la preocupación del policía no era tanto ayudarnos, como asegurarse que yo no estuviese secuestrando a nadie o cometiendo algún tipo de violencia doméstica. El uniforme ayudó a calmar un poco las aguas y, luego de comprobar que nadie había recibido abuso físico ni estaba allí en contra de su voluntad, nos dejó ir. Como no podíamos seguir el resto del viaje en esas condiciones, quedamos en regresar a casa y allí "reagruparnos". Mientras emprendía el camino de vuelta, ya desaparecida la contención que brindaba el uniforme, otra vez mis dos hijas reanudaron su llanto y sus quejas a todo volumen. En una de esas, decidí que había que poner un alto en todo eso y logré gritar más fuerte, esperando imponerme.

—¡Okey, se acabó! —dije—. ¡Ya está! ¡Nos quedamos en casa y al carajo!

Pensé que había logrado algo. Me equivoqué. Eugenia y Aurora dejaron de quejarse hacia el cielo y pasaron a reclamarme directamente a mí, que no era capaz de comprender que, objetivamente hablando, les había pasado algo muy malo y que, en lugar de permitir que se pudiesen expresar y reclamar como el evento lo ameritaba, ahora quería, además, arruinarles sus vacaciones. No volví a hablar.

Regresamos a casa y allí decidimos sacar los bolsos con las decoraciones y los regalos, agarrar una nueva maleta y en ella meter todo lo que habíamos podido rescatar. Lo que faltase lo compraríamos en Asheville. Cuando se lo comentamos más adelante a los amigos que nos esperaban allá, varios nos dijeron que, si les hubiese pasado lo mismo, lo hubiesen tomado como una señal para quedarse en casa. Nosotros, en cambio, lo tomamos como "lo peor ya pasó, ahora toca divertirnos" y, mientras íbamos en la carretera nos dimos cuenta de que, dentro de todo, una vez más habíamos corrido con suerte. La lona, en lugar de caer prolijamente en el borde de un triángulo, hubiese podido dar en el parabrisas de otro coche causando un accidente brutal. Alguien podría haber muerto. En lugar de eso, lo único que pasó, fue que perdimos "cosas". De paso y como de costumbre, los regalos mejores y más caros eran los de Ilse para nosotros y esos se salvaron. En definitiva, la pasamos bien y nos quedamos con una anécdota que ya hubiese querido Chevy Chase para cualquiera de sus películas.

Los primeros días del siguiente año empecé mis rondas médicas con Dr. Fémur, quien lució poco extrañado ante la resonancia que tanto había espantado a Dr. Paréntesis.

—Ya yo te lo he dicho —explicó con su musical acento boricua—, contigo uno ve una cosa en el MRI y otra diferente cuando te ve a ti, pero hay una realidad: el hueso no está mejorando.

Quedamos en que me iba a operar, pero una vez concluyera Premio Lo Nuestro, que era mi próximo show y que esperase fuese el primero de muchos que podría hacer de modo normal. Pusimos la fecha del 1 de marzo que, casualmente, es también el inicio del Mes de la Concientización del Mieloma Múltiple. Por su parte, Dr. Pana me dijo que todavía no había nada que lo preocupase en mi resonancia y que "me iba a seguir observando".

—Lo que no me gusta —aclaró— es que la proteína que indica la presencia del cáncer, al principio estaba en tres, luego en cinco y este mes vino en siete. Mientras esté por debajo de diez no hay de qué preocuparse, pero si sube, vamos a radiarte esas dos zonas y asegurarnos que desaparezca.

—¿Será prudente esperar a que llegue a diez? —quise saber.

—Diez sigue siendo un buen número. Te recuerdo que al principio de tu tratamiento esa misma proteína estaba en cuatro mil ochocientos.

Me fui entendiendo que el cáncer es un fantasma que nunca desaparece.

A mediados de marzo, con una vara de titanio dentro de mi fémur derecho, cojeando un poquito, pero ya caminando sin muletas ni bastón, fui a un Seminario para Pacientes y Familiares organizado por el IMF que, contrariamente a lo que me indicaban mis instintos, no eran las siglas del International Monetary Fund tan usado y rechazado en América Latina, sino de International Myeloma Foundation, una institución espectacular que organizaba este evento entre muchos otros, donde convergían expertos de diferentes partes del mundo para hablar de los avances en contra de la enfermedad y responder preguntas de los pacientes sin ningún costo. A los asistentes nos identificaban poniéndonos un pequeño círculo de colores para saber si habíamos sido diagnosticados en los últimos doce meses, si habíamos tenido trasplante o si éramos acompañantes.

En la mesa en la que me senté el primer día, tenía a un lado a una chica muy nerviosa porque le acababan de decir que tenía Mieloma Múltiple, y al otro a un señor entrado en años que ya se había hecho el trasplante y que me comentó de manera casual que llevaba tres años tomando Revlimid.

—¿Cómo tres años? ¿No se supone que se toma por un año nada más? —quise saber.

—Es que si paras y luego lo vuelves a necesitar, el seguro no te lo aprueba.

—¿O sea que el seguro prefiere seguir pagando por esa medicina todo el tiempo en lugar de parar unos meses?

—Algo así.

El tema del costo del Revlimid hizo que otras personas de la mesa intervinieran.

—Yo estoy tratando de que me lo traigan desde la India. Allá lo venden sin necesidad de receta médica y, en lugar de costar más de veinte mil dólares cuesta ciento seis.

Todos nos mostramos muy sorprendidos y el aludido mostró una conversación que había tenido en WhatsApp con alguien que supuestamente estaba en la India y que lo iba a ayudar. La diferencia era lo suficientemente obscena como para que todos dudásemos de la calidad del medicamento indio. Le dije que yo aún tenía un par de potes sin abrir de cuando tenía que tomar veinticinco miligramos —que era lo que él necesitaba— y que ya no podía usar porque me habían reducido la dosis. Le dije que me diese su dirección y que se las enviaba. En ese momento,

Mae, la directora del Grupo de Apoyo de Miami, que también estaba en la mesa, me llamó la atención.

—Tienes que tener cuidado, porque aun cuando estén cerrados y vigentes, ofrecer medicinas que requieren prescripción, es un delito federal —me advirtió.

—¿Por qué?

Por toda respuesta, Mae se encogió de hombros. Definitivamente los delitos federales son los más aburridos de todos, al punto de que la mayoría de las veces ni siquiera sabes que los estás cometiendo.

Para los que asistimos a estos eventos por primera vez hasta las buenas noticias lucen malas. Así, por ejemplo, una de las charlas se dedicó casi en su totalidad a la terapia con células Car-T, en las que se extrae sangre de un paciente y luego se rediseñan algunos de estos glóbulos para que ataquen a sus contrapartes cancerígenas. Este método es sumamente eficiente y esperan que en pocos años sustituya al trasplante de médula. Muchos incluso consideran que ese sea el primer paso hacia una cura completa. El detalle, dijeron casi al final, es que en este momento sigue en fase experimental y que solo tienen acceso a esta terapia las personas con Mieloma Múltiple que hayan tenido seis relapsos o más.

—¿Seis relapsos o más? ¿Eso es posible?

Todos asintieron como si eso fuese parte normal de la vida. *Esto va a volver.* Si se hiciera la película de ese caso pudiera llamarse "Remisión: Imposible", pensé, pero preferí no compartir el chiste.

Claro que, así como estaban presente la persona que ya había padecido el mismo cáncer tres veces y la pareja a la que primero le había dado Mieloma Múltiple a uno y, pocos años después, le había dado al otro, también estaban quienes lo habían padecido solo una vez y desde entonces no les había vuelto a dar. Eso implicaba períodos de tres, siete, quince y hasta veintisiete años, como es el caso de Yelak Biru, el presidente de IMF.

—¿Si llego a veinticinco años sin que me vuelva a dar también puedo aspirar a ser presidente de IMF? —se me ocurrió preguntar.

Por suerte, esta vez entendieron el chiste. ¡Estaba entre los míos!

La constante era hablar de lo mucho que se había avanzado en la lucha contra este y todos los cánceres de sangre contra los que, hasta hacía pocos años, prácticamente no había opciones de tratamiento. Otro de los ponentes, el Dr. Brian Durie, Director Científico y miembro de la Junta Directiva de IMF, recordó que pocos años atrás, en un seminario hecho en ese mismo lugar, tenían que abrir las puertas de par en par para que cupieran todas las personas que usaban silla de ruedas y que la mayoría de los que no lo hacían se quejaban de que no podían aguantar tanto tiempo sentados en las sillas normales. Ese año, en el que se volvía a hacer el seminario en persona luego de tres años de pausa, no había ninguna silla de ruedas (aunque sí andaderas y bastones) y nadie se había quejado de la incomodidad de las sillas.

Luego nos contaron que en Islandia se estaba haciendo un estudio que incluía a toda la población y que esperaban los resultados fuesen "revolucionarios" en los avances para combatir la enfermedad. Como si todo esto no fuese suficiente, Durie agregó que "las recaídas suceden cada vez más tarde y no me extrañaría que dentro de poco tiempo ya no hablemos de relapsos sino de curas". La sala estalló en aplausos.

La lámina que mostraron al final del segundo y último día del seminario rezaba lo siguiente:

"Mientras evitas morirte, ¡no te olvides de vivir!"

Así, con signos de exclamación y todo.

A pesar del entusiasmo de la lámina, la realidad es que no era alegría lo que se respiraba en el ambiente porque, para ser absolutamente honesto, nadie en el auditorio se sentía del todo sano. Padecer de algo incurable es muy parecido a sentir que, cuando no estás enfermo, es porque estás "entre enfermedades".

De nuevo la palabra "cáncer", de nuevo el miedo a la muerte. Entonces, ¿qué hacer?

Lo primero es hablar del tema abiertamente. Decirlo hasta que nos cansemos porque los monstruos se alimentan de los secretos. No en vano la mejor manera de quitarle el terror nocturno a un niño es simplemente prendiendo la luz. En este contexto, hablar es prender la luz. En estas páginas traté de dar un primer paso contándolo todo: lo cierto y lo pensado, lo honorable y lo vergonzoso. No hay que "ganarle" al cáncer, porque siempre va a estar allí. Si no en nosotros, en alguien a quien conocemos y queremos. Vamos a quitarle el velo, a asumirlo como parte de lo cotidiano (porque lo es) y aprender a convivir con él.

Lo segundo es decidir ser feliz. Se puede y no es cuestión de ser obstinadamente optimista. Es simplemente apreciar lo que se tiene en el momento en el que se tiene. Ni la alegría ni la tristeza son para siempre. Las circunstancias nunca van a ser perfectas, pero no podemos permitir que las circunstancias nos definan. No esperemos una nueva vida para que todo esté bien. A lo mejor no la hay y vamos a haber desperdiciado la única que teníamos. Incluso si la hay, ¿para qué perder la que tenemos?

Lo último y perdón si me pongo repetitivo, es dejar de pensar en la muerte como un error. Hay que hacer el máximo esfuerzo por llevar una buena vida a cualquier edad. Y ello incluye hacer planes y soñar con un futuro independientemente de que se alcance. Una de mis frases favoritas de Marco Aurelio[55] es "Los que más tiempo han vivido y los que morirán más pronto van a perder exactamente lo mismo. El presente es todo lo que puedes perder, porque es lo único que tienes. Y lo que no tienes, no lo puedes perder".

---

[55] Y de las poquísimas que conozco.

Tengo y no tengo cáncer. Mientras viva, siempre tendré alguna célula enferma y alguna otra que no lo esté. Pero siempre voy a soñar y siempre trataré de buscar algo que me brinde alegría, no porque pretenda negar una realidad, sino porque se puede reír, aspirar y soñar en cualquier circunstancia. No tengo ninguna garantía sobre qué me espera mañana o sobre lo que pueda pasar en los próximos cinco minutos, no sé si lograré adelgazar o si volveré a correr. Pero en este momento y mientras escribo esta línea, soy feliz.

Ahora les pido me disculpen, pero los voy a dejar. Mi familia me está esperando. Les pedí que me acompañaran porque quiero ir a tocar la campana.

RECUERDOS
DEL VIAJE

LAS PERSONALES

SERGIOBERFEST 2021

**DECRETANDO SUEÑOS
EN CHICAGO EN 2021**

PRIMER DÍA EN EL MIAMI CÁNCER INSTITUTE
(PARA LOS CURIOSOS, EL SUÉTER DICE "FUÁÁÁÁÁÁ")

EL "HOMBRE DE LOS ROMPECABEZAS"

Y DE LAS VISITAS. CON ALICIA (MI MAMÁ) Y MIS HERMANOS ANDREA Y ANDRÉS

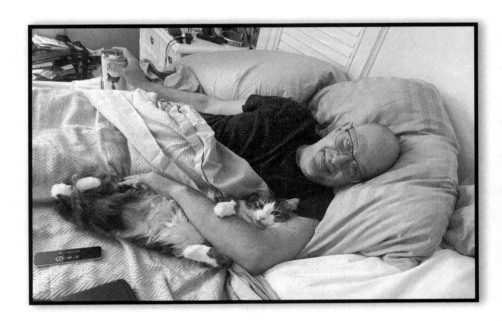

EN DIFERENTES ETAPAS, PERO SIEMPRE BIEN ACOMPAÑADO CON MR. GREY, MR. BLACK Y ROKI (ROKI ES EL QUE NO ES NI GRIS NI NEGRO)

CUANDO ÉRAMOS FELICES Y VOLVIMOS A PONERNOS ANILLOS... Y VIAJAMOS A DISNEY... Y NO SABÍAMOS QUE ÍBAMOS A TENER COVID.

"CABLE GUY" PONIENDO AIRE A UNA GOMA... Y
HABLANDO POR TELÉFONO COMO SI NADA.

EL RESULTADO: ¡MIS CÉLULAS MADRE!

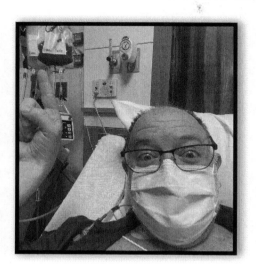

DESPIDIÉNDOME (Y DÁNDOLE VOZ) A MI TIROIDES.

COCINANDO EN EL BAÑO...

LOS DÍAS PREVIOS AL TRASPLANTE, HACIENDO ALGO DE "NOSTALGIA PREVENTIVA" CON AMIGOS: MICHEL Y YAMILÉ VEGA, SEBASTIÁN JIMÉNEZ, JOSÉ Y SOFÍA SCHEUREN, ANDRÉS GONZÁLEZ Y CANDICE GEORGI, Y JULIO CABELLO.

LA "NOCHE ANTES" CON AURORA, EUGENIA E ILSE.

YENDO AL HOSPITAL... PARA VOLVER A CASA..

FINALMENTE, EN LA "SÚPER HABITACIÓN"

EL "DÍA T"

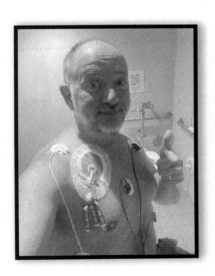

ORGULLOSO DE MI "MINI" PUERTO.

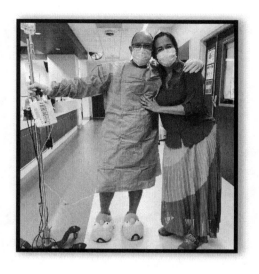

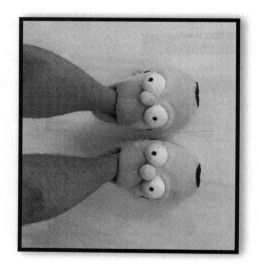

DANDO MIS "CAMINATAS" (SÍ, LAS PANTUFLAS
SON LA CARA DE HOMERO SIMPSON).

RECIBIENDO VISITAS: MI HERMANO Y SU ENTONCES NOVIA Y AHORA ESPOSA, NIKI. Y POR SUPUESTO CON EUGENIA Y AURORA.

¡DE VUELTA EN CASA!

PRIMER VIAJE: CHICAGO. AQUÍ CELEBRANDO EL CUMPLE DE ILSE CON AURORA, EUGENIA, ILSE Y GLADYS

EL TRABAJO

MI DRAMÁTICA ENTRADA A PREMIO LO NUESTRO 2022

PREMIO LO NUESTRO 2022. CON LOS ESCRITORES SANDRA ARAGÓN, LILIANA CHÁVEZ Y CÉSAR MUÑOZ (SIEMPRE ARRIBA Y COMO ASOMADOS) Y LOS ANFITRIONES DAVID BISBAL, YURI Y ALEJANDRA ESPINOZA (CÓMODOS Y SENTADOS)

TRABAJANDO DESDE DONDE SEA: EN LA OFICINA, MIENTRAS ME HACEN QUIMIO O DESPUÉS DEL TRASPLANTE.

LOS ESCRITORES DE PREMIOS JUVENTUD 2022:
SANDRA ARAGÓN, CÉSAR MUÑOZ, ANTONIO
BORJAS Y, PEQUEÑITO EN LA PANTALLA, YO.

CON CHIQUI DELGADO, MANE DE LA PARRA Y LA
ESCRITORA MAYTE FOLLE, LA PRIMERA VEZ QUE VOLVÍ
A UNA GRABACIÓN LUEGO DEL TRASPLANTE.

CON LOS ANFITRIONES Y ESCRITORES DEL LATIN GRAMMY 2022: CÉSAR MUÑOZ, SANDRA ARAGÓN (ELLA SIEMPRE SOSTENIÉNDOME) LAURA PAUSINI, LUIS FONSI, MANUEL ÁLVAREZ JUSTO Y ANITTA... CASI DÁNDOME UN BESO.

DIRIGIENDO LA LECTURA DE NOCHE DE ESTRELLAS DE LATIN GRAMMY DESDE UNA SILLA, CON ADRIÁN URIBE, BORJA VOCES Y CHQUI DELGADO.

CON LO QUE NO ME PUEDE FALTAR DURANTE LAS GRABACIONES, AUNQUE ESTÉ A DISTANCIA: *DIET COKE* **Y GALLETAS OREO.**

LAS CAMPANAS

RÁPIDO VINO LA PRIMERA CAMPANA....

¡Y POCO DESPUÉS LA SEGUNDA!

EL DÍA QUE AGARRÉ LA CAMPANA, PERO NO LA TOQUÉ

MI FINAL FELIZ...

APÉNDICE

LA PÁGINA MÁS IMPORTANTE

En principio, me parece muy apropiado que un libro en el que se aborden temas médicos, incluya al menos un "apéndice", mucho más si se toma en cuenta que es un órgano que se supone contribuye a la labor inmunológica[56].

Por otra parte, estoy de acuerdo con Dr. Michaelcaine en que no hay que ponerse a googlear antes de tiempo, pero como es inevitable, sugiero empezar y casi que circunscribirse a los siguientes pocos y efectivos sitios. De antemano pido disculpas si la mayoría de ellos son inglés, aunque (casi) todos incluyen amplias secciones en español.

American Cancer Society – www.cancer.org

Claro, asertivo y actualizado constantemente, el site del American Cancer Society tiene información que va de lo más general a lo más específico y, como si lo anterior no fuese suficiente, incluyen referencias que te conducen a sitios donde se habla de cada tipo de cáncer en particular.

Mayo Clinic – www.mayoclinic.org

---

[56] Sobre la utilidad o no del apéndice —tanto del órgano como de esta página— no quisiera polemizar.

También dentro del rango general, el site de la Mayo Clinic habla de todo tipo de tópicos de manera clara y concisa, pero es particularmente útil en cuanto a opciones para enfrentar el dolor. Actualizado y moderno, este *site* debería estar entre los favoritos de cualquier hipocondríaco... y de aquellos que son solo curiosos.

Cáncer de Tiroides – www.thyca.org

No seré yo quien vuelva a ningunear al pobre cáncer de tiroides, que de paso tanto me jodió. En este *site*, hay desde recetarios para ayudar a hacer dietas bajas en iodo a enlaces a grupos de apoyo, y desde fuentes de consulta a información específica para todo lo relacionado con tiroides, que resulta es mucho y es importante.

International Myeloma Foundation – www.myeloma.org

Ya dediqué las últimas páginas del libro a alabar al IMF o International Myeloma Foundation. Ahora me toca tirarle flores a su página web que es realmente una maravilla y que permite, por ejemplo, hacerle preguntas directamente a un especialista... ¡y que te las respondan!

The Leukemia & Lymphoma Society – https://www.lls.org

No conformes con tener toneladas de información, en este sitio abundan opciones para ayudar a quienes no tienen los medios o los recursos para obtener los tratamientos que requieren y también ofrecen líneas directas para hacer consultas gratuitas con enfermeras y trabajadores sociales de oncología.

Si necesitan más información sobre algo más específico, primero hablen con su médico. Si ponen en sus manos su salud, no está de más que, al menos por un tiempo, también dejen que los dirijan en sus búsquedas por Internet.

Por último, no sé qué tan útil pueda ser yo mismo, pero aquí estoy para quien piense lo pueda ayudar o simplemente para escuchar sus comentarios: serjab@gmail.com y @sergiojablon

Gracias, suerte y salud para todos.

AGRADECIMIENTOS

S i estar vivo es un mérito, la distinción no me corresponde.
A lo largo de estas páginas fueron apareciendo diferentes
médicos, asistentes y enfermeras. Cada uno de ellos aportó su
esfuerzo, dedicación y conocimientos para que hoy pueda estar escribiendo esta línea. Para cada uno de ellos, pero muy especialmente para
todo el personal del Miami Cancer Institute (y aquí agrego hasta a las
recepcionistas y personal de seguridad que jamás tuvieron un mal gesto
o algo diferente a una sonrisa a la hora de recibirme a mí o cualquier otro
paciente) mis más sinceras, profundas e infinitas gracias.

Nunca me imaginé que iba a escribir un libro sobre el cáncer. En ese
sentido, mientras escribía, no podía evitar reír y llorar, muchas veces al
mismo tiempo y, al concluirlo, no tenía ni idea de qué había hecho y si
había alcanzado el tono que me había propuesto. En este sentido, fueron cruciales los comentarios de apoyo de Miriam Luciow, Borja Voces,
Julio Cabello, Sandra Aragón y César Muñoz cuando recién llevaba unas
pocas páginas.

Una vez el libro tomó forma, abusé tanto de mi inseguridad como
de mis amigos y pedí muchísimos comentarios y opiniones. Alejandro
Pimentel, Oscar Silvosa, Carolina Perera, Michel Vega, Eli Bravo, Emilio
Lovera, y mis hermanos Andrea y Andrés me hicieron comentarios sin-
ceros y extremadamente útiles. Emiliano Hernández me envió una crítica
detallada que aún me emociona. Julio Cabello me iba mandando mensajes
de voz durante su lectura al punto que durante un momento llegué a tener
la maravillosa sensación de que estábamos leyendo juntos. Mayte Folle

resultó no solo una gran lectora, sino que además encontró un montón de typos que nadie más había visto. César Muñoz se tomó el trabajón de crear un documento en el que iba detallando cada línea que le saltaba, le gustaba o le hacía ruido, mostrándome opciones en diferentes colores. Reuben Morales me envió videos de diferentes frases que le llamaban la atención mientras leía, además de largos y detallados informes con erratas, sugerencias o comentarios. A Ilse la dejé con estrés post traumático de tantas veces que le hice leer un texto que le traía memorias no del todo gratas recordándome, además, aquellos momentos que de alguna manera se me habían pasado. El gran endocrinólogo y espectacular lector Jesús Coll afinó ciertos términos médicos que tenía equivocados, y Santiago Levín me ayudó con comentarios de amigo, pero también de experto en salud mental. Todavía no sé si el resultado es bueno, pero sí estoy seguro de que estas páginas son mejores gracias a cada uno de ustedes.

Tengo los mejores compañeros de trabajo. Ya sé que eso suena a una frase hueca, tipo los humoristas cuando le dicen al público que cada teatro ha sido su mejor audiencia, pero en este caso es cierto. Siempre permitieron que fuese yo el que estableciera los límites de hasta donde podía llegar, me dieron los medios para poder participar en cada evento y en cada decisión de la mejor manera y se cuidaron de jamás exigirme más de lo que yo me exigía a mí mismo. Quiero agradecer también aquí al fantástico grupo de Telemundo con el que trabaja Ilse, quienes no solo estuvieron pendientes de mi estado en cada momento, sino que además fueron capaces de crear las condiciones para que Ilse pudiera mantenerse activa en su trabajo en las circunstancias más diversas.

Para la foto de la portada, la gente de la cervecería M.I.A., en Doral, nos permitió utilizar su local con una generosidad y una amabilidad que todavía me emocionan. De paso, las figuras borrosas que están a mi alrededor son amigos que fueron a ayudar sirviendo de extras. Como si lo anterior no fuese suficiente, Rafael Velásquez se dedicó a iluminar y buscar opciones mientras César Muñoz, una vez más, hacía magia para convertir una idea en una realidad.

También quiero dedicarle unas líneas muy sinceras a mi familia. En principio, quiero agradecerles a mis padres por siempre acompañarme. Mi mamá llevaba mi agenda y estaba pendiente de cada paso, siempre esforzándose por apoyar, entender y respetar mis decisiones. Mi suegra, no solo hizo lo posible por considerarme y consentirme durante el proceso, sino que además, desde que me recuperé y a pesar de no jugar tenis o ser un galán turco, me llama "mi héroe". Mis hermanos Andrea y Andrés, viajaron miles de kilómetros para verme, compartir y crear nuevos recuerdos. Mi papá, además de nunca dejar de rezar por mí, aprendió a controlarse y no llorar por el teléfono. Al igual que mis tíos Leonardo, Héctor y Graciela.

No puedo despedirme sin agradecerle particularmente a dos maravillas que siempre me apoyan incondicionalmente y que siguen siendo mi ejemplo y mi norte. Eugenia, Aurora, ustedes me permiten ver el futuro, no solo el mío sino el de toda la humanidad, con optimismo.

A cada uno, a todos, por siempre...

¡¡GRACIAS!!

SOBRE EL AUTOR

SERGIO JABLON

Sergio Jablon nació en Buenos Aires, Argentina en 1968. Ha escrito para diversos medios (cine, televisión, prensa y radio) en español, inglés y portugués.

Jablon ha escrito un libro de cuentos, "Celos y Tenedores y otras historias de amor" y una novela "En su Propio Beneficio", que obtuvo mención especial en el prestigioso premio Miguel Otero Silva en 1999 y también fue Primer Finalista del Premio Planeta Venezuela ese mismo año.

En 2007, su libreto de "El Señor Presidente" ganó Mejor Guión de Película en el Festival Internacional de Strasbourgh, en Francia.

Desde el 2010, Jablon es Jefe de Escritores de la División de Música & Entretenimiento de TelevisaUnivision, donde ha escrito algunos de los *shows* más vistos de la televisión hispana como Premio Lo Nuestro, Mira Quien Baila, Tu Cara Me Suena, Premios Juventud, Latin American Music Awards y el Latin Grammy.

"Un tipo con cáncer entra a un bar..." es su primer libro de no ficción.

Me enorgullece haber llegado a un acuerdo
para que un porcentaje de las ganancias
que obtenga este libro[57] vayan directamente
al International Myeloma Foundation.

---

[57] Imagino que la gran mayoría de los escritores que estén leyendo esta línea soltaron alguna carcajada cuando leyeron las palabras "ganancias" y "libro" en una misma oración, pero ya les dije que soy optimista.

Made in United States
Orlando, FL
08 May 2025

61138529R00212